AF503406

L'ART

DU PLOMBIER

ET

FONTAINIER.

*Par M. ***.*

M. DCC. LXXIII.

PRÉFACE.

Animée de l'amour du bien public, l'Académie des Sciences a fait en 1761, de preſſantes invitations aux Citoyens de s'unir à elle pour la deſcription des Arts, afin qu'en réuniſſant ſous un même point de vue les connoiſſances acquiſes par ſucceſſion de temps, on pût les conduire à leur perfection, ou du moins les mettre à l'abri des révolutions qu'ils ont éprouvées ſi ſouvent. Le Public a pris à cœur ces invitations. L'Académie a eu la ſatisfaction de voir paroître bientôt une infinité d'Arts décrits de la maniere la plus ſatisfaiſante, & qui l'emportent à juſte titre ſur tous les Ouvrages qui ont paru ſur ce ſujet. Ils ont, d'ailleurs, un très-grand avantage, à mon avis, c'eſt qu'ils ſont imprimés par cayers, & d'un prix qui n'eſt point aſſez conſidérable pour ôter aux Ouvriers la facilité de ſe procurer l'Art dont ils font leur profeſſion. En ſecond lieu, comme ils ſont tous imprimés dans le même format, on peut les acheter l'un après l'autre, ſelon que les facultés des Particuliers le leur permettent, les faire relier à meſure, & ſe former un corps d'Ouvrage parfait en ce genre. On ne ſauroit trop ſavoir bon gré à l'Académie d'avoir ſaiſi avec tant de juſteſſe les différents rapports de l'intérêt public, parce qu'elle a marqué par-là ſon zéle à le lui procurer, & le lui a aſſuré par ſes lumieres.

En mon particulier, j'ai voulu également concourir avec elle au bien général. Pour lui donner une preuve du déſir que j'ai de lui plaire, & de marcher ſur ſes traces, j'ai entrepris l'Art que profeſſent les Ouvriers qu'on nomme *Plombiers-Fontainiers*, & de mettre au jour les différentes connoiſſances que j'ai acquiſes en différents temps, pour me mettre à portée d'exécuter mon deſſein.

Cet Art me paroiſſoit d'abord être peu de choſe, dont la deſcription me coûteroit peu de travail. Mais je le voyois alors de loin; j'ai penſé différemment quand une fois je l'ai connu davantage: ſemblable à un homme qui apperçoit une tour à quelques milles, & la croit peu de choſe; mais qui, lorſqu'il en approche, la trouve immenſe. L'eſprit eſt ſujet à ſe tromper auſſi bien que les yeux. L'Art que je traite eſt conſidérable: il embraſſe une infinité de parties; car il n'eſt preſque point d'endroit, depuis le pied juſqu'à l'extrémité des bâtiments, où il ne foit néceffaire. On peut le confidérer fous deux rapports, l'un d'utilité, & l'autre d'agrément.

Auffi-tôt que l'induftrie & le travail ont ouvert à l'homme le fein des Mines de plomb, il en a bientôt connu les propriétés : elles l'ont dirigé dans l'emploi qu'il a cherché à en faire. Le Plomb, parmi toutes les autres matieres, a paru de peu de valeur, cependant propre à être mis en ufage en beaucoup d'endroits : on en a coulé en Tables ; bientôt on a vu des Chaîneaux de plomb fur les toîts ; des Couvertures entieres en plomb ont été fubftituées à des Couvertures de tuiles, parce qu'on a reconnu autant de folidité dans les premieres, que de fragilité dans les autres. C'eft l'époque où a pris naiffance l'Art du Plombier, qui fait aujourd'hui dans Paris, ainfi que dans les principales Villes du Royaume, un Corps de Maîtrife confidérable. Il s'eft perfectionné, & par-là même eft devenu de plus en plus utile à la Société. Il s'eft prêté à une infinité de commodités inconnues jufqu'alors. On a trouvé le moyen de faire paffer l'eau du ciel qui tomboit du haut des toîts en ruiffeaux dans la rue, & déracinoit le pavé en incommodant les paffants, dans des Tuyaux de plomb qui la conduifent jufqu'au pied des bâtiments, fans incommoder perfonne.

On a imaginé quantité de Cuvettes dont on furcharge ces Tuyaux, qui reçoivent les eaux de tous les étages, & évitent la peine de les defcendre.

On trouve, par le fecours des Tables de plomb jointes & foudées enfemble, le moyen de fufpendre des volumes d'eau dans les maifons, pour la diftribuer aux endroits où cela eft néceffaire.

La facilité qu'on a de donner la forme qu'on veut aux Tuyaux de plomb, a donné lieu aux Cabinets d'aifances : par leur moyen on fait monter l'eau où l'on veut.

Les Conduites autrefois étoient prefque toutes en terre ; aujourd'hui elles font prefque toutes en plomb. Les premieres étoient fragiles, fujettes à fuir & à s'engorger. Ces dernieres le font moins & de plus de durée. L'Art du Plombier s'eft auffi prêté à l'inhumation des corps. On a vu les Cercueils de plomb devenir en ufage, & tenir les corps qu'on y a mis, dans une fraîcheur qui éloigne long-temps la corruption. Par-là on voit que l'Art du Plombier eft infiniment utile. J'omets quantité de chofes qu'il feroit trop long de rapporter, & qui parleroient en fa faveur ; mais le Public en eft affez perfuadé.

L'agréable auquel se prête l'Art que je traite, n'est pas moins intéres-
sant & digne de notre attention ; il fait le principal ornement des
Couvertures, par quantité d'Amortissements de toute espece qui se
font en plomb, & dont on voit les Combles de nos Eglises, nos
Clochers, nos Dômes & nos Pavillons enrichis. Il ne sert pas moins
à la décoration des Villes, des Jardins, des Cours, par cette multipli-
cité de passages souterrains qu'il ouvre aux eaux, par les Fontaines, les
Jets-d'eau, les Nappes d'eau, les Cascades qu'il met en jeu, comme
on le voit à Saint-Cloud, à Marly, & sur-tout à Versailles, où
Louis-le-Grand a étalé toute la pompe & la magnificence hydraulique.

On compte dans ces trois endroits une quantité considérable de
différentes Pieces d'eau, qui font, à la vérité, ornées de plusieurs
Statues, où le ciseau des plus grands Maîtres a épuisé sa délicatesse ;
mais il faut avouer que le coup d'œil en seroit moins frappant, si le
jeu des eaux n'animoit & ne relevoit l'expression de leur ciseau. Il
faut donc conclure que l'Art du Plombier ne fournit pas moins à
l'agréable qu'à l'utile ; & que parmi les Arts qui embellissent la Société, il doit occuper une des principales places.

L'ordre que je me suis prescrit dans mon Ouvrage, est celui qui
m'a paru le plus naturel.

Je commence d'abord par parler des Mines d'où les Plombiers
tirent leur plomb, & de la façon dont il leur arrive. Je donne ensuite
la maniere de le faire fondre & de le couler en Tables ; je spécifie
deux manieres de le faire, l'une sur sable, & l'autre sur toile. Je
désigne les Outils & Ustensiles qui regardent cette double opération.

De-là je passe au Laminage, où j'ai eu occasion de décrire une
nouvelle maniere de fondre des Tables différente des deux précédentes. On y voit 1°. le détail du Laminoir ; 2°. les principales armu-
res qui le composent : savoir, le Régulateur & le Verrouil ; 3°. de
quelle maniere cette belle Machine est mise en mouvement ; 4°. enfin
comment les Tables se laminent, & prennent le degré d'applatisse-
ment qu'on veut leur donner.

Il est bon d'observer à ce sujet, que j'aurois pu me dispenser d'en
parler, attendu que le Laminage est tout-à-fait étranger aux Plombiers : aucun d'eux n'a tenu de Laminoir chez lui jusqu'à ce jour ; ils
fondent toutes leurs Tables. Mais comme cette description est, par
elle-même, très-intéressante, & qu'elle venoit très-à-propos, j'ai cru

lui voir de trop grands rapports avec le travail des Plombiers, pour la rejetter. Je me croirai bien payé de ma peine, si j'ai réussi à la rendre claire.

J'entre dans une nouvelle Fonte, qui est celle des Tuyaux ; je fais la description du Moule & du madrier qu'il faut pour cette main-d'œuvre. Je donne une nouvelle façon de faire des Tuyaux, c'est-à-dire, la maniere de les arrondir & de les former sous la batte. On a recours à cet expédient, quand on n'a point de Moule d'un assez gros diametre pour fondre les Tuyaux dont on a besoin: cela arrive lorsque les Tuyaux qu'on veut employer, passent 6 pouces de diametre ; parce qu'en France on ne connoît presque pas de Moule qui passe cette grosseur. Il n'en est pas de même en Angleterre ; leurs Moules y sont plus gros. Ils sont posés sur une table ou madrier, comme celui que nous avons décrit dans le Chapitre IV : ils sont composés également de deux parties qui s'écartent & se rapprochent pour donner la facilité de les fermer ou de les ouvrir quand on veut ; mais il n'y a point de chappes ni clavettes, comme il y en a à ceux dont on se sert en France : il y a en place 4 étaux, deux de chaque côté.

Ces étaux sont fixés sur la table , & vuidés en écrous, dans lesquels entrent quatre vis, qui ferment entr'eux le Moule autant qu'il est nécessaire pour fermer tout passage au plomb qu'on y jette.

Le cric qui est propre au service de ces Moules, est à peu-près le même que celui dont nous nous servons ; avec cette différence, qu'au lieu d'un volant , ce sont deux manivelles qu'on tourne pour le mettre en mouvement.

Le boulon ou le noyau de l'intérieur du Moule , qui forme le diametre des Tuyaux, est partagé par une lame qui tient au cric, & qui est faite en forme de coin. Par le moyen de cette lame, le noyau ne sort jamais du Moule. La crémaillere qui, chez nos Plombiers, tient d'un côté au cric, & de l'autre au boulon qui est dans l'intérieur du Moule , pour l'y faire entrer ou l'en faire sortir quand il en est besoin , ne retire que la lame qui est au milieu du boulon de ceux-ci.

Ces Moules ne me paroissent pas aussi exacts que ceux dont nous nous servons , parce qu'il est nécessaire, pour que les Tuyaux soient bien faits , qu'ils soient par-tout d'une égale épaisseur, & que cela semble ici très-difficile, vu l'attention qu'il faut prendre pour que le

noyau

noyau fe trouve parfaitement au centre du Moule. Au lieu qu'en France on n'a pas befoin d'avoir ce foin pour les Moules dont on fe fert, attendu que le boulon ne peut pas vaciller ; on n'a befoin que de tourner le volant pour le faire entrer dans le Moule; on eft certain qu'il eft toujours où il doit être, c'eft-à-dire, de tous côtés également diftant des parois intérieures du Moule.

Mais les Moules d'Angleterre l'emportent d'un autre côté fur les nôtres, parce qu'on peut y fondre des Tuyaux de plus d'un pied de diametre; on n'a befoin que de changer le noyau, & d'en prendre qui foient proportionnés à cette groffeur. C'eft fans doute de cette maniere qu'on a fondu les conduites de Verfailles, dont les Tuyaux font au moins de cette groffeur, & ont été cependant jettés en Moule. Mais comme on en fait très-rarement ufage, je n'en ai point fait graver; ceux qui feront curieux d'en voir, pourront fe fatisfaire en mettant fous leurs yeux le Recueil des Machines approuvées par l'Académie Royale des Sciences, de l'année 1727, *pagés* 53 & 54, *Pl.* I & II.

Après avoir parlé des différents Tuyaux qui fortent de l'attelier des Plombiers, je traite des différentes efpeces de Cuvettes qu'on a pû imaginer, de la façon de les couper fur la table de plomb, & de l'art de les arrondir avec propreté, & de les placer, ainfi que les Tuyaux qui doivent leur être joints. Enfuite vient la Couverture des Maifons, des Dômes, des Pavillons, des Clochers, des Eglifes, ainfi que la maniere de couper les Tables, de les plier & de les attacher pour que les eaux ne tranfpirent point ; enfin la forme qu'on donne aux Chaî-neaux qui doivent les recevoir, & les tranfmetre dans les Tuyaux de defcente. Je parle en même temps des Tourelles & des Terraffes. Il y a quelque chofe à rectifier fur ce que j'en ai dit. J'ai remarqué qu'on n'employoit point de foudure dans la Couverture des Terraffes ; cependant cela fe fait quelquefois, ainfi que je m'en fuis affuré plus particuliérement par des informations que j'ai faites depuis. Quand on les travaille de la façon que je l'ai dit en fon lieu, c'eft-à-dire, qu'on en cloue les tables, il faut avoir le foin de couvrir les têtes des clous qu'on y emploie, d'une couche de foudure, afin que l'eau ni pénetre pas ; mais il vaut mieux les travailler comme on travaille le fond des Réfervoirs.

Je décris enfuite le Blanchiment des Tables, ainfi que des Amor-tiffements, & la maniere de jetter dans le Moule ceux qui font fondus,

PRÉFACE.

de former les autres fous la batte, & de les fouder ; enfin je donne une idée de tous les Ornements dont on fait ufage dans l'Architecture. On voit enfuite comment on doit s'y prendre pour retirer la croûte d'étain qu'on a mife fur les Tables ou Ardoifes qu'on a blanchies, ainfi que les foudures des vieux Plombs, (préparatifs néceffaires avant de les faire refondre,) 1°. pour que l'étain n'aigriffe pas le plomb, ce qu'il fait lorfqu'ils font fondus enfemble ; 2°. pour ufer d'économie, comme l'étain eft plus cher que le plomb.

De-là je viens aux Réfervoirs ; je décris ceux qui font fur charpente, & ceux qui font fur maçonnerie. Je donne la maniere de les fouder & d'en divifer les eaux avec économie. J'enfeigne comment on doit s'y prendre pour en faire des Jets-d'eau, des Fontaines, des Nappes d'eau, Cafcades, &c. Je décris la façon de joindre les Tuyaux les uns aux autres. On y voit deux différentes manieres de le faire ; 1°. par des nœuds de foudure ; en fecond lieu par le fecours des brides, qu'on eft obligé d'employer pour les Tuyaux de defcente des Pompes, & pour les fortes Conduites, afin de les fortifier. Je n'ai pas omis la façon de réparer un Tuyau qui perd, ou de le dégorger par le fecours de la Sonde & autres moyens.

Je paffe enfuite à une ample defcription du Rafinage. Je ramaffe toute l'écume du plomb qui eft provenu des différentes Fontes dont j'ai parlé, ainfi que les écaillures provenues des Soudures ; je jette ces parties de plomb décompofées, que les Plombiers appellent *craffes*, d'abord dans des tonneaux, pour les laver ; enfuite dans le creufet, pour les révivifier. J'obferve qu'il faut faire la même chofe à l'égard des cendrées qui proviennent de l'écumage des Soudures.

Cet Article eft dans le même cas que celui du Laminage. Le Rafinage eft tout-à-fait étranger aux Plombiers. Ce n'eft point eux qui révivifient leurs cendrées, ce font des Ouvriers qu'on nomme *Plombiers-Rafineurs*, qui en font leur unique profeffion. Mais je dirai à cela qu'on ne peut que me favoir bon gré d'avoir indiqué, fans m'écarter de mon fujet, de quelle façon cela fe fait, pour en donner une idée à ceux qui ne le favent pas, & qui pourront en faire ufage dans la fuite, ou qui, du moins, ne feront pas fâchés d'en avoir une connoiffance.

J'entre enfuite dans la maniere de faire les Cercueils, dont les Plombiers font auffi commerce. Je me borne à ceux qui fe font en plomb ; car on fait qu'on en peut faire de plufieurs matieres, & de celles qui font les plus précieufes, en argent, même en or. C'eſt de cette maniere que l'Empereur Conſtantin, ſurnommé le Grand, a été inhumé *.

Je termine mon Art par la maniere de contourner ſous la batte les Cœurs deſtinés à l'inhumation, parce qu'ils ont, en cela, rapport aux Cercueils; & par la façon de faire quantité d'autres petits Cœurs fondus, ainſi que pluſieurs autres petits Ouvrages également fondus.

J'ai ſuivi, autant qu'il m'a été poſſible, la marche du travail du Plombier; j'ai rapproché les Ouvrages qui m'ont paru avoir quelque rapport entr'eux, pour donner plus de ſuite à la deſcription que j'en ai faite, & que j'ai rendue auſſi exacte que je l'ai pu. Mais malgré tous mes ſoins, je ſuis perſuadé que j'ai laiſſé échapper beaucoup de fautes involontaires, que le Lecteur, éclairé en ce genre, ne manquera pas d'appercevoir. Je me ſoumets avec docilité aux jugements qu'il portera contre moi. Si mon Art ne mérite pas de marcher à côté de ceux qu'ont décrits tant de fameux Auteurs, tels que M. Duhamel, célebre Académicien, qui a vieilli dans la recherche de toutes ſortes de connoiſſances utiles & agréables, & à qui je dois beaucoup en mon particulier, & tant d'autres ſi connus par leurs Ouvrages, j'eſpere au moins que le Public ſe contentera du deſir que j'ai eu de lui conſacrer ces petits fruits de mes amuſements.

* Hiſt. Eccléſiaſtique.

EXTRAIT DES REGISTRES
DE L'ACADÉMIE ROYALE DES SCIENCES.
Du 29 Août 1772.

M. DUHAMEL qui avoit été nommé pour examiner la Description de l'*Art du Plombier*, par M. ***, en ayant fait son rapport, l'Académie a jugé cet Ouvrage digne de l'impression : en foi de quoi j'ai signé le présent Certificat. A Paris, le 2 Septembre 1772.

GRANDJEAN DE FOUCHY,

Secrétaire perpétuel de l'Académie Royale des Sciences.

ERRATA.

PAGE 6, *dern. ligne*, préjudiciable, *lisez* : préjudiciables.

Page 10, *lig.* 18, faire de bois, *lisez* : fait de bois.

Page 11, *lig.* 21, se sable qui est, *lisez* : le sable qui est.

Page 26, *lig.* 7, nous n'avons plus, *lisez* : nous n'aurons plus.

Ibid. *lig.* 31, deux cylindre, *lisez* : deux cylindres.

Page 27, *lig.* 6, retranchez cette ligne & les suivantes ; parce que la figure qui y est indiquée, n'a pas pu entrer dans le plan, & qu'elles deviennent par-là inutiles : *passez* à l'Article second.

Page 30, *lig.* 23, par les vis R, S, *lisez* : par les vis r, s.

Page 36, *lig.* 17, A l'essieu A, B, *lisez* : à l'essieu A, B.

Page 44, *lig.* 6, dont nous parlerons dans un instant ; & fermée, *lisez* : dont nous parlerons dans un instant. L'autre partie du moule est fermée.

Ibid. *lig.* 8, mais la portée qui entre dans le corps du moule est taillée en plume, *lisez* : mais cette nouvelle piece de cuivre est taillée en plume.

Page 49, *lig.* 16, les laises ou bandes, *lisez* : les laises des bandes.

Page 88, *lig.* 34, & ce Chapitre peut être regardé, *lisez* : ce Chapitre peut être regardé.

L'ART

L'ART
DU
PLOMBIER
ET
FONTAINIER.

On peut divifer tout l'Art des Plombiers en quatorze principaux corps d'Ouvrages qui renferment tous les autres ; nous les traiterons féparément.

Pour cet effet, nous diviferons cet Ouvrage en autant de Chapitres : dans le premier, nous traiterons de la Fonte ; dans le fecond, des Tables ; dans le troi-fieme, du Laminage ; dans le quatrieme, des Tuyaux ; dans le cinquieme, des Cuvettes ; dans le fixieme, de la pofe des Chaînaux, Godets, Gouttieres, Tuyaux & Cuvettes ; dans le feptieme, des Couvertures ; dans le huitieme, du blanchi-ment des Couvertures & Amortiffements ; dans le neuvieme, de la maniere de déblanchir le Plomb étamé, & d'en tirer parti ; dans le dixieme, des Réfervoirs ; dans le onzieme, de la diftribution des Eaux ; dans le douzieme, du dégorge-ment des Tuyaux de conduites ; dans le treizieme, du Rafinage ; dans le quatorzieme enfin, des Cercueils.

CHAPITRE PREMIER.

De la Fonte.

LE travail des Plombiers commence où finit celui des Mineurs ; ces derniers, après avoir tiré le plomb tout brut des mines qui le produisent, en séparent les matieres étrangeres, & finissent par le couler dans des lingotieres, pour lui donner une forme propre à pouvoir être transporté d'un Royaume à un autre : c'est-là où se termine leur ouvrage. Le plomb ainsi travaillé sort de leurs mains, & il est vendu aux Marchands qui en font commerce.

Les Plombiers l'achettent en cet état, & l'emploient aux différents ouvrages qui concernent leur Art : ainsi l'Art du Plombier peut être regardé comme une suite de celui des Mineurs.

Avant de traiter de la façon dont on s'y prend pour le faire fondre, nous parlerons du plomb dont se servent ordinairement les Plombiers. Ce Chapitre sera donc divisé en deux Articles : dans le premier nous verrons ce que c'est que le plomb en général ; & dans le second, la maniere de le faire fondre.

ARTICLE PREMIER.

Du Plomb en général.

Ce que je me propose de dire sur le Plomb, regarde 1°. ses différentes propriétés ; 2°. les différentes sortes de Plomb que nous connoissons ; 3°. les endroits d'où on le tire ; 4°. la façon dont il arrive en France.

§. I. *Dés propriétés générales du Plomb.*

LE Plomb est un métal très-pesant, aisé à fondre, mou, ductile, d'une couleur blanche plus sombre que celle de l'étain : il n'est ni sonore ni élastique ; il prend assez promptement son brillant, & se ternit de même.

Il se conserve assez blanc dans l'eau ; il brunit dans la terre ; mais cette couleur n'est que superficielle : il ne se conserve pas si bien lorsqu'il est exposé à l'action des acides ; il se couvre bientôt d'une petite rouille blanche qui ne pénetre pas avant dans le métal, à moins que les acides ne soient très-forts. Cette rouille est bien différente de celle qui s'attache au fer, qui le pénetre fort avant.

§. II. *Des différentes sortes de Plomb.*

Il y a deux sortes de plomb : on nomme l'un *Plomb blanc*, & l'autre *Plomb noir*. Le plomb blanc se trouve dans les mines d'or & d'argent : il est sec, aride & très-sujet à se casser ; on ne peut s'en servir qu'en l'alliant.

Le plomb noir, au contraire, sort de la mine qui lui est propre : c'est celui qu'emploient les Plombiers.

Je pourrois dire quelque chose de plus particulier sur le plomb ; mais je m'écarterois de mon sujet, sur-tout si j'entreprenois de parler de l'exploitation des mines de plomb. Ce travail, qui tient à la Chimie, est tout-à-fait étranger au Plombier, qui doit mettre le plomb en œuvre ; mais il ne sera pas hors de propos d'indiquer les pays d'où les Marchands ou les Plombiers tirent le plomb qu'ils travaillent de différentes façons.

§. III. *Des Endroits d'où l'on tire le Plomb.*

Ces endroits sont : Ulme, en Angleterre ; Hambourg, en Allemagne ; Namur, en Flandres ; Pompean & Poulaoin, en Bretagne, & quantité d'autres endroits qu'il seroit trop long de rapporter. Mais les Plombiers ne font point usage indifféremment du plomb qui provient de ces différentes mines, parce qu'il n'est pas tout de la même qualité.

Le plomb que les mines de Bretagne fournissent, ne s'emploie ordinairement qu'à faire des balles pour l'Artillerie, ou à giboyer : ainsi les Plombiers n'en font presque jamais usage ; les Plombiers de Paris ont coutume de tirer celui qu'ils travaillent, d'Ulme ou de Hambourg, indifféremment : il en résulte un métal plus beau, plus coulant, & plus propre à toutes sortes d'ouvrages ; c'est pourquoi on lui donne la préférence, ainsi qu'à celui de Namur, qui est employé utilement à beaucoup d'ouvrages.

Il est bon d'observer qu'on prétend que de l'alliage du plomb des deux premieres mines, il résulte un métal supérieur en qualité à tout autre plomb ; c'est pourquoi les Plombiers sont dans la coutume de les mêler quand ils peuvent s'en procurer.

§. IV. *De la façon dont arrive le Plomb en France.*

Comme le plomb est un métal très-pesant, les Mineurs le coulent dans des lingotieres, pour en former ce qu'on nomme des *saumons*, qui ont un pied & demi de long, sur 8 pouces de large, *Pl. 1*, *Fig. 1*, & qui pesent environ 140 livres, selon les différents endroits d'où on les tire : c'est sous cette forme qu'il passe dans le commerce.

Ce métal est ductile & aisé à fondre : on peut le jetter en moule & le travailler sous le marteau ; mais comme pour la plupart des ouvrages il faut le fondre, nous devons commencer par expliquer comment les Plombiers s'y prennent pour faire fondre leur plomb.

ARTICLE SECOND.

De la maniere de faire fondre le Plomb.

LA préparation de cette fonte consiste 1°. à se procurer tout ce qui est nécessaire pour cette opération ; 2°. à savoir conduire la fonte ; 3°. à écumer le plomb fondu ; 4°. à révivifier les parties qui s'en décomposent ; 5°. à avoir attention qu'il n'y ait point d'eau dans le plomb qu'on met dans celui qui est déja en fusion.

§. I. *Des Ustensiles nécessaires pour la fonte.*

LES Plombiers fondent leur plomb dans une chaudiere *A*, *Fig.* 2, *Pl.* 1, de fonte de fer, montée sur un fourneau *B* de maçonnerie, qui est établi sous un tuyau *C* de cheminée, pour la décharge de la fumée.

On met dans le fourneau une chevrette de fer qui ressemble à un chenet ordinaire de cheminée, pour soutenir le bois afin qu'il brûle mieux ; & on a un fourgon *D*, *Fig.* 3, pour attiser le feu & retirer les cendres ; c'est un barreau de fer qui a 4 ou 5 pieds de longueur, dont un bout est en crochet. On peut encore regarder comme une dépendance du fourneau, une poële percée *E*, ou une écumoire, *Fig.* 2 & 4, qui sert à retirer de dessus le métal ce que les Plombiers appellent les *crasses* ou *écumes*. Cette écumoire a environ un pied de diametre, & sa queue 3 pieds de longueur. Nous en parlerons dans la suite.

La chaudiere est ronde & concave, ayant en grand la forme que la moitié d'une coque d'œuf a en petit. En fondant cette chaudiere dans les forges, on forme de distance en distance des tenons ou crampons qui ont environ 5 à 6 pouces de longueur ; on les noie dans la maçonnerie, pour que la chaudiere soit établie solidement ; car elle sera nécessairement chargée d'un poids considérable ; & quelque précaution que l'on prenne, il est impossible qu'elle ne reçoive des secousses quand on met dedans les saumons : elle a environ 2 pieds & demi de diametre, sur un pied & demi de profondeur ; & au moyen de ces dimensions, elle peut contenir environ trois milliers de plomb.

Le fourneau *B*, *Fig.* 2, construit en brique ou en tuileaux ajointoyés avec du mortier de chaux & de ciment, est rond comme la chaudiere ; les murs qui le forment ont 8 à 9 pouces d'épaisseur ; ce fourneau a 4 pieds de diametre, sur 3 pieds de hauteur.

La bouche *F* du fourneau, qui est au niveau du plancher, a un pied

d'ouverture

d'ouverture en quarré : elle fert à l'entrée de l'air dans le fourneau pour faire brûler le bois, & auffi à fournir du bois à mefure qu'il s'en confume. Le fourneau eft garni, tant en dedans qu'en dehors, de bandes & de cercles de fer, pour le fortifier & le mettre en état de réfifter à l'action du feu ; en outre, comme les crampons ou tenons qui font au pourtour de la chaudiere, ne feroient pas fuffifants pour foutenir le poids du plomb, en élevant le fourneau, on l'a traverfé à environ un pied & demi de terre, par de forts barreaux de fer, fur lefquels pofe le fond de la chaudiere. J'ai dit qu'il falloit pofer ces barreaux à un pied & demi du foyer, parce que fi la chaudiere étoit établie trop bas, le feu s'étoufferoit ; au lieu qu'il faut que la flamme léche & enveloppe tout le fond de la chaudiere, pour lui communiquer plus de chaleur, & précipiter la fonte du plomb. Il ne faudroit pas également qu'ils fuffent pofés plus haut, parce qu'alors il entreroit dans le foyer une trop grande quantité d'air qui feroit confommer beaucoup plus de bois qu'il n'en eft néceffaire, & jetteroit par conféquent dans des frais qui feroient purement fuperflus & à pure perte, ce que l'on doit, par cette feule raifon, éviter.

Les oreillons ou crampons du pourtour de la chaudiere, font 6 pouces au-deffous de fes bords : ils font noyés, comme je l'ai dit, dans la maçonnerie, dont les bords ne font pas plus hauts que ceux de la chaudiere ; par ce moyen ils contribuent à empêcher que la maçonnerie de la chaudiere ne fe dégrade : il y a de plus un cercle de fer d'environ 2 pouces de large, qui regne tout autour de la chaudiere, & couvre fon pourtour, en forte qu'il garantit parfaitement l'endroit où la chaudiere & la maçonnerie font ajointées enfemble, du choc du plomb qu'on jette dans la chaudiere d'un peu loin, quand l'ardeur du feu empêche les Ouvriers de s'en approcher d'auffi près que cela feroit néceffaire, afin d'éviter ce choc.

Pour donner iffue à la fumée, on pratique au derriere du fourneau, du côté de la muraille où il eft adoffé, deux ouvertures obliques qui prennent du fourneau, & vont aboutir à des tuyaux de fer *G, Fig.* 2, qui aboutiffent eux-mêmes à un tuyau de cheminée ; la flamme qui tourne autour de l'intérieur du four & enveloppe le fond de la chaudiere, fe rend dans les tuyaux *G*, qui deviennent rouges comme des charbons allumés.

c, au-deffus de la Figure 2, eft un manteau de cheminée de forme circulaire, qui eft établi 4 pieds au-deffus du fourneau, pour empêcher la fumée de fe répandre dans l'attelier ; ce manteau eft ordinairement fait en plâtre, & retenu, foit à la muraille, foit au plancher, avec des barres de fer.

Voilà la defcription du fourneau tel que je l'ai vu dans l'attelier des Plombiers : il faut maintenant parler de la fonte.

§. I. *Maniere de garnir ou charger de plomb la Chaudiere.*

L A premiere chose qu'on doit faire quand on veut travailler à quelqu'ouvrage de la Plomberie qui exige une fonte, c'est de garnir la chaudiere du plomb qu'on veut mettre en fonte. Voici comme il convient de le faire : il faut d'abord prendre parmi le vieux plomb, si on en a, de petits morceaux pour en garnir le fond de la chaudiere, sur lesquels on pose des saumons dont on fait une seconde couche : on en fait ensuite une troisieme, ce que l'on continue jusqu'à ce qu'on ait rempli la chaudiere jusqu'aux bords ; & si l'on a de petits morceaux de plomb, on les mettra dans les vuides que laissent les saumons à mesure qu'on les place dans la chaudiere. Il faut avoir grande attention de ne pas jetter les saumons dans la chaudiere, de les y placer, au contraire, de façon qu'ils ne la heurtent pas, de peur de la casser & de perdre en même temps & sa chaudiere & son plomb, qui, trouvant un passage, couleroit dans le foyer, & se répandroit de-là dans tout l'attelier. Quand la chaudière sera garnie de plomb avec les soins que nous venons de recommander, on procédera à sa fonte.

§. II. *De la maniere de conduire la Fonte.*

L O R S Q U E la chaudiere sera remplie du plomb qu'on destine à la fonte, on garnira le foyer de bois flotté ou neuf, cela est indifférent, qu'on assoiera sur la chevrette, & on y mettra le feu, en se servant d'éclats de bois de cotrets, en un mot de ce qui sera le plus propre à allumer le gros bois. Quand le feu sera bien allumé, on en retirera plusieurs bûches embrasées, que l'on mettra en travers sur la chaudiere, où l'on formera un second feu, afin que le plomb qui est dans la chaudiere se trouvant entre deux feux, fonde plus vîte. On ne se contentera pas de cela ; on mettra encore sur ce brasier supérieur, plusieurs saumons de plomb, qui, fondant & tombant dans la chaudiere, communiqueront au plomb qu'on y a mis, une nouvelle chaleur, & en accéléreront la fonte ; cependant on ne doit point laisser éteindre le feu de dessous la chaudiere : ainsi il faudra avoir l'attention de remplacer les bûches qu'on en aura retirées, afin de donner au plomb le degré de chaleur qui est nécessaire dans ce premier moment de la fonte.

§. III. *De la maniere d'écumer le Plomb fondu, & de le revivifier.*

L O R S Q U E le plomb sera une fois fondu, on n'entretiendra plus le feu supérieur ; mais on le laissera se consumer de lui-même : il produira plusieurs charbons qui tomberont dans la chaudiere, & nageront sur la surface du plomb : bien loin de lui être préjudiciable, ils revivifieront les parties qui se seront

décompofées en fondant ; mais comme ce n'eft que tant qu'ils font vifs &
encore ardents qu'ils peuvent produire cet effet , & que le plomb fondu les
éteint auffi vîte que s'ils tomboient dans l'eau, ils deviendront bientôt inutiles ;
il faudra avoir l'attention de les enlever avec l'écumoire , pour les mettre dans
un coin de l'attelier avec ce que les Plombiers nomment les *craffes*, qui font du
plomb décompofé dont on faura bien tirer parti. Comme la braife eft très-propre
à revivifier le plomb , lorfqu'on aura enlevé les charbons provenus du feu fupérieur, il faudra en prendre de pleines pelées dans le foyer, que l'on jettera
fur le plomb , ce que l'on continuera tout le temps que durera la fonte.

§. IV. *D'une autre maniere de revivifier le Plomb en fufion.*

QUELQUES perfonnes y jettent de la graiffe préférablement à la cendrée
ou braife : ils prétendent que le plomb en devient plus doux & plus coulant ;
mais il me femble que la fumée qui en provient , doit être une raifon pour en
dégoûter le plus grand nombre des Ouvriers, joint à la mauvaife odeur que la
graiffe répand dans l'attelier. Il eft vrai qu'on ne doit pas chercher cependant à
éviter des incommodités , qui , quoique grandes , procurent un plus grand bien.
Comme il eft probable que la graiffe revivifie mieux le plomb que la braife mêlée
de charbon , nous confeillerons aux Ouvriers qui pourront fupporter ces incommodités , de faire ufage de la graiffe préférablement au charbon.

Soit que l'on y mette du charbon ou de la graiffe , il faudra avoir l'attention
d'amonceler enfemble tout ce qu'on enleve de deffus le plomb avec l'écumoire ,
pour en tirer parti quand on en aura une affez grande quantité ; car on a trouvé
le moyen de revivifier & de faire revenir en plomb coulant cette cendrée ,
qui , dans le fait eft du plomb décompofé , & qui a perdu fon phlogiftique. Je
décrirai cette opération dans le treizieme Chapitre de cet Ouvrage.

§. V. *Précautions qu'il faut prendre avant de mettre de nouveaux faumons*
ou Plomb froid, dans le Plomb qui eft une fois en fufion.

COMME le plomb, en fondant , s'affaiffe & occupe moins de place qu'il n'en
occupoit lorfqu'il étoit encore en faumons, parce que dans cette premiere forme
il reftoit entre les faumons quantité de vuides qui ne fubfiftent plus quand le
plomb eft fondu ; alors la chaudiere ne fe trouvera fouvent qu'à moitié pleine,
& demandera de nouveau plomb pour être remplie toute entiere : on aura le
foin d'y en mettre ; mais avant il eft bon d'avertir qu'il y a de grandes précautions
à prendre.

Comme les Plombiers ont coutume de placer leur plomb dans une cour de
décharge, où il eft ordinairement expofé à la pluie, il faut, avant de le mettre
dans la chaudiere, examiner s'il eft bien fec, & s'il ne refte pas d'eau dans les

petites concavités qui fe rencontrent, fur-tout dans le plomb qui eſt encore en faumons ; car s'il fe trouvoit de l'eau renfermée dans le plomb qui fond, fût-elle même en petite quantité, elle fe réduiroit en vapeur, & feroit rejaillir le métal dans l'attelier avec une grande explofion dangereufe pour les Affiſtants ; l'eau réduite en vapeur, produit des effets qu'on peut comparer à ceux de la poudre à canon.

C'eſt ce qui arrive auffi lorfqu'on jette dans le feu ces petits globules de verre, qu'on nomme *pétards* : ils difperfent avec bruit les charbons du foyer, & tout ce qui fe rencontre devant eux, lorfque l'ardeur du feu les a une fois brifés, avec cette différence que cette explofion eſt moins dangereufe que l'autre, parce qu'il eſt plus aifé d'éviter des charbons, ou du moins, en les recevant, ils ne font point tant de mal que des gouttes de plomb qui s'appliquent fur la chair, & qu'on ne peut pas fecouer auffi aifément qu'un charbon. L'un & l'autre font très-dangereux : il eſt imprudent de s'y expofer.

Pour écarter tous ces rifques, foit qu'on emploie du vieux plomb ou du neuf, il faudra avoir grande attention de le vifiter, & s'affurer parfaitement qu'il ne contient point d'eau.

J'ai dit tout ce qu'il y avoit à dire fur la fonte du plomb. Comme à préfent une partie des ouvrages du Plombier fe fait avec des tables coulées, je vais donner la façon de les faire, ou autrement, de les jetter fur le moule.

CHAPITRE SECOND.

Des Tables.

Lorsque le plomb eſt fondu & purifié, il eſt en état de prendre toutes fortes de formes dans des moules. Les Plombiers en ont, à cet effet, plufieurs différents les uns des autres : les uns font des moules à tables, les autres à tuyaux, les autres en forme de cœurs, & quantité d'autres dont nous parlerons dans la fuite. Leur premier foin eſt donc, après avoir préparé le plomb à être coulé, d'apprêter les moules dont on a befoin. Mon deffein eſt de les détailler tous ; mais comme une grande partie des ouvrages de la Plomberie fe fait avec des Tables de plomb, je commencerai, dans ce Chapitre, par décrire cette premiere opération.

On entend par *Table*, une furface de plomb d'une certaine longueur, largeur & profondeur. On en diftingue de deux fortes ; les unes font coulées fur fable, les autres fur toile ou étoffe. Nous traiterons dans ce Chapitre des unes & des autres : nous le diviferons pour cet effet en deux Articles : dans le premier, nous parlerons des Tables coulées fur fable ; dans le fecond, des Tables coulées fur toile.

ARTICLE

C H A P I T R E **II.** *Des Tables.*

A R T I C L E   P R E M I E R.

Des Tables coulées sur sable.

Il faut 1°. commencer par se procurer les ustensiles qui sont nécessaires à cette opération ; 2°. préparer le moule ; 3°. disposer le plomb à être coulé ; 4°. le couler ; 5°. l'enlever de dessus le moule.

§. I. *Des Ustensiles nécessaires pour couler le Plomb sur le moule à sable.*

Il faut premiérement avoir ce qu'on nomme le *Moule A A*, *Fig. 5 & 7*, *Pl.* 1 & 2, avec sa poële *B*, qu'on voit aussi au bas de la Planche 1, *Fig.* 6 & 7 ; 2°. un Arrosoir *D*, *Fig.* 5 & 8, *Pl.* 1 ; 3°. un Labour *E*, *Fig.* 5 & 9 ; 4°. un Rable *F*, *Fig.* 5 , 7 , 8 & 10 ; 5°, une Plane *G*, *Fig.* 5 & 11 ; 6°. une Truelle, *Fig.* 12 ; 7°. plusieurs Cuillers *H*, *Fig.* 5 & 13 ; 8°. une Serpette , *Fig.* 1, *Pl.* 2 ; 9°. enfin un Levier *C D*, *Fig.* 5. Nous allons les détailler plus particuliérement, afin de marquer leurs différents usages.

Le Moule *AA*, *Fig.* 5 & 7, *Pl.* 1 & 2, dont se servent les Plombiers pour couler des tables de plomb , forme une caisse de 16 à 18 pieds de long , sur 4 à 5 pieds de large : elle a ordinairement environ 8 pouces de profondeur ; elle est assise sur plusieurs tréteaux de charpente , qui l'élevent de terre environ de 3 pieds , pour la commodité des Ouvriers ; le tout est de chêne , comme étant le bois le plus solide.

On met dans cette caisse une couche de sable d'environ 6 pouces d'épaisseur, sur laquelle on doit couler le plomb pour le réduire en tables.

Le sable qu'on emploie à Paris , & le plus propre à cette opération , est celui que l'on trouve dans les sablonnieres de Belleville , vers le Pré - Saint-Gervais : il est d'une belle couleur ; il n'est pas seulement propre à couler le plomb , les Fondeurs en cuivre en font usage ; il sert aux Potiers de terre pour allier avec la glaise. Les Plombiers s'en servent un an entier sans le changer ; après ce temps là , ils sont dans l'usage de le renouveller , parce qu'alors il est trop calciné , & n'est plus bon à aucun usage.

Les Plombiers qui ne seront point à portée de s'en procurer , doivent s'étudier à découvrir dans leur voisinage le sable qui peut le plus leur convenir. En général , il faut se servir du sable le plus doux & le plus fin qu'on puisse trouver.

La caisse de ce moule qui contient la couche de sable , est fermée, lorsqu'on ne s'en sert pas , d'une grande couverture de charpente , divisée en plusieurs pieces portatives , afin d'avoir la facilité de l'enlever quand on veut y couler quelques Tables.

Cette couverture est faite pour empêcher la poussiere d'y entrer. Ce moule ne

laisse pas que d'être utile lorsqu'on n'y coule pas : étant fermé avec sa couverture, il forme un long & large établi qui peut servir à plusieurs choses. Les
Plombiers en font un endroit de décharge où ils mettent tantôt des rouleaux
de tables qui peuvent embarrasser l'attelier, tantôt quantité d'autres ustensiles
qui ne les empêchent pas d'y rouler en même temps leurs Tuyaux, & de les y
souder, d'y tracer leurs Cuvettes, & de les couper, &c. comme on le verra
dans les Chapitres qui concernent ces sortes d'ouvrages, où nous en avons fait
la description.

La Poële *B*, qui est au bout de ce moule, & dans laquelle on transporte le
plomb de la chaudiere pour le couler sur le sable, est de cuivre ; elle est évasée
par devant comme un éventail ouvert : son fond est rond ainsi que ses côtés ; par
devant elle a un pied 4 pouces de large ; son talon n'a qu'un pied ; le pourtour
de ses côtés est fait en forme de bourrelet, & vient se terminer en mourant vers
le devant de la poële : elle ressemble assez exactement à un van à vanner le bled,
excepté qu'elle est moins large : voilà toute la différence, comme on peut le
voir *Pl.* 1, *Fig.* 7. Elle est enfermée dans un chassis de fer qui a une queue de 2
pieds de long, pour aider les Compagnons à la lever plus aisément, *Fig.* 6.
Cette poële avec son chassis, se place toujours au haut du moule : elle est soutenue sur un tréteau *I*, *Fig.* 5, 7 & 8, *Pl.* 1 & 2, faite de bois de charpente
dressé à cet effet, que la plupart des Plombiers couvrent d'une plaque de
plomb, pour le garantir de la chaleur que communique à la poële & à son
chassis le plomb qu'on y met.

Ce qu'on nomme l'*Arrosoir*, est véritablement un entonnoir de fer-blanc ;
semblable à celui dont on se sert pour remplir les bouteilles ; toute la différence
qu'il y a, c'est qu'il est un peu plus grand, comme on l'a déja vu, *Fig.* 8, *Pl.* 1.

Le Labour *E*, *Fig.* 5 & 9, est un outil fait comme les beches dont les Jardiniers se servent pour labourer la terre.

Le Rable, *Fig.* 5, 7, 8 & 10, *Pl.* 1 & 2, est une regle de bois d'un pouce d'épaisseur, & de toute la largeur du moule : il a aux deux bouts deux petites entailles,
dans lesquelles entrent les deux bords du moule, sur lequel on l'appuie dans le
milieu : il a un manche d'environ 3 pieds de long, pour donner la facilité de le faire
couler d'un bout du moule à l'autre, comme on le voit *Fig.* 5 & 7, *Pl.* 1 & 2.

La Plane *G*, *Fig.* 5 & 11, *Pl.* 1, est une plaque de cuivre qui a environ un
pied en quarré ; l'une de ses surfaces est polie, & l'autre porte une poignée qui
lui est attachée.

La Truelle, *Fig.* 12, est semblable à celles dont les Maçons se servent pour
leurs ouvrages, comme on l'apperçoit par la figure.

La Cuiller *H*, *Fig.* 2 & 13, est un vase rond qui a 8 pouces de diametre,
sur 2 de profondeur : elle a une queue *k* de 9 pouces de longueur, & elle
ressemble à une casserole de cuisine : elle contient environ 25 ou 30 liv. de
plomb ; c'est de cette cuiller dont se servent les Ouvriers pour transporter le

plomb fondu & purifié de la chaudiere dans la poële.

La Serpette, *Fig.* 1 , *Pl.* 2 , eſt ſemblable à celle des Vignerons ; le manche *A* a environ 4 pouces de long, ſur 1 pouce de diametre ; ſa lame *B* eſt recourbée & tranchante : il y a une petite élévation *C* ſur le dos de cette Serpette , ſur laquelle on frappe , pour la faire entrer plus aiſément dans les corps que l'on veut diviſer. Les Plombiers s'en ſervent pour ſéparer la table coulée ſur le ſable , de ſes rejets , comme nous le dirons dans la ſuite.

Enfin le Levier, *Fig.* 2 , eſt un morceau de bois rond d'environ 6 pieds de long : on s'en ſert à enlever chaque table de deſſus le moule , afin d'avoir la commodité d'en couler une nouvelle : le milieu *A* eſt plus gros que ſes extrémités ; ſes deux bouts *C*, *D* , forment une petite poignée qui empêche la main de gliſſer.

§. II. De la préparation du Moule.

CETTE préparation demande quatre différentes opérations ; 1°. il faut en arroſer le ſable ; 2°. le labourer ; 3°. le rabler ; 4°. enfin le planer.

Pour l'arroſer, il faut commencer par enlever la table qui couvre le moule ; enſuite on prend l'arroſoir qu'on remplit d'eau , après en avoir bouché l'orifice avec le pouce ; on le porte de cette maniere ſur le moule : on retire le doigt qui retenoit l'eau, on la laiſſe couler ſur le ſable , dont on arroſe toute la ſurface en aſſez grande quantité , pour que l'eau puiſſe pénétrer & détremper toute la profondeur de ſa couche : il faut enſuite la labourer.

§. III. De la maniere de labourer le Sable après l'avoir arroſé.

ON entend par labourer ſe Sable qui eſt dans le moule , le becher : on prend à cet effet l'outil qui eſt propre à cette opération ; on l'enfonce dans le Sable, comme un Jardinier enfonce ſa beche dans une terre qu'il veut préparer à quelque plantation ; toute la différence qu'il y a , c'eſt que l'un fait ſon ouvrage avec le pied , au lieu que l'autre ne le fait qu'avec la main : du reſte , il s'en ſuit le même effet. Toute la ſurface du Sable eſt couverte de mottes que l'on amoncelle les unes contre les autres pour les faire ſécher.

§. IV. De la maniere d'écraſer les Mottes.

APRÈS avoir retourné ainſi ſa couche de ſable , on la nivelle : on ſe ſert pour cet effet du rable, qu'on fait couler d'un bout du moule à l'autre ; par ſon moyen on pulvériſe les mottes & on rend la couche de ſable unie , autant qu'elle peut l'être après cette premiere opération.

Cela ne ſuffit pas ; il faut encore la planer.

§. V. *De la maniere de préparer la Plane.*

1°. On la fait chauffer. Il eſt une façon de l'avoir chaude dans le moment ; au lieu de la laiſſer une demi-heure devant le feu , & de perdre ſon temps à atten-dre , on ne fait que la poſer légérement ſur la ſurface du plomb qui eſt en fonte dans la chaudiere , & dans l'inſtant elle eſt brûlante.

Il eſt pourtant bon d'obſerver que cette façon de faire chauffer la Plane , qui eſt la plus prompte , n'eſt pas la meilleure , & qu'il vaudroit mieux qu'elle fût préſentée à la chaleur immédiate du feu : les Ouvriers en conviennent ; mais comme ils préferent le moyen le plus expéditif , ils choiſiſſent ordinairement le premier expédient.

Soit qu'on la faſſe chauffer en la préſentant au feu , ou en la poſant ſur la ſur-face du plomb qui eſt dans la chaudiere , il eſt aiſé de ſentir qu'il faut avoir la précaution de ſe garnir les mains avant de la prendre ; pour cet effet les Ouvriers ont coutume de ſe faire une poignée de vieux chapeau , ou de prendre quelqu'autre choſe de ſemblable , capable de les empêcher de ſe brûler.

2°. Avant d'appuyer cette Plane ſur le ſable , il faut avoir l'attention de frotter le côté qu'on y doit appliquer , avec de la graiſſe , pour la rendre plus douce. Les Plombiers ſont en uſage d'en faire un petit ſachet qui ſert à pluſieurs fois , c'eſt-à-dire , ils en renferment dans un linge un morceau de la groſſeur environ d'une noix , qu'ils paſſent de temps en temps ſur la Plane.

§. VI. *De la maniere de paſſer la Plane ſur le ſable.*

Il faudra faire attention à deux choſes ; 1°. qu'elle ne ſoit pas trop chaude ; parce qu'elle ſécheroit trop le ſable , qui rendroit le plomb , qu'on doit y couler , graveleux. 2°. Il ne faut pas non plus qu'elle ſoit trop froide , parce qu'alors le ſable n'ayant pas perdu aſſez de ſon humidité , *boureroit* le plomb , (c'eſt le terme de l'Art) & l'empêcheroit de couler. Etant prévenu de ces inconvé-nients , on paſſe la Plane ſur la couche de ſable qui eſt dans le moule , d'un bout à l'autre avec la même légéreté qu'une Repaſſeuſe conduit ſon fer ſur ſon linge. Par cette quatrieme & derniere opération , le ſable devient uni comme une glace , & eſt déja prêt à recevoir le plomb qu'on doit y couler ; mais avant d'en venir là , il faut avoir l'attention d'ouvrir des foſſés au bout de la couche du ſable , c'eſt-à-dire , des récipiendaires pour recevoir la quantité de plomb qui excédera celle qu'il faut pour chaque table ; ſans cette précaution le plomb reviendroit ſur lui-même , & feroit que la table ſeroit plus épaiſſe à un endroit qu'à l'autre , & par conſéquent ne ſeroit point unie.

§. VII.

§. VII. *De la maniere d'ouvrir les fossés du bout du Moule.*

Les Plombiers entendent par *fossés*, deux trous qu'ils font pour l'usage que nous avons dit plus haut. On ouvre ces fossés avec la truelle; on en fait toujours deux, pour diviser en deux le plomb qui doit y tomber, afin de l'enlever plus aisément.

Les fossés dont nous venons de parler, deviendroient inutiles ou presqu'inutiles, si le plomb qu'on coule sur la couche du sable qui est dans le moule, n'y parvenoit pas aisément, il vaudroit autant ne les avoir pas faits, parce que le plomb reviendroit également sur lui-même. Il faut donc faire en sorte que la couche où il doit être coulé, soit faite de telle maniere qu'elle aille en pente, pour que le surplus du plomb qui excédera ce qu'il faut de matiere pour chaque table, puisse couler dans ces fossés : on doit faire cette pente avec la Plane. Quand les fossés seront ouverts, on la repassera sur la couche, & on la pressera par degré, & à mesure qu'on s'approchera de ses extrémités qui sont du côté des fossés, en telle façon que cette couche de sable ait au moins 2 pouces de pente.

Comme il est un moyen de rétrécir cette couche autant qu'on veut, & que nous n'aurions plus occasion d'en parler dans le cours de cet Ouvrage, j'en dirai un mot ici.

§. VIII. *De la maniere de rétrécir le Moule.*

J'ai entendu expliquer ici la façon de travailler la couche entiere du sable qui est dans le moule, parce que j'ai supposé qu'on vouloit des tables de cette largeur. Si on en vouloit de moins larges, on se serviroit de ce qu'on nomme l'*éponge*; c'est une planche qui est portative: elle a la hauteur des côtés du moule, & elle est de toute sa longueur intérieure; on la fait entrer dans le sable par le moyen d'un fossé qu'on y fait, & que l'on recomble tout autour pour l'affermir, après l'y avoir fait entrer; pour la rendre plus solide, on a coutume de mettre entre les côtés du moule & cette éponge, des morceaux de bois : par là on viendra à bout de rapprocher les côtés du moule autant qu'on voudra, & l'on fera des tables de toutes les largeurs; du reste le travail est le même.

Revenons à la maniere de disposer son plomb à être coulé. Cette opération consiste 1°. à le transporter de la chaudiere dans la poële; 2°. à savoir connoître le degré de chaleur qu'il doit avoir pour pouvoir être versé sur le moule.

§. IX. *De la maniere de transporter dans la poële le Plomb qui doit être coulé.*

Lorsque le plomb sera bien purifié, & que le moule sera tout prêt à le recevoir, on le transportera dans le vase que nous venons de nommer, c'est-à-dire, dans la poële que nous avons décrite plus haut, & qui eft toujours établie au bout du moule pour recevoir en premier lieu le plomb qui doit être coulé fur le fable, afin de s'y réduire en tables ; pour cet effet il faudra avoir des bottines aux jambes, pour éviter les gouttes de plomb qui peuvent tomber en le tranf-portant d'un lieu à l'autre. On prendra enfuite la cuiller *H*, que nous avons également décrite plus haut, avec une poignée de vieux chapeau, pour ne pas fe brûler : on la plongera dans la chaudiere, comme on le voit *Fig.* 2 de la Vignette, *Pl.* I, & on la portera auffi pleine qu'on pourra au lieu qui lui eft deftiné, & on l'y verfera, comme on le voit également dans la feconde Vignette, *Fig.* 5 ; on y reviendra un auffi grand nombre de fois qu'on verra que cela fera néceffaire, fe-lon la grandeur des tables que l'on voudra faire : on n'en fauroit marquer le nom-bre, parce que, comme il n'eft pas d'une néceffité abfolue que toutes les cuillers foient de la grandeur de celle dont j'ai parlé, il pourra fe faire qu'on en ait de plus grandes ou de plus petites ; mais tout ce qu'il faudra remarquer, c'eft qu'il fera néceffaire de compter la premiere fois le nombre des cuillerées qu'on mettra dans la poële ; fi ce nombre fe trouve fuffifant pour les tables dont on aura befoin, on continuera toujours de même : s'il n'eft pas fuffifant, on en mettra jufqu'à ce qu'on ait trouvé à peu-près la quantité qui convient. En général, il faut en mettre plus que moins, parce que dans ce dernier cas on feroit forcé de recommencer la table ; au lieu que dans le premier cas le furplus du plomb tombera dans les foffés que j'ai prefcrits d'ouvrir à l'extrémité de la couche du fable, & le travail & la peine, de cette maniere, ne feront point perdus.

§. X. *De la maniere de connoître le degré de chaleur que le Plomb doit avoir pour être coulé.*

Il eft néceffaire que le plomb ait un degré de chaleur convenable pour être coulé, & pour que les tables réuffiffent ; il faut qu'il ne foit ni trop chaud ni trop froid, parce que dans le premier cas il creuferoit le fable & s'érailleroit ; & que dans le fecond cas il fe coaguleroit, s'amoncelleroit fous le rable, & ne couleroit pas jufqu'au bout du moule, par conféquent les tables feroient man-quées, & on feroit forcé de les recommencer ou en entier ou en partie. Pour y obvier, il faut avoir une grande attention à obferver l'inftant où il aura acquis le degré de chaleur qu'il doit avoir pour être coulé : cela eft très-facile à connoître. Lorfqu'on verra qu'il commencera à s'attacher aux bords de la poële, c'eft une marque qu'il eft au point où il doit être ; s'il ne s'y attache pas, c'eft une preuve qu'il ne l'a pas encore acquis, par conféquent qu'il eft trop chaud : il faudra atten-dre ; ou, fi l'on veut, il eft un moyen de le lui donner dans l'inftant : on y mettra des morceaux de plomb froid, de fix livres, de dix, &c, jufqu'à ce qu'ils operent l'effet que nous avons dit ci-deffus ; & lorfqu'il fera enfin au degré qu'il doit avoir pour être coulé, il faudra s'y difpofer au même inftant, en obfervant ce qu'on va dire à ce fujet.

§. XI. *De la maniere de couler le Plomb fondu & purifié, & de le rabler.*

Il faut commencer par prendre le Rable *F*, comme on le voit dans la premiere Vignette de la seconde Planche, *Fig.* 7, le poser sur les bords du moule qui sont du côté de la poële, & le tenir un peu ferme ; il formera un petit pont, par l'espace qu'il y aura entre le rable & le sable, qui a été fait par la plane qu'on a appliquée sur la couche après l'avoir rablé, & qui a affaissé la surface de cette même couche d'environ 2 lignes.

Deux Ouvriers prendront ensuite la queue de la poële *C*, comme on le voit dans la même Vignette, la leveront & en répandront le plomb sur le moule, sans se précipiter ; le plomb *D* s'étendra sur la couche du sable *E*, & passera à travers l'espace *F*, qui est entre le rable & le sable, & s'étendra également sur toutes les parties du moule. Lorsque l'Ouvrier qui tient le rable, verra que le plomb est déja parvenu aux trois quarts du moule, qu'il commence à perdre de la force, qu'il ne coule plus assez vîte, & voudroit chercher à s'amonceler, il le rejettera avec le rable du côté des fosses *G H* ; il fera quelques pas en arriere ensuite, & repassera son rable sur toute sa table, pour faire couler dans les fossés le plomb surabondant, comme on fait tomber avec une rape le grain qui surpasse les bords du vase où on le mesure. Les tables auront plus ou moins d'épaisseur, selon la capacité & l'adresse de l'Ouvrier ; cela vient encore du plus ou du moins de chaleur que le plomb aura.

Il est pourtant, en général, un moyen de les rendre plus ou moins épaisses si l'on veut ; c'est d'appuyer plus ou moins la plane sur le sable : moins on la pressera, & moins il y aura de vuide entre le sable & le rable, par conséquent les tables en seront plus minces. Ce n'est pas un petit talent que de couler & rabler proprement ses tables, & de les rendre bien minces: c'est à cette adresse qu'on reconnoît les bons Ouvriers ; comme c'est de-là d'où dépend en partie la propreté de presque tous les autres ouvrages, on ne sauroit y apporter trop d'attention.

§. XII. *Des soins qu'il faut avoir après que le Plomb est coulé.*

Comme le plomb en refroidissant se retire toujours environ un pouce sur 14 pieds, & que la pesanteur de celui qui est entré dans les fossés, lui opposeroit un obstacle qui seroit capable de faire rompre le milieu de la table, & de forcer l'Ouvrier à la recommencer, aussi-tôt que le plomb sera tombé dans les fossés *G H*, il faudra prendre la Serpette *A, Fig.* 1, avec laquelle on coupera chaque table aux bords des fossés *G H*, en la frappant avec la Batteronde *A, Fig.* 3, afin de la séparer du plomb qui y est entré ; on les détachera en outre à l'autre bout du moule, si par hasard elles y prenoient ; on en fera de même tout autour du moule, si on voit quelqu'endroit où il soit besoin de le faire.

§. XIII. *De la maniere de faire des Anneaux aux rejets qui sont tombés dans les fossés, afin de les en retirer plus aisément.*

COMME le plomb qui tombe dans les fossés, & qu'on nomme *rejet*, ne laisse pas que d'être considérable, quoiqu'il soit divisé en deux parties par le moyen de la séparation qu'on pratique entre les deux fossés, il seroit presqu'impossible de l'en retirer avec les mains; c'est pourquoi il faut se servir d'un moyen qu'on a imaginé, de faire aux rejets de chaque table, des anneaux ou anses, afin d'avoir plus de facilité de les enlever des fossés où ils sont entrés.

On aura donc soin, dans le même temps que les tables seront coulées, de jetter des gâches dans le plomb qui est entré dans les fossés *G H*, pendant qu'il est encore chaud, afin qu'elles servent de poignées pour l'en retirer commodément, quand le plomb y aura pris & s'y sera attaché en refroidissant.

Ces gâches sont de fer & forment un demi-cercle, dont les deux bouts sont à crochets, comme on peut le voir dans la Planche de l'emplacement des Tuyaux de maisons, *Fig.* 7, *Pl.* XII.

A proprement parler, elles ne sont point faites pour cet usage; les Plombiers n'en tiennent chez eux que pour servir d'attaches aux Tuyaux des descentes, comme nous le dirons dans la suite. Mais comme les Ouvriers en ont toujours sous leurs mains, ils peuvent s'en servir préférablement à toute autre chose, & même nous le leur conseillons; en effet, elles sont très-propres à cet usage, parce qu'elles forment un anneau, comme nous l'avons dit, auquel le plomb s'attache, & qu'il est fort aisé de prendre avec la main.

§. XIV. *De la maniere d'enlever les Tables de dessus le Moule.*

APRÈS que le plomb coulé aura couvert, comme on le voit dans la seconde Vignette, toute la couche du moule, & que la table *A*, *Fig.* 8, aura resté quelques instants sur le sable, c'est-à-dire, le temps de prendre & de durcir, il faudra l'enlever de dessus le moule *B*, pour y en couler de nouvelles; on ne doit pas attendre qu'elle soit froide, parce qu'il seroit trop difficile de la rouler; il faut donc au même instant commencer à la plier par ses deux bouts *C D*, qui sont du côté de la poële *E*, prenant des morceaux de chapeau ou des vieux linges, pour ne pas se brûler: on laissera un vuide dans le milieu, pour que le levier y puisse entrer. On se met ordinairement deux pour cette opération; un la roule avec la main d'un bout, l'autre à l'autre bout l'aide avec son pied *o* monté sur le moule, & marchant sur ses bords en s'appuyant à la muraille; l'Ouvrier qui est à terre tient un Bourseau dans la main droite, & la frappe à mesure qu'ils la roulent, pour empêcher qu'elle ne se bossele, ainsi qu'on le voit dans la seconde Vignette, *Fig.* 8: on doit avoir l'attention de ne pas marcher sur le

sable

fable ni pieds nuds ni chauffés, par la raifon que fi on y marchoit pieds nuds, on fe brûleroit, & de l'autre maniere on gâteroit le fable; mais les rebords du moule étant affez larges pour y marcher, on doit s'y tenir. Il n'eft pas befoin de recommander que le pied qui appuie fur la table *A*, & qui aide à rouler, foit chauffé; cela parle de foi-même.

Cette maniere de rouler les Tables devient néceffaire pour rouler même les moins larges; mais elle eft encore bien plus importante lorfque les Tables font de toute la largeur du moule, & qu'elles n'ont pas été rétrécies par le fecours de l'éponge, parce qu'alors il feroit plus pénible, pour l'Ouvrier qui eft à terre, d'alonger fi loin fes bras; au refte on continuera d'opérer ainfi jufqu'aux foffés.

Quand toute la Table *A* fera repliée fur elle-même en forme de rouleau, comme on le voit *Fig.* 4, on l'enlevera de deffus le fable; pour cela il faudra prendre le levier, qu'on fera paffer dans l'efpace *A B*, *Fig.* 5, que j'ai dit de laiffer dans le milieu de chaque rouleau, en commençant à les rouler; enfuite deux Ouvriers prendront le levier par fes deux extrémités *C D*, & avec lui enleveront chaque Table de deffus le moule, & la placeront dans l'endroit le plus convenable de l'attelier; s'ils veulent la mettre fur le bout, un d'eux fe courbera & appuiera par terre le bout du levier qu'il tient, l'autre la fera couler & la mettra droite; s'ils veulent au contraire la coucher, ils fe courberont tous deux, la poferont à terre & en retireront le levier pour l'avoir tout prêt à s'en fervir à retirer les autres Tables de deffus le moule, à mefure qu'elles feront en état de l'être.

§. XV. *De ce qu'il faut faire des Tables manquées.*

Comme il eft extrémement rare & même impoffible de réuffir à toutes les Tables qu'on coule, fans en manquer quelques-unes, & qu'au contraire il s'en trouve plufieurs qui ne font bonnes qu'à refondre; il faudra alors les brifer à l'endroit où fera le défaut, en autant de morceaux que cela fe pourra, afin que le fardeau foit moins lourd, & on les rapportera dans la chaudiere afin de les y faire refondre : il faudra fe mettre plufieurs Ouvriers fi ces morceaux font pefants.

§. XVI. *De ce qu'il faut faire quand le défaut fe trouve au milieu de la Table.*

Il eft bon de faire remarquer ici, qu'il arrive fouvent que les Tables manquées ne font pourtant pas toujours toutes mauvaifes & toutes à jetter; qu'il peut arriver qu'il n'y ait qu'un feul défaut dans ces fortes de tables, tel, par exemple, que pourroit être un marron qui a été occafionné par un fable trop humide, & qui s'éleve au milieu d'une table : ou du moins une partie peut être bonne fi l'autre moitié eft mauvaife; il ne faut pas alors tout facrifier.

On ne fera refondre toute la Table que dans le cas où on n'en pourra pas tirer parti : fi elle eft bonne jufqu'au milieu, on confervera cette partie; il

Plombier.   E ne faudra simplement couper que ce qui ne peut pas servir ; cela sera fort aisé à faire avec la regle, le couteau & le marteau ; il peut se trouver des ouvrages auxquels on pourra l'employer ; on peut s'en servir, par exemple, pour faire des Cuvettes, des Godets, des Gouttieres, &c. Il seroit donc inutile de recommencer ce qui pourra servir. Les défauts de cette table retranchés, on la roulera de la même maniere que si elle étoit entiere, en rapportant dans la chaudiere les morceaux qui ne pourront pas servir, ainsi que nous l'avons expliqué plus haut.

§. XVII. *De ce qu'il faut faire des rejets.*

On enlevera de même chaque rejet des fossés *G*, *H*, en passant le levier dans l'anneau de la gâche, ainsi qu'on le voit *Fig. 6* ; on portera le tout dans la chaudiere ; le plomb fondra, & alors on verra les gâches, détachées du plomb, flotter sur sa surface, & on les en retirera facilement.

Quand on aura enlevé les Tables de dessus le moule, on retravaillera le sable comme si l'on n'y avoit coulé aucune Table ; c'est-à-dire, on l'arrosera, on le labourera, on le rablera & on le planera ; on en fera autant à chaque fois qu'on voudra y couler de nouvelles Tables ; toute la différence qu'il y a, c'est que, comme le plomb échauffe beaucoup le sable, il faudra avoir attention qu'il ne conserve pas trop de sa chaleur lorsqu'on y coulera de nouvelles Tables, par les risques & les inconvénients qu'il y a à craindre d'un plomb trop chaud.

On vient de voir une maniere de couler le plomb ; comme l'une paroît être une suite de l'autre, nous allons en donner une autre dans l'Article suivant, différente de celle-ci.

Aticle Second.

Des Tables coulées sur toile.

Nous venons d'expliquer la façon de couler les Tables de plomb sur le sable, il est encore une autre maniere de jetter le plomb lorsqu'on veut qu'il soit par Tables fort minces & fort égales, c'est sur l'étoffe ou drap de laine qu'on met à la place du sable. Comme cette opération differe en quelques choses de la premiere, il est bon de la détailler dans cet Article, afin de la mieux faire sentir. Il faut d'abord avoir de ces sortes de moules, qu'on nomme *Moules à toile* ; il est une certaine maniere d'apprêter ces moules & d'y verser le plomb, qui est différente de la façon de le verser sur les autres moules ; cela demande par conséquent des détails dans lesquels nous sommes forcés d'entrer.

§. I. *Des Moules à toile.*

Il y a deux fortes de Moules en fait de coulage fur toile : l'un eſt bordé par un chaſſis *A, B, Fig.* 1. *Pl.* III, des deux côtés, & n'exige pas un rable différent de celui des moules à ſable : l'autre n'eſt bordé que d'un côté feulement, *Fig.* 2 & 3 ; l'autre côté *B*, eſt égal à la Table ; il faut par conféquent pour ce dernier, un rable différent de ceux dont nous avons parlé juſqu'ici, comme nous le dirons en ſon lieu : du reſte, ils ſont conſtruits de la même maniere que nous l'avons ſpécifié plus haut ; on les fait de telle longueur qu'on veut, mais ordinairement ils ſont moins longs que les autres moules, du moins le dernier, parce qu'on ne s'en ſert que pour y fabriquer tout ce qu'il y a de plus mince en Tables. Pour le premier, comme on peut y fondre des Tables de l'épaiſſeur de celles qu'on coule fur les moules à ſable, il a ordinairement leur longueur. On ſuſpend au bout de chaque moule une lingottiere pour former une eſpece de foſſé, & recevoir le ſurplus du plomb, *Fig.* 4.

§. II. *De la façon d'apprêter l'un & l'autre de ces deux Moules avant d'y couler le plomb.*

Ces deux Moules s'apprêtent de la même façon. Comme il ne ſuffiroit pas que le Moule fur lequel on veut couler le plomb ne fût couvert que d'une ſimple toile, parce qu'il faut que le plomb ſoit jetté fur une couche un peu molle & qui prête, il faudra mettre une étoffe ou drap entre la table du moule & la toile où le plomb doit être coulé, qui fera le même effet que le ſable.

Comme le plomb ne pourroit pas couler fur une étoffe qui ne feroit point unie, ou que s'il n'étoit point arrêté par ſes replis il ſe boſſeleroit ; il faut avoir l'attention de tendre ſon étoffe ou ſon drap le plus qu'il fera poſſible, en la clouant aux rebords de la table du moule ; enſuite on mettra par-deſſus cette étoffe ou drap, une toile ou treillis fin, que l'on aura également le ſoin de bien tendre, par la même raiſon que celle que nous venons de dire. Cette toile eſt ordinairement du coutil, parce que c'eſt celle qui eſt la plus propre à cette opération ; les autres toiles s'enflamment trop aiſément.

Il ne ſuffit pas que cette toile ſoit bien tendue ; il faut encore qu'elle ſoit graiſſée, afin qu'elle adouciſſe & rafraîchiſſe le plomb qu'on y coule, & que les Tables aient moins d'âcreté, & ſoient moins ſujettes à ſe caſſer.

Voici comme on s'y prend pour graiſſer la toile. On enferme de la graiſſe dans un linge ; c'eſt ordinairement du ſuif de chandelle, parce qu'une graiſſe plus chere ne feroit pas plus d'effet, & occaſionneroit une dépenſe inutile ; on la préſente devant un réchaud de braiſe qu'on tient à côté de ſoi ; on en frotte à pluſieurs fois la toile où le plomb doit être coulé d'un bout à l'autre.

On peut également faire fondre de la poix-réfine graffe, & avec un pinceau en frotter cette même toile ; cela reviendroit au même.

§. III. *De la pente que doivent avoir ces efpeces de Moules.*

COMME on ne fe fert de ces Moules que quand on veut faire des Tables ex-trêmement minces, ainfi qu'on l'a déja dit, il faut que le plomb qu'on veut y employer n'ait pas le temps d'y féjourner autant que fur les autres mou-les, c'eft-à-dire, les moules à fable où il ne coule pas extrémement vîte, n'ayant environ que deux pouces de pente dans le trajet qu'il parcourt depuis la poële d'où on le verfe, jufqu'aux foffés qu'on ouvre au bout de chaque moule. Pour cet effet, il faudra donner à ces fortes de moules une pente d'environ douze ou quatorze pouces au lieu de deux. Le rable le conduira plus aifément ; le plomb même fe précipitera plus promptement au fond du moule, & par-là, les Tables en feront moins épaiffes. Il eft queftion maintenant de donner l'ex-plication de la maniere dont il faut s'y prendre pour couler le plomb fur ces ef-peces de moules.

§. IV. *De la façon de connoître le degré de chaleur que le Plomb doit avoir pour être coulé.*

IL n'eft pas ici moins néceffaire que dans le Chapitre précédent, de connoî-tre le degré de chaleur que le plomb doit avoir pour qu'il puiffe être coulé, pour deux raifons : la premiere, afin que le plomb s'étende aifément ; la feconde, pour qu'il ne brûle pas la toile ou l'étoffe fur laquelle on le coule. On peut fe fervir, pour cet effet, des moyens que nous avons donnés plus haut ; mais il y a une autre façon de le faire, qui quoique différente de la premiere, n'eft pas moins aifée. Il faut prendre un morceau de papier & le jetter dans le plomb qui eft deftiné pour être coulé ; s'il brûle & s'enflamme, c'eft une preuve que le plomb eft encore trop chaud, & qu'il enflammeroit également la toile ou le drap fur lequel on le couleroit ; il faut en ce cas lui donner le temps de fe refroidir : fi au contraire le papier ne rouffiffoit qu'un peu, c'eft une marque qu'il n'auroit pas affez de chaleur ; alors il faudroit le réchauffer au point où le papier tienne le milieu, entre s'enflammer & ne jaunir qu'un peu.

§. V. *De la maniere de verfer le Plomb fur le moule à deux bords.*

IL faut d'abord avoir le foin de prendre un rable *C*, tel que celui dont on fe fert pour les moules à fable ; on le pofe de même fur les bords du moule, à quel-ques diftances de l'endroit où doit fe faire le coulage du plomb, d'où on l'at-teint, comme on le voit *Fig.* 1 ; enfuite on prend une cuillier *Fig.* 5, un peu

grande,

grande, qui contient environ trente à trente-cinq livres, on l'emplit de plomb qu'on verfe fur la toile le plus promptement qu'on peut, afin qu'elle ne s'enflamme pas, ce qui arriveroit fi on ne précipitoit le coulage. Quand le plomb aura paffé au-delà du rable, & fera environ au milieu du moule, on relévera le rable en fe jettant en arriere ; on le repofera fur le champ à deux pieds plus haut pour reprendre toute la Table, & l'on repouffera le plomb par fon moyen dans la lingottiere fufpendue au bout du moule pour le recevoir de la même maniere que nous l'avons dit dans le Chapitre précédent.

Comme la façon de couler le plomb fur le fecond moule eft différente en quelque chofe, il eft néceffaire d'en parler.

§. VI. *De la maniere de verfer le Plomb fur le moule à un feul bord.*

COMME ce moule n'a qu'un bord, il lui faut un rable différent de celui dont j'ai parlé; on en a un fait de trois morceaux de bois A, B, C, affemblés quarrément & d'égale hauteur, comme on le voit *Fig. 6*; ceux des deux côtés ont environ douze ou quatorze pouces de long ; ils vont en diminuant fur le devant en forme de deux angles aigus, & ne confervent leur hauteur qu'à l'endroit où ils font affemblés avec la piece A du milieu, qui a fept ou huit pouces de haut, fur une longueur égale à la largeur que l'on veut donner à la table de plomb qu'on doit couler : il a de plus un double manche D, E, pour le prendre, & une traverfe F, pour foutenir fes côtés. Après que la toile eft graiffée, on pofe ce rable au haut du moule en le tournant comme on le voit *Fig. 3*; avant d'y verfer le plomb on y met une carte pour lui fervir de fond, & empêcher que la toile ne brûle pendant qu'on y verfe le plomb pour faire la Table, & qu'il y féjourne. Le plomb eft arrêté d'un côté par le chaffis du moule, de l'autre côté par les rebords du rable; on eft le moins de temps qu'il eft poffible à le couler. Auffi-tôt que cette opération eft faite, deux Ouvriers qui doivent tenir déja les manches de ce rable, le font gliffer dans un inftant d'un bout du moule à l'autre, jufqu'à la lingottiere qui eft au bout du moule, dans laquelle ils font tomber le furplus du plomb néceffaire à faire ces fortes de Tables. Ils doivent avoir l'attention de le conduire fur une même ligne, pour que la Table ne foit pas plus large d'un côté que d'un autre; cela eft aifé à faire en tenant le rable toujours contre le rebord du moule. Il faut auffi faire enforte que la carte ou carton qui eft au fond du rable ne fuive pas, parce qu'elle feroit manquer la Table; dans ces rifques il vaut mieux l'attacher : moins on eft de temps à faire gliffer le rable, moins épaiffe eft la Table. Les Ouvriers doivent donc avoir foin de ralentir ou de précipiter cette opération à proportion de l'épaiffeur qu'ils veulent donner à leurs Tables.

§. VII. *De la maniere de relever ces Tables de deſſus le Moule.*

IL faut avoir un couteau ; onpaſſe ſa lame entre la Table & la toile, afin de la détacher & de pouvoir la prendre ; enſuite on la roule toute entiere : comme elle eſt
pour l'ordinaire extrémement mince , ainſi qu'on le voit *Fig.* 7 , on prend garde
de ne pas la caſſer ; on l'enleve enſuite de deſſus le moule, afin qu'il ſoit tout prêt
à en recevoir d'autres ; on la met à un coin de l'attelier, on détache enſuite la
lingottiere qui eſt au bout du moule, & qui n'eſt ſuſpendue qu'avec des crochets ,
pour en ôter les rejets , ou autrement dit, les excédents de la Table qui vient
d'être coulée , les rapporter dans la chaudiere & les faire fondre de nouveau.

§. VIII. *De l'uſage de ces Tables.*

CES Tables ſervent à toutes ſortes de petits ouvrages. On les emploie ſur
les toîts à couvrir des chevrons de bois , de petites lucarnes, & à pluſieurs amortiſſements : on les emploie ſur-tout dans les bâtiments ; on les met entre les joints
des pierres fondamentales pour les aſſeoir plus ſolidement : il en eſt entré une
grande quantité dans les bâtiments du Louvre. On s'en ſert auſſi pour les clochers, en leur donnant toutes ſortes de formes , en les coupant tantôt en quarré ,
en cœur , &c.

Mais cette maniere de couler le plomb , eſt devenue peu en uſage depuis
qu'on a inventé le laminage. Les Tables de la Manufacture ont fait tomber les
anciennes , parce qu'il eſt plus aiſé de les faire de l'épaiſſeur qu'on veut. On ne
trouve plus de moule à toile ; & s'il en exiſte quelqu'un , ce n'eſt plus que dans
les Provinces qui ne peuvent ſe procurer que très-difficilement des Tables de la
Manufacture. Pour les Plombiers qui ont un Laminoir, ou qui ſont à portée d'en
faire venir des Tables , ils ne fondent plus de ces Tables ſi minces : cela me
donne occaſion de parler du laminage dans le Chapitre ſuivant.

CHAPITRE TROISIEME.

Du Laminage.

APRÈS avoir décrit comment les Plombiers coulent leur plomb fur le fable &
fur la toile pour l'y réduire en Tables, il me paroît à propos de parler du Laminage, & d'expliquer comment en profitant de la ductilité du plomb, on eft
parvenu par le moyen de deux cylindres de fer, à fournir des Tables de' différentes largeurs, & précifément de l'épaiffeur qu'on défire, beaucoup plus réguliérement qu'on ne le peut faire par les méthodes que nous avons expliquées.

C'eft ce que nous nous propofons de faire dans ce troifieme Chapitre, que
nous diviferons en quatre Articles : dans le premier nous donnerons une courte
Differtation fur le Laminage, avec le plan de l'Attelier ; dans le fecond, nous
parlerons de la maniere de fondre & de couler les Tables propres à être laminées ;
dans le troifieme, nous détaillerons toute la mécanique du Laminoir, afin de
donner la plus exacte connoiffance qu'il nous fera poffible de cette belle machine, qu'on ne fauroit trop admirer, & d'en faire mieux fentir les différentes
opérations ; dans le quatrieme enfin, nous traiterons de la façon de s'en fervir.

ARTICLE PREMIER.

Differtation fur le Laminage ; avec un plan de tout l'Attelier.

ON fait que dans les Monnoies on paffe l'argent, l'or & le cuivre par des
Laminoirs, pour réduire ces métaux à une épaiffeur uniforme & convenable
pour les monnoies qu'on fe propofe de fabriquer. Les Orfévres laminent auffi
leurs métaux pour les réduire promptement à l'épaiffeur qui convient pour leurs
ouvrages. Les Laminoirs pour le plomb font, à la force & à la grandeur près,
prefque femblables aux Laminoirs des Orfévres & des Monnoyeurs.

Il y a environ quarante ans, qu'une Compagnie fe propofa d'établir en France
des Laminoirs pour le plomb, qui étoient depuis long-temps employés en Angleterre avec fuccès. Les Lamineurs commencent, à la vérité, par couler leur
plomb en Tables à peu-près comme les Plombiers ; mais ils les tiennent épaiffes
de 15 à 18 lignes, & enfuite les réduifent à l'épaiffeur précife qui convient aux ouvrages qu'on fe propofe de faire, en les paffant, comme nous l'a-
vons dit, entre deux cylindres, ce qui réduit les Tables à une épaiffeur uniforme
dans toutes leurs parties.

Outre que la perfection de ces Tables laminées étoit fenfible, leur avantage

étoit conftaté par le grand ufage qu'en font les Anglois. Cependant l'établiffement du Laminoir a éprouvé des oppofitions ; quelques-uns s'étoient perfuadés
que le plomb en paffant & repaffant fous les rouleaux du Laminoir, feroit feuil-
leté comme un gâteau ; mais l'examen qui en a été fait par l'Académie d'Architecture, & les expériences que l'Académie des Sciences fit faire, ayant dé-
truit tous ces préjugés, l'établiffement des Laminoirs a été autorifé par le
Gouvernement. Je ne m'arrêterai point à réfuter une Piece d'écriture qu'on s'eft
avifé de faire imprimer dans un Journal 20 ans après l'établiffement du Laminoir, lorfque quantité de perfonnes étoient par leur propre expérience en état de
détruire les allégations vagues qui étoient raffemblées dans cet écrit. Je me bornerai à faire appercevoir d'une maniere générale, la fupériorité des Tables de plomb
laminées fur celles qui font coulées, finon en tout, du moins en quelque chofe.

Quelques-uns des avantages que les Tables de plomb laminées ont fur celles
qui font fimplement coulées.

QUELQU'habileté qu'aient pu acquérir les Plombiers à manier le rable, ils ne
fauroient imiter l'égalité du plomb laminé dans leurs Tables coulées : ils en
peuvent bien faire de plus ou moins épaiffes ; mais il leur feroit impoffible d'en
faire précifément d'une telle ou telle épaiffeur : au lieu que par le moyen du
Laminoir, on y réuffit parfaitement & fûrement ; c'eft déja un premier avantage
du plomb laminé, d'où il en réfulte un autre. Le plomb fimplement coulé ne
pouvant être parfaitement d'une égale épaiffeur dans toutes fes parties, il s'enfuit quelquefois, & prefque toujours, que les Particuliers qui s'en fervent, font
obligés d'acheter beaucoup plus de matiere qu'il n'eft néceffaire. Pour le prou-
ver par un exemple, je fuppofe qu'on demande aux Plombiers cent pieds quarrés
de plomb d'une ligne d'épaiffeur ; fi les Tables qu'ils livrent n'avoient précifément qu'une ligne dans toutes leurs parties, cent pieds ne péferoient qu'environ
cinq cents cinquante livres ; mais comme les Tables coulées ont toujours en quelques endroits une demi-ligne & en d'autres une ligne & demie ou deux lignes,
& fouvent davantage, il s'en fuit que les cent pieds pefent quelquefois huit à
neuf cents livres, au lieu que le plomb laminé étant toujours & par-tout d'une
épaiffeur parfaitement égale, les différents morceaux d'une Table, coupés à tel
endroit que ce puiffe être, feront toujours de même poids, s'ils font de même
grandeur : ainfi point de matiere fuperflue ; parconféquent point de dépenfe
inutile. Si l'on compare fur ce principe la dépenfe d'un ouvrage fait de plomb laminé, avec celle d'un ouvrage de même étendue fait en plomb coulé, on trouvera que la différence fera d'un tiers de matiere pour certains ouvrages, & de
moitié pour d'autres. On eft donc fort heureux d'avoir trouvé un moyen pour
empêcher qu'il n'entre dans les différents ouvrages de Plomberie plus de matiere
qu'il n'en faut, & qu'on ne multiplie pas des frais déja affez onéreux par eux-
mêmes.

mêmes. D'ailleurs, comme le plomb augmente de volume à la chaleur, & en diminue au froid , il eſt probable que les parties minces ſeront déchirées par celles qui ſont plus épaiſſes , ce qui n'arrivera pas dans les tables qui ſeront par-tout exactement d'une égale épaiſſeur.

On peut dire encore, qu'en ſe ſervant du plomb laminé, on épargne ſur la ſoudure auſſi-bien que ſur le plomb , parce qu'il ſort du laminage des tables de 25 à 30 pieds de longueur ſur 4 pieds & demi de largeur, ce qui fait à peu-près le double de la longueur & de la largeur des tables coulées; il ſuit de cette différence qu'il faudra la moitié moins de ſoudure dans la plupart des ouvrages de grands traits. Il faut cependant avertir qu'on n'entend pas parler de certains ouvrages où l'on eſt obligé de multiplier les ſoudures pour augmenter leur ſolidité , ainſi que le demandent les réſervoirs, les cercueils , & quelques autres ouvrages; il ne s'agit ici que des ſimples ſoudures.

Une conſidération qui n'eſt pas à négliger, & dont nous avons déja parlé; eſt que le plomb commun ſurcharge la charpente par un poids inutile. Le nouveau plomb ne le charge que d'un poids néceſſaire , ce qui diſpenſe les Charpentiers de donner un ſi gros équarriſſage à leurs pieces de bois ; c'eſt encore une épargne qui tourne à l'avantage des Particuliers , puiſqu'il en réſulte une économie ſur la fourniture du plomb, ſur celle de la ſoudure & ſur la charpente ; ajoutons encore que le plomb laminé roulé en tuyau n'offrant point de priſe au limon que l'eau entraîne toujours avec elle , il doit s'y former moins d'engorgements que lorſqu'ils ſont faits de tables coulées.

La bonté du plomb laminé a été conſtatée par les certificàts des Ouvriers qui en ont employé, & par les atteſtations de la ville de Londres, envoyées à M. le Duc d'Antin par M. le Comte de Broglie, alors Ambaſſadeur en Angleterre; enfin par le certificat de l'Académie des Sciences , qui ſeule eſt capable d'écarter tous les doutes qu'on pourroit avoir à ce ſujet.

On peut même rapporter une quatrieme preuve qui emporte une pleine conviction. C'eſt ce que m'en ont dit pluſieurs Plombiers, & nommément M. Belon, l'un d'eux, homme judicieux, rempli de droiture, qui a eu la bonté de me communiquer les connoiſſances qui m'étoient néceſſaires pour décrire un Art dont il remplit ſi noblement la profeſſion, juſtice que le Public lui rend. Cet habile Plombier m'a aſſuré qu'il ſortoit de très-bonnes tables du Laminoir, qu'il s'en ſervoit ſouvent, & qu'il les trouvoit d'un très-bon uſage lorſque les Ouvriers ne s'étoient pas négligés, ce qui arrive quelquefois. J'en ai eu moi-même la preuve dans une table de la Manufacture d'Angleterre qu'on a déroulée ſous mes yeux ; elle ſe feuilletoit dans pluſieurs endroits : mais ce ſont des défauts entiérement étrangers au Laminoir. Il ſeroit injuſte d'attribuer à cette belle machine des défauts qui ne proviennent que de la négligence de quelques Ouvriers. Je crois, au contraire, que quelque difficulté qu'ait eſſuyé cet établiſſement en France, on ne peut s'empêcher de ſavoir bon gré aux

Entrepreneurs d'avoir employé toutes sortes de moyens pour les surmonter.

Il est pourtant à propos d'avertir que mon intention n'est pas de rejetter en-tiérement les tables coulées ; je pense qu'il y a des cas où l'on fera bien d'en faire usage : les unes & les autres ont leur prix.

Pour donner une plus grande clarté à ce Chapitre , nous allons commencer par tracer ici un plan de l'Attelier de la Manufacture du Laminage , & nous n'avons plus qu'à en décrire les différentes parties , ce que nous ferons avec le plus d'ordre qu'il nous sera possible.

§. II. *Description de l'Attelier du Laminage , & distribution des différentes Usines qui en dépendent.*

Dans cet Attelier , qui est spacieux , est établi à peu-près comme chez les Plombiers une chaudiere *A, Pl. IV, Fig.* 1 ; elle est de fonte de fer , & en-tourée de maçonnerie ; son usage est , comme chez les Plombiers , destiné à faire fondre le plomb. Cette chaudiere est un peu élevée , & pour la servir , il faut monter quatre ou cinq marches ; plus bas est un vase *H*, qu'on nomme *Auge*, il est destiné à recevoir le plomb fondu qui sort de la chaudiere par un robinet *a* , & coule sur la bavette *b* pour le verser sur le moule *I*; le plomb fon-du , coulé sur le moule , forme une table moins longue que celles que font les Plombiers , mais plus large & beaucoup plus épaisse ; à l'endroit *a, Fig* 2 , est placé une grue qui sert à transporter les tables de plomb de la fonderie au La-minoir : on la verra ailleurs en élévation.

On voit , *Fig.* 3 , l'emplacement du manege ; *H* sont les leviers qui ont 13 pieds de longueur; à leurs extrémités, on attele les chevaux qui font tourner un arbre vertical *A* qui est mobile sur son axe , & il porte une roue horisontale ou de champ *B* , laquelle engrene dans une lanterne *E*, qui étant fermement assujettie à l'arbre horisontal *C C*, lui communique son mouvement , & cet ar-bre *C C* le transmet à un hérisson *D* & à une autre lanterne *Æ*, d'autant qu'ils sont fermement assujettis à l'arbre *C C*. Comme je ne me propose ici que de donner une idée de la place que les différentes mines occupent dans l'Attelier , je re-mets à expliquer dans la suite quel est l'usage de ces roues ; il suffit de dire qu'elles transmettent leur mouvement à deux lanternes qui sont portées par un petit arbre qu'on ne voit point dans cette Figure. Ce petit arbre fait mouvoir deux cylindre *K L* de fonte , entre lesquels doit passer la table de plomb qu'on lamine ; & comme il faut la soutenir dans toute sa longueur , & faire ensorte qu'elle éprouve le moins de frottement qu'il est possible, il y a un grand chassis *V V* de 50 pieds de long, qui porte des rouleaux *TT* mobiles sur leurs axes, qui soutiennent les tables de plomb , & font qu'elles peuvent parcourir la lon-gueur du chassis *V V* , sans presque éprouver de frottement.

Avant d'aller plus loin , je ferai remarquer qu'il y a des Laminoirs qui au lieu d'être mus par des chevaux , le font par un courant d'eau : alors une roue à aube verticale, & semblable à celle des moulins à farine, est jointe à l'arbre *CC*, & le fait tourner sans qu'il soit besoin du rouet *B* ni de la lanterne *E*, *Fig.* 3 ; à cela près les deux machines sont entiérement semblables. Je vais entrer dans le détail des différentes opérations, & je commence par ce qui regarde la Fonderie.

La Figure 4 représente une coupe longitudinale de la Fonderie, *Fig.* 2. *A*, est la chaudiere ; *B*, la fournaise, ou l'endroit où l'on met le feu ; *C*, le cendrier ; *D*, la cheminée pour l'évaporation de la fumée ; *F*, la bavette qui conduit le plomb fondu dans l'auge ; *H I*, le moule sur lequel on coule la table de plomb, comme le font les Plombiers, ainsi que nous l'avons expliqué. Ce moule ou cette table doit être solidement établie ; c'est pourquoi il y a deux fortes solives *K K* qui sont enfouies de toute leur épaisseur dans le terrein, auxquelles sont assemblés les pieds de la table *L L L*, & les arcs-boutants *M*. Quand le plomb fondu est rendu par la bavette *F* dans l'auge *H*, il faut le verser dans le moule *I*. Or cette auge contenant beaucoup de plomb, & étant très-pesante d'ailleurs, elle est tellement échauffée par le plomb fondu, qu'il ne seroit pas possible de la manier. C'est pourquoi on emprunte le secours d'un double levier *V* ; pour entendre cette manœuvre, il faut concevoir qu'un des bords de l'auge *H* est ajusté à charniere au bout du moule *I*, & qu'à l'autre bord de l'auge est attaché à chaque angle une chaîne *c*, & que chacune de ces chaînes est attachée en *d* au bord d'une demi-poulie *X Y*, qu'un levier *V* fait tourner: la chaîne *c*, se roulant sur la circonférence de cette demi-poulie, éleve le côté *b* de l'auge ; & comme il y a deux leviers *V U*, comme on le voit *Fig* 1, *Pl.* 7, deux demi-poulies *X Y*, & deux chaînes *cc* qui répondent l'une à l'angle *a*, l'autre à l'angle *b* de l'auge, il est évident qu'en abaissant les leviers *X Y*, on soulevera le côté *a b* de l'auge, & le plomb se répandra en nappe sur le moule *I*.

ARTICLE SECOND.

De la fonte des Tables destinées à être laminées.

LES Entrepreneurs de la Manufacture du Laminage commencent, comme les Plombiers, par faire fondre leur plomb, ainsi que nous l'avons dit dans le Chapitre premier de cet Ouvrage. Nous nous dispenserions de le répéter ici ; mais comme le fourneau dont se servent les Entrepreneurs du Laminage, est différent de celui des Plombiers, il nous devient indispensable de le décrire.

§. I. *Description du Fourneau.*

CE Fourneau *A*, *Fig.* 1 & 2, *Pl.* 7, dans lequel on fait fondre le plomb, est élevé d'environ quatre ou cinq pieds au-dessus du terrein. Il est accompagné d'un côté & d'autre d'un petit escalier *B*, qui n'a que quatre à cinq marches, par lesquelles on peut monter fur le palier *C*, d'où les Ouvriers peuvent voir & travailler dans la chaudiere, qui n'eft élevée que de trois pieds ou environ au-deffus du palier. C'eft-là où les Ouvriers fe placent pour charger ou écumer la chaudiere. Au fond de la chaudiere, il y a un robinet *D* qui fert à la vuider lorfque le plomb eft fondu. Il eft fermé par un robinet de fer *E*, ce qui eft bien plus expéditif que de le tranfporter par cuillerée comme le font les Plombiers. La bouche de fon foyer *F* eft par le côté dans un pan coupé qu'on a pratiqué entre le petit efcalier *B*, & le robinet *D*, qui fert à décharger la chaudiere ; car il n'auroit pas été poffible de le mettre au-devant du fourneau, comme on le voit chez les Plombiers.

Comme ce fourneau fe trouve élevé d'environ deux pieds de terre, on a pratiqué un cendrier où tombe la braife du bois qu'on met fur la grille pour la fonte ; l'ouverture de ce cendrier *G*, *Fig.* 1, fe trouve à rafe-terre, & dans le pourtour des marches qu'on monte pour aller à la chaudiere. Les bûches au lieu d'être pofées par terre, fe font fur une forte grille de fer, qui occupe toute la capacité du deffous du foyer.

Il n'y a qu'un tuyau pour l'évacuation de la fumée qui fort du foyer de ce fourneau, au lieu que les Plombiers en ont deux ; mais il eft auffi plus gros que celui des Plombiers. Du refte, la cheminée & fon parement font faits comme ceux que nous avons décrits dans le fecond Chapitre de cet Ouvrage.

§. II. *De l'Auge & du Moule.*

L'Auge *H*, *Fig.* 1, 2, 3, 4, 5, qui eft au pied de ce fourneau, comme nous l'avons dit, dans laquelle on fait paffer par un robinet le plomb de la chaudiere lorfqu'il eft prêt à couler, eft de fonte de fer, & elle eft affife fur un foc de maçonnerie à un bout du moule *I*, dans lequel fe fait le coulage ; car ce moule eft vis-à-vis du fourneau, & placé fur le même alignement. Cette auge occupe toute la largeur du moule, & contient environ 3500 liv. de métal ; le moule auquel elle eft adoffée, eft affis fur plufieurs pieds de charpente, & eft d'une conftruction extrêmement folide, pour n'être point endommagé par le poids de l'auge & du plomb qu'elle contient, dont il fupporte en partie le fardeau, jufqu'à ce que les Ouvriers l'aient vuidée. Il a quatre pieds & quelques pouces de large fur fix de long ; il contient une couche de fable d'environ fix pouces d'épaiffeur ; fes bords font épais ; on peut l'ouvrir par le bout, afin de pouvoir en retirer plus commodément les tables qu'on y coule.

§. III.

§. III. *De la façon de mettre le Plomb dans la Chaudiere , & de ce que l'on doit faire avant de le couler.*

LORSQU'ON veut faire des tables qui font deftinées à être laminées , on doit commencer par faire fondre le plomb qu'on veut y employer. Il faut donc en garnir d'abord la chaudiere ; ce travail eft un peu plus difficile dans la Manufacture que dans l'attelier des Plombiers , parce qu'ici il y a trois marches à monter , au lieu que chez les Plombiers tout eft de plein pied. Pour faire cette opération avec plus d'aifance , il faut employer deux Ouvriers , un doit monter fur le palier , pour être à portée de mettre le plomb dans la chaudire , & l'autre doit refter en bas , pour le lui faire paffer à mefure.

§. IV. *De la maniere d'allumer le Fourneau , faire fondre le Plomb , & l'écumer.*

QUAND la chaudiere eft garnie de plomb , felon fa capacité , il faut allumer du feu dans le foyer , ce qui eft un peu plus difficile que dans les fourneaux des Plombiers , parce que le fond qui doit foutenir les bûches étant à jour , il faut ou avoir le foin de tenir des bûches embrafées , pour n'avoir plus qu'à les y mettre & les fouffler , ou faire enforte que les bûches & les copeaux , & autres matieres combuftibles qu'on y peut mettre , foient bien près les unes des autres , pour que la braife , avec laquelle on les allumera , ne tombe pas dans le cendrier.

On fera également deux feux , comme nous l'avons dit ailleurs , afin de mettre le plomb plutôt en fufion ; on l'écumera de même : il feroit inutile de répéter ce qui a été déja expliqué à ce fujet.

§. V. *De la maniere de préparer le Moule.*

ON commence par arrofer la couche de fable qui eft dans le moule , avec un arrofoir comme à l'ordinaire ; enfuite on la laboure , & on l'émiette avec une pelle & un rateau , *Fig. 6 & 7* ; & tout cela fe fait à la Manufacture comme chez les Plombiers : il n'y a de différence que dans les outils dont ils fe fervent ; car le rable qui fert à unir les couches de fable ainfi que la plane , font différents , comme on le voit *Fig. 8 & 9.* Il faut néceffairement être deux Ouvriers pour prendre les quatre manches *A, B, C, D,* de leurs rables , au lieu qu'il n'en faut qu'un pour conduire celui des Plombiers.

Comme les tables , qu'on deftine à être laminées , font trop épaiffes pour être roulées , & que d'ailleurs elles font trop pefantes pour que les Ouvriers puiffent les retirer du moule ; il faut avoir l'attention de faire au bout des tables le plus éloigné du fourneau , une anfe *C, Fig. 16 & 17* , pour pouvoir la faifir avec un crochet , & l'enlever au moyen de la grue dont nous parlerons dans la fuite. Il faut donc ne pas oublier de faire un arrondiffement dans le fable du côté oppofé au fourneau, au centre duquel on placera une cheville de fer un peu conique, ce qui formera le moule de l'anfe que chaque table doit avoir pour être tirée commodément de deffus fon moule. Nous expliquerons en fon lieu ce qu'il faudra faire de cette anfe, lorfque la table fera fur le Laminoir.

§. VI. *De la façon de faire paffer le Plomb fondu de la chaudiere dans l'auge, & d'y éprouver fa chaleur.*

QUAND on a fondu & écumé une fuffifante quantité de plomb pour faire une table, & qu'il eft prêt à être coulé, pour tranfmettre le plomb de la chaudiere dans l'auge, on a une feuille de tole, *Fig.* 11, roulée en gouttiere; on en place un bout dans l'auge, & on appuie l'autre fur le chevalet *K*, *Fig.* 2 & 12, qui répond au robinet *D* de la chaudiere, & qui lui-même eft foutenu par quatre crampons de fer *l, m, n, o*. On retire enfuite le robinet *E*, *Fig.* 2 & 13, & pour cela on retire les deux vis *p, q*, des écrous *r, s*, qui ferrent la queue du robinet, afin d'empêcher qu'il ne forte de lui-même de fa place, & ne faffe perdre le plomb.

Le plomb trouvant une ouverture, coule à travers le canal portatif de tole dans l'auge, ce qui épargne aux Ouvriers la peine de l'y porter à cuillerée, comme le font les Plombiers; par ce moyen il n'en refte point ou très-peu dans la chaudiere.

On doit dans cet inftant ou éteindre le feu qui eft fous la chaudiere, ou y mettre du plomb nouveau, fi l'on veut encore y couler des tables, afin que celui qui refte dans la chaudiere ne fe brûle pas. Mais avant de charger la chaudiere, il faut ôter la gouttiere de tole, remettre le robinet à fa place, & avoir l'attention de l'affujettir par les vis *R, S, Fig.* 12, pour que le plomb ne coule pas. Mais foit qu'on veuille couler une nouvelle table ou non, il faut toujours ôter la gouttiere de tole, pour qu'elle n'empêche pas de lever l'auge pour en verfer le plomb dans le moule.

§. VII. *De la façon de verfer le Plomb fondu de l'auge dans le moule.*

L'AUGE fort pefante par elle-même, & qui contient de plus près de trois milliers de plomb, ne pourroit être levée commodément, même par un grand nombre d'Ouvriers, pour verfer le plomb qu'elle contient fur le moule déja difpofé pour le recevoir. De plus, étant remplie de plomb fondu, elle eft fi chaude qu'il ne feroit pas poffible d'y porter les mains. Ces difficultés ont fait imaginer les deux leviers *V U*, dont nous avons déja parlé, qu'on a établis dix ou douze pieds au-deffus de l'auge, comme on le voit *Fig.* 1, *Pl. VII*, & qui font mobiles fur leur axe *T*; on abaiffe, par le moyen d'une double bafcule *e e*, ces leviers, qui, ayant chacun à leur extrémité une demi-poulie *X Y*, enlevent l'auge qui est attachée par deux crochets *a b*, *Fig.* 4, à des chaînes *c c* qui passent sur ces demi-poulies, & qui s'y roulent à mesure qu'on abaisse les leviers. Par cette manœuvre, deux hommes qui agissent de concert, suffisent pour renverser l'auge & le plomb, qu'elle contient sur le moule. Lors donc qu'on se sera assuré que le plomb a le degré qui lui est nécessaire pour être coulé, d'après ce que nous avons dit dans le second Chapitre sur cette matiere, deux Ouvriers feront descendre les leviers par le moyen des bascules qui y sont attachées; ils forceront l'auge de remonter sur la charniere *f g h*, *Fig.* 5, qui l'attache au bord du moule, & le plomb coulera en nappe dans le moule d'un mouvement toujours également prompt. On rendra ensuite la liberté aux bascules, & on laissera l'auge descendre & reprendre sa place.

§. VIII. *De la façon de rabler la Table dans le Moule.*

ON a deux différents rables pour rabler chaque table de plomb dans son moule; l'un a deux manches, comme on le voit *Fig.* 14; l'autre n'en a point, *Fig.* 15, & du reste il est fait comme le premier; ils sont tous deux échancrés de la largeur du moule; ni l'un ni l'autre, comme on le voit, ne ressemble à ceux des Plombiers, aussi ne doivent-ils pas produire un effet semblable à celui des premiers. Dans la Manufacture on passe le rable sur le plomb qui est encore en fonte, le conduisant lentement pour emporter les crasses qui se sont portées à la surface. Les Plombiers ne se proposent que d'unir la surface de leurs tables, afin qu'elles n'aient pas plus d'épaisseur dans un endroit que dans un autre; c'est pour cette raison que les Lamineurs se mettent ordinairement deux à rabler leurs tables; l'un tient le rable par un bout, ou par un de ses manches; quand ils prennent celui qui a deux manches, *Fig.* 14; & l'autre par son autre bout, ou par son autre manche. Ils commencent par poser leurs rables sur le bout du moule qui est à côté de l'auge; ils le conduisent ainsi jusqu'à l'autre bord; l'adresse qu'on doit avoir dans cette opération, est de ramasser toute la couche de feu des tables, & toutes les parties de plomb décomposées, pour les faire tomber dans les rejets de chaque table, c'est-à-dire, dans le fossé ouvert pour former l'anneau, qui est fait pour avoir la facilité de lui accrocher un cable, & d'enlever plus aisément, par le moyen de la grue, chaque table de son moule. Comme cet anneau n'est fait qu'à cette fin, il est regardé comme une portion étrangere de la table dont on le retranche, comme nous le dirons dans la suite.

§. IX. *De la façon de retirer la Table du Moule.*

COMME les tables deſtinées à être laminées, doivent être épaiſſes, & qu'il ſeroit pour cette raiſon impoſſible de les rouler, on ne peut pas ſe ſervir ici du levier dont les Plombiers font uſage pour enlever leurs tables de deſſus leur moule; c'eſt à raiſon du poids de ces tables qu'on a imaginé une grue tournante, *Pl. VII*, *Fig*. 16. C'eſt par ſon ſecours qu'on tire du moule la table *A*, *Fig*. 3 & 16. On commence par accrocher le cable *B* de la grue à l'anneau *C* que nous avons dit qu'on formoit à chaque table qu'on fondoit au milieu du côté qui eſt oppoſé à l'auge. On emploie pour cela le crochet *D*, *Fig*. 3, 16 *ou* 17, & quoique chaque table peſe environ 2600 livres, deux hommes, au moyen de la grue, *Fig*. 16, ſuffiſent pour les enlever aiſément du moule. Le cable de la grue ſe roule ſur un treuil, aux deux extrémités duquel ſont fixées deux roues de fer dentées, dans leſquelles engrenent deux petites lanternes ou pignons qui tiennent à un axe de fer, aux extrémités duquel ſont les manivelles que ces hommes font tourner.

Il eſt évident qu'au moyen de cet engrenage, qui multiplie beaucoup la force, deux hommes appliqués aux manivelles pourront tirer du moule cette peſante table.

Il y a, *Planche VII*, *Figure* 3, un rouleau E qui eſt établi au bout du moule, & deux pieces de bois qu'on incline *F G*, qui donnent beaucoup de facilité pour retirer du moule les tables de plomb. Il faut les abaiſſer l'une ſur l'autre, comme on le voit *Fig*. 16, on les redreſſe enſuite à grands coups de maſſe. Quand cette table ſera tirée du moule, on la couchera à terre, comme on le voit en *A*, *Fig*. 16, juſqu'à ce qu'elle ſoit refroidie, & qu'on veuille la mettre ſur le chaſſis pour la laminer. Comme la méchanique du Laminage eſt conſidérable, & que c'eſt une opération qu'il convient de traiter en détail, nous en parlerons à part, & nous en formerons la matiere de l'article ſuivant. Nous allons finir celui-ci par quelques réflexions qui regardent le fondage.

§. X. *De l'épaiſſeur que doivent avoir ces Tables.*

POUR que le Laminage ſoit parfait, il conviendroit que les tables fuſſent par-tout d'une égale épaiſſeur. Les Ouvriers de la Manufacture font leur poſſible pour approcher de cette préciſion; ils ne peuvent cependant y parvenir rigoureuſement, ſoit à cauſe de la difficulté qu'il y a à conduire le rable pour écumer le métal, ſoit parce qu'il y a des parties qui refroidiſſent plus promptement que d'autres. Mais on s'eſt apperçu que ces petits défauts, qui ſont très-nuiſibles quand les tables ſont minces, ne ſont ſujets preſqu'à aucun inconvénient quand les tables ſont épaiſſes. De plus, on ſait que les parties du métal qui se sont réduites en chaux, & que les Ouvriers appellent *des Crasses*, se portent à la superficie. C'est pour cette raison que les Plombiers appellent la surface supérieure de leur table *le feu*, & ils savent que cette surface est moins parfaite que celle du dessous. C'est pour emporter ces prétendues crasses, qui seroient contraires au Laminage, que les Ouvriers du plomb laminé qui sont à la Fonderie, écument leur plomb avec le rable, ce qui ne seroit pas praticable sur des tables minces; & si, malgré cette opération, la superficie des tables a encore quelques crasses, elles sont d'autant moins nuisibles, que les tables sont plus épaisses; car on est dans l'usage de leur donner 16 à 18 lignes d'épaisseur, & quand les opérations sont bien faites, on obtient, au moyen du Laminage, des tables qui sont homogenes dans toutes leurs parties, & dont les deux surfaces sont parfaitement unies. Mais il ne conviendroit pas d'augmenter l'épaisseur que nous venons d'indiquer, non-seulement parce que les tables, devenant beaucoup plus pesantes, seroient trop difficiles à remuer, mais principalement parce qu'elles seroient bien plus long-temps à être réduites par le Laminoir à l'épaisseur qu'elles doivent avoir : car il y auroit de grands inconvéniens à vouloir précipiter l'opération, en rapprochant d'avantage les cylindres; on seroit obligé de multiplier le nombre des chevaux, & on courroit risque d'écailer les tables, en refoulant le métal avec plus de précipitation ; au lieu qu'en ne donnant qu'une pression modérée, le plomb qui est un métal très-ductile, s'allonge peu-à-peu en perdant de son épaisseur sans se rompre, & sans que ses parties se désunissent : ainsi, en donnant aux tables 16 & 18 lignes d'épaisseur, on peut dans une journée les réduire à l'épaisseur qu'on a coutume de demander, & on parvient à avoir des tables qui sont parfaites dans toute leur étendue.

ARTICLE TROISIEME.

Détail du Laminoir.

QUOIQUE nous ayons dit au commencement de ce Mémoire qu'on fait usage du Laminoir dans plusieurs Arts, celui qui nous occupe présentement offroit des difficultés qu'il falloit surmonter par des moyens assez simples, pour diminuer plutôt les frais que de les augmenter. Le grand poids du plomb rendoit les tables difficiles à manier, & exigeoit qu'on rendît la machine assez solide pour n'être pas sujette à de fréquentes réparations. Le Laminoir que nous allons décrire, qui nous vient d'Angleterre où il a été connu en 1700, & qui occupe toute l'année, tant en Angleterre qu'en Irlande, plus de vingt-deux mille Ouvriers, satisfait complettement à tout ce qu'on a légitimement lieu d'attendre d'une pareille machine; il est à peu-près pareil à celui qu'on emploie à Hambourg pour laminer le cuivre. Il y a de ces Laminoirs qui sont mus par un courant d'eau ;

comme nous l'avons dit, il n'est pas besoin de le répéter ici. Celui qui est établi à Paris & dont nous allons nous occuper, est mis en mouvement par quatre chevaux qui tournent dans un manege, étant attelés à l'extrémité des leviers *H*, *Pl. IV*. *Fig.* 3, où *Pl. V*. *Fig.* 1 : il est sensible que les chevaux tournant dans le manege, doivent imprimer un mouvement circulaire à l'arbre vertical *A*, & par conséquent à la roue de champ ou au rouet horisontal *B*, puisqu'il est fermement attaché à l'arbre *A*, *Pl. V*, *Fig.* 1.

Ce rouet horisontal *B*, qui a soixante & dix-huit dents, engrene dans une lanterne verticale *E*, qui a trente-neuf fuseaux; & cette lanterne étant fermement assujettie à l'arbre horisontal *C*.*C*, lui imprime son mouvement, qui lui-même le communique à la lanterne *Æ* & à l'hérisson *D*, qui lui sont fermement assujettis à l'autre bout : ainsi l'hérisson *D*, & la lanterne *Æ* étant emportés par l'arbre *CC*, tournent dans le même sens que lui; cet hérisson *D*, qui a trente-unedents, engrene dans la lanterne *F*, qui a vingt-sept fuseaux. On conçoit que cette lanterne doit tourner en sens contraire de l'hérisson *D*; mais la lanterne *F* peut tourner sans communiquer aucun mouvement au petit arbre *e*, qui lui sert d'axe, parce que l'ouverture *a*, *Fig.* 2, qui est au centre des plateaux de la lanterne *F*, est un canon de fer rond, & que le petit arbre *e*, *Fig.* 1, est aussi rond à l'endroit où est placée la lanterne *F* : ainsi les choses étant en cet état, la lanterne *F*, peut tourner sans imprimer aucun mouvement à l'arbre *e*; réciproquement aussi, cet arbre *e* fait ses révolutions sans imprimer aucun mouvement à la lanterne *F*. Examinons maintenant quel est le mouvement des lanternes *Æ* & *F*, ainsi que de la petite roue *G*, qui est entre-deux : d'abord la lanterne *Æ*, qui tient à l'arbre *CC*, tourne dans le même sens que cet arbre, & que l'hérisson *D*; mais cette lanterne *Æ*, engrene dans une petite roue de renvoi *G*, qui tourne dans un sens contraire à celui de cette lanterne : or cette petite roue *G*, engrenant dans la lanterne *f*, lui fait prendre un mouvement pareil à celui de la lanterne *Æ*, & cette lanterne *f* n'ayant aucune adhérence avec le petit arbre *e*, qui est son axe, elle peut comme la lanterne *F*, tourner librement & indépendamment de l'arbre qui lui sert d'axe; de sorte que ces deux lanternes peuvent tourner l'une dans un sens, l'autre dans l'autre, pendant que l'arbre *e*, reste en repos, parce que l'une & l'autre lanternes ont au centre de leur plateau au lieu de tourillons, un canon de fer, comme nous l'avons déja dit, qui roule librement sur la partie de l'arbre *e*, où elles répondent, qui est arrondi en cet endroit. Pour que les lanternes *F* ou *f* puissent agir sur l'arbre *e* qui les porte, il faut donc attacher l'une ou l'autre de ces lanternes à cet arbre, suivant qu'on veut qu'il tourne dans un sens ou dans un autre; car on verra dans la suite, qu'il faut que l'arbre *e*, change de temps en temps le sens de ses révolutions pour en prendre une contraire, c'est-à-dire, qu'après avoir pendant un temps suivi les révolutions de la lanterne *F*, il faut ensuite qu'il tourne dans le sens de la lanterne *f*. Or cela s'exécute au moyen d'un verrouil qui est placé entre ces deux lanternes

& qui à volonté lie l'une ou l'autre de ces lanternes avec l'arbre *e* ; & comme cet arbre doit suivre les révolutions de la lanterne à laquelle on l'attache, il s'en suit que l'arbre *e*, doit tourner tantôt dans un sens & tantôt dans un autre. Nous nous proposons bien d'expliquer la méchanique de ce verrouil ; mais il est bon auparavant de faire connoître comment est fait l'arbre *e*, *Pl. VIII*, *Fig.* 4. Il est de fer fondu. *M*, *N*, font les tourillons ou les axes sur lesquels tourne l'arbre *e* ; les parties *K K*, font arrondies ; & c'est en ces endroits que font placées les lanternes *f* & *F*, *Pl. V*, *Fig.* 2 & 3, qui ont, comme on l'a dit, au centre de leurs plateaux un canon de fer qui laisse une ouverture ronde, de sorte que l'arbre qui n'a aucune adhérence avec les lanternes, peut rester en repos, quoiqu'elles tournent l'une d'un sens, l'autre de l'autre : le milieu *LL*, du petit arbre *e*, est quarré & destiné à recevoir la piece qui porte les verrouils, dont l'ouverture étant quarrée, ce porte-verrouil est tenu adhérent à la partie quarrée *LL*, de l'arbre *e*, de sorte que quand il s'en détachera un verrouil vers l'une ou l'autre lanterne, cette lanterne liée par ce moyen avec l'arbre *e*, le forcera de suivre ses révolutions ; & comme cet arbre *e*, est destiné à faire tourner le cylindre *K*, il a à un de ses bouts une boîte quarrée *u*, qui reçoit l'extrémité *Q* de ce cylindre, qu'il fait tourner tantôt dans un sens, tantôt dans un autre, selon que les lanternes *F* ou *f* le font tourner lui-même.

Il est bon de remarquer que la partie arrondie de l'arbre *e*, qui doit recevoir la lanterne *f*, est plus grosse que le quarré du porte-verrouil, & que la partie arrondie qui doit recevoir la lanterne *F*, est plus menue que la partie quarrée, afin que quand on veut mettre en place ces différentes pieces, on puisse commencer par placer la lanterne *f*, ensuite le porte-verrouil, & enfin la lanterne *F*.

Je vais maintenant expliquer la méchanique du verrouil.

§. I. *Du Verrouil.*

Je commence par le porte-verrouil. *A*, *B*, *Fig.* 4, *Pl. V*, est une boîte de fer qui est représentée en plan *Fig.* 5, pour faire voir son ouverture quarrée *E*, dans laquelle entre la partie quarrée *LL*, de l'arbre *e*, *Pl. VIII*, *Fig.* 4. Cette boîte qui est de fer fondu, porte deux pieces méplates, dont on voit l'épaisseur *Fig.* 4, *Pl. V*, & la largeur *Fig.* 5 : ces deux pieces, posées parallélement aux deux faces opposées de la boîte *A*, *B*, comme on le voit *Fig.* 4, forment comme des rayons qui font entaillés à leur extrémité *H*, *Fig.* 5, & ces entailles *H*, servent de conducteurs aux verrouils *I I*, *K K*, *Fig.* 6, comme on le voit à la *Fig.* 8, où les mêmes objets font indiqués par les mêmes lettres : il faut donc concevoir que les verrouils *I I*, *K K*, peuvent glisser dans les entailles *H*, & se porter vers la droite ou vers la gauche, pour attacher l'une ou l'autre lanterne *F* ou *f*, à l'arbre *e*, ainsi que nous l'avons expliqué. Les extrémités de ces verrouils entrent dans des rainures garnies de fer, qu'on voit en *bb*, *Fig.* 2 & 3, *Pl. V*, & elles y gliffent jufqu'à ce qu'elles rencontrent les barres de fer *c c*, *même figure*, qui font un peu faillie fur le plan des plateaux des lanternes, & alors ils emportent l'une ou l'autre lanterne jufqu'à ce qu'on porte le verrouil vers le côté oppofé. Il refte à expliquer comment on le porte d'un côté ou d'un autre. Les deux verrouils *II*, *KK*, font de fer forgé, & foudés à un anneau auffi de fer forgé *l*, dont on voit l'épaiffeur *Fig. 6*, & la largeur *Fig. 7*; il faut que les verrouils foient fermement attachés à cet anneau, puifque ce font eux qui le foutiennent; il fuit de-là que fi l'on pouffe l'anneau vers la gauche ou vers la droite, il oblige les verrouils de couler dans les fourchettes *H H*, *Fig.* 5, vers un de ces côtés; ainfi toute l'opération confifte à pouffer cet anneau vers un des côtés, ce qui s'exécute d'une façon bien fimple. Cet anneau, fur qui portent les verrouils, eft creufé fur fon champ d'une gouttiere qu'on apperçoit à la *Fig. 8*; il y a fous cet anneau un effieu *A, B, Fig. 9 & 10 Pl. VIII*, qui porte deux montants *C, D*, qui font affermis par une entre-toife *E, F*: or ces deux montants portent à leur extrémité deux pannetons *G, H*, qui entrent dans la gorge qui eft creufée dans l'épaiffeur de l'anneau qui eft ponctué à la figure 10. A l'effieu *A, B*, eft affemblé un levier *I, K*, qui fait tourner l'effieu quand on le juge à propos: or il eft évident qu'en appuyant fur ce levier, on porte les montants *C, D*, vers la gauche & les pannetons *G, H*, entraînent le cercle *l*, vers ce même côté, ainfi que les verrouils qui y font attachés.

Maintenant il eft fenfible que quand on a pouffé le verrouil du côté de la lanterne *F*, cette lanterne étant fermement attachée par le verrouil à l'arbre *e*, elle lui communique fon mouvement & le fait tourner, ainfi que le cylindre *K*, dans un fens contraire aux révolutions de l'arbre *e*; mais quand on porte les verrouils du côté de la lanterne *f*, en élevant le levier *I, K, Fig. 9*, la lanterne *F*, étant libre, tourne indépendamment de l'arbre *e*; mais le verrouil ayant attaché l'arbre *e*, à la lanterne *f*, cette lanterne lui communique fon mouvement qui eft dans un fens oppofé au mouvement de la lanterne *F*, ainfi elle fait tourner l'arbre *e*, de même que le cylindre *K*, dans le même fens que l'arbre *e*; de forte que tant que le verrouil eft porté du côté de la lanterne *F*, le cylindre *K* tourne dans un fens oppofé aux révolutions de l'arbre *e*, & quand ce même verrouil eft porté du côté de la lanterne *f*, le cylindre *K*, tourne dans le même fens que l'arbre *e*. Au-deffus de ce cylindre *K*, eft affujetti par des colets un autre cylindre *L*, tout pareil. On engage la table de plomb qu'on veut laminer entre ces deux cylindres; celui de deffous *K*, étant mu circulairement par la machine, entraîne la table de plomb; & cette table par fa preffion & le frottement, détermine le cylindre de deffus *L*, à tourner, quoiqu'il n'ait aucune liaifon avec la machine; & c'eft par la violente preffion que la table de plomb éprouve entre ces cylindres, qu'elle perd de fon épaiffeur & qu'elle augmente proportionellement en longueur, en un mot, qu'elle eft laminée. Les tables de plomb

reçoivent

reçoivent donc de l'applatiffement en paffant entre les cylindres ; mais il convient de ne leur faire prendre leur extenfion que peu à peu ; ainfi il faut que les tables paffent un grand nombre de fois entre les cylindres pour être réduites à l'épaiffeur qu'on défire, ainfi que nous l'allons voir dans l'article de la maniere de laminer. Si les cylindres tournoient toujours du même fens, il faudroit toutes les fois qu'une table auroit paffé de toute fa longueur entre les cylindres, la tranfporter pour la mettre dans fa premiere pofition ; ce tranfport feroit pénible, & en quelque façon impraticable : c'eft pour l'éviter qu'on a fort bien imaginé de la faire aller & venir fucceffivement dans des fens oppofés de *V* en *Y*, *Pl.* VIII, *Fig.* 1, & enfuite de *Y* en *V* ; ce qui s'exécute très-facilement en faifant tourner les cylindres dans des fens contraires, ainfi que nous l'avons amplement expliqué.

Les cylindres qui font de fer fondu & tourné, ont, comme nous l'avons dit, un pied de diametre, afin qu'ils puiffent réfifter à la grande preffion qu'ils doivent produire fans prendre aucune courbure ; il faut pour cette même raifon qu'ils foient folidement affujettis ; car ils ont à fupporter de grands efforts. De plus, comme les tables de plomb doivent être d'une pareille épaiffeur dans toute leur largeur, il eft néceffaire que les cylindres foient établis bien parallélement l'un à l'autre : cela ne fuffit pas, puifque les tables de plomb perdent de leur épaiffeur en paffant fous les cylindres, il faut être maître d'approcher ou d'éloigner l'un de l'autre les deux cylindres d'une très-petite quantité, fans leur faire perdre toutefois le parallélifme qu'ils doivent avoir ; cela s'exécute très-bien, au moyen d'un ajuftement qu'on nomme *le Régulateur.* Voilà en général les conditions qu'on a à remplir : voyons par quel moyen on y eft parvenu.

§. II. *Du Régulateur.*

Les cylindres & toutes les pieces qui en dépendent, font établis fur un fort fommier *A, Fig.* 1, *Pl.* VI ; *A, Fig.* 2, eft une coupe tranfverfale de ce fommier. Les lignes ponctuées *a a*, font pour faire voir les trous *a a, Fig.* 1, qui reçoivent le bas des colonnes de fer *B B, Fig.* 3. Car les deux cylindres *K*, *L*, & tout ce qui leur appartient, eft renfermé entre les quatre fortes colonnes de fer *B, Fig.* 1, & qu'on voit féparément à la figure 3. La partie *a*, *b*, de ces colonnes traverfe le fommier par les trous qu'on voit en *aa, Fig.* 2 ; les repos *aa, Fig.* 3, portent fur le fommier ; l'extrémité *b*, *c*, qui porte une vis, excede le fommier en-deffous pour recevoir les écrous *e* ou *f, Fig.* 4, dont la tête eft à pans pour pouvoir les ferrer fortement avec une clef ; ces colonnes font encore affermies en haut par des entre-toifes *g*, & des écrous *h, Fig.* 5.

Les tourillons qui font à l'extrémité des cylindres, font reçus dans des collets qui leur permettent de tourner fur leur axe : or ces collets ont chacun deux oreillons qui font chacun percés d'un trou, dans lefquels paffent les colonnes de fer

B B, *Fig.* 3, qui les affujettiffent très-fermement. On pofe d'abord les collets qui fupportent le cylindre inférieur, de façon que le deffous de ces collets s'appuye fur le fommier *A*, comme on le voit entre *a* & *a*, *Fig.* 1.

Je vais effayer de donner une jufte idée de ces collets avec le fecours des figures qui font fur la Planche **VI**.

On voit, *Fig.* 8, le collet du cylindre inférieur, & au-deffous en *A*, fon plan vu par-deffus, étant garni de fon pallier de cuivre, qui eft repréfenté féparément en C.

Ce même collet eft repréfenté dans la figure 6, vu par la face qui regarde le dedans du Laminoir. On voit en *D*, que l'endroit *C*, eft difpofé pour recevoir le pallier de cuivre qui eft au-deffus hors de place, & en *E*, le pallier occupe la place qui lui étoit deftinée; *i*, *k*, font les trous des oreilles par lefquels paffent les colonnes de fer *B B*, *Fig.* 3.

En *A*, *Fig.* 9, eft repréfenté le collet fupérieur du cylindre *L*, *Fig.* 1, vu du côté extérieur; fon pallier de cuivre fe voit au-deffous en *B*.

F, *Fig.* 7, eft le collet de ce même cylindre vu en perfpective & du côté de la face qui regarde l'intérieur du Laminoir; au-deffous eft fon pallier de cuivre hors de place.

Enfin, *A*, *F*, *B*, *Fig.* 12, eft un collet qui peut fe lever & s'abaiffer; il eft deftiné à foutenir le cylindre *L*, dont les tourillons font dans la gorge *F*; *A*, *B*, *D*, eft un étrier de fer qui foutient le collet *F*, par l'extrémité des barres *A*, *B*, qui lui font jointes.

Pour faire appercevoir l'utilité de ce collet mobile, il faut entrer dans des détails au fujet de la partie du Laminoir, qui eft deftinée à écarter l'un de l'autre ou à rapprocher les cylindres *K*, *L*, d'une auffi petite quantité qu'on le juge à propos, & de façon qu'ils foient toujours paralleles. Toutes ces pieces que nous venons d'expliquer, font ce qu'on nomme *le Régulateur*; il n'agit que fur le cylindre fupérieur *L*, le cylindre *K*, refte toujours dans la même pofition.

Le Régulateur agit fur les deux extrémités du cylindre *L*; mais comme ces deux portions font entiérement femblables, il nous fuffira d'expliquer celle qui fe préfente à la vue à la figure 1.

On fe rappellera que la partie fondamentale du Laminoir, eft une groffe piece de bois *A*, que nous avons nommée *le fommier*, dans lequel font implantées quatre colonnes de fer *B*, *Fig.* 1. Ces colonnes traverfent les oreillons *i*, *k*, *Fig.* 6, des collets *e e*, *Fig.* 1, fur lefquels repofent les tourillons du cylindre inférieur *K*. Plus, le collet mobile *A*, *F*, *B*, qui fupporte le cylindre fupérieur *L*, & enfin le collet *b b*, *Fig.* 1, qui recouvre les tourillons du cylindre fupérieur *L*: ces colonnes font taraudées en vis à leur partie fupérieure *d*, pour recevoir les écrous *f*, *Fig.* 1 & 11, qui font garnis chacun d'une roue de fer horifontale *P*: deux de ces roues *Fig.* 14, engrenent à la fois dans un pignon *l*, qui eft porté par un même arbre qu'une roue *o* qui eft deffus, comme on le voit *Fig.* 3;

cette roue est mise en mouvement par des vis sans fin , qu'on voit aux extrémités de l'arbre *R R*, *Fig.* 13, & ces vis sans fin sont mises en mouvement par une
clef *S*, *même figure.* On voit ces pieces en situation à la figure 14 ; & la figure 15
est une piece de fer qui sert à tenir la vis sans fin en état. Il résulte de cet ajuste-
ment que quand on tourne les vis sans fin, elles communiquent leur mouvement
à la roue *o*, *Fig.* 3 ; qui enarbrée avec le pignon qui est dessous, le fait tourner, &
ce pignon engrenant dans les roues *P*, *Fig.* 14, leur communique son mouvement, & par conséquent aux écrous qui sont au centre de ces roues *f* ; & comme
ces écrous répondent aux vis *d* des colonnes, *Fig.* 3, il est sensible que ces
écrous qui appuyent sur le collet supérieur *B*, *Fig.* 1, du cylindre *L*, tendent à
le faire approcher du cylindre *K*, & par conséquent à comprimer davantage la
table de plomb qui est entre les deux cylindres ; mais pour écarter les deux cylindres, il ne suffit pas de tourner les écrous en sens contraire, le cylindre *L*,
seroit déterminé par son poids à s'appliquer immédiatement sur le cylindre *K*. On
a remédié à cet inconvénient par le collet *F*, *Fig.* 12, qui embrasse par-dessous le tourillon du cylindre *L* ; aux deux bouts de ce collet *A*, *F*, *B*, est ajusté
ce que nous avons nommé *l'étrier A*, *B*, *D*, avec son entre-toise *C*, *E*. Les
pieces de cet étrier se réunissent en *D*, où sont attachés des cables *x x*, *Pl. V*,
Fig. 1, qui se roulent sur un treuil *Z*, qui est établi au-dessus du Laminoir,
auquel on ajoute au bout d'un levier un poids *O*, & ce poids doit être suffisant
pour soulever le cylindre *L*, ainsi que toutes les pieces de l'armure du Régulateur. Il faut donc concevoir que ce cylindre *L*, & tout ce qui en dépend, est
soutenu sur les collets qui sont tirés en en-haut par le treuil *Z* ; & au moyen des
rouages dont nous avons donné la description, on le rapproche exactement à
une distance convenable du cylindre *K*, où il est retenu fixement, de sorte que
la pression du plomb ne peut le faire relever.

Je vais expliquer sommairement, & par forme de récapitulation, la maniere
de se servir de cette belle machine.

ARTICLE QUATRIEME.

De la maniere de laminer.

LA table ayant été ébarbée & nétoyée par le secours des brosses, *Fig.* 5,
Pl. VIII ; du sable qui pourroit y rester attaché, on la leve de terre avec
la grue tournante, & on la porte sur les rouleaux *T* du chassis du Laminoir,
Fig. 3 & 11 ; on présente une de ses extrémités entre les deux cylindres
K, *L* ; on abaisse au moyen du Régulateur, le cylindre *L*, sur la table de plomb
autant qu'il convient pour la faire mordre : le verrouil étant attaché à la lanterne
F, on fait marcher les chevaux ; la table de plomb convenablement comprimée,
passe entre les deux cylindres. Quand toute la longueur de la table a passé entre

les cylindres, on change le verrouil pour l'attacher à la lanterne *f*; & fans changer la pofition des cylindres, on la fait revenir d'où elle étoit partie ; alors on ref-
ferre un peu les cylindres, on attache les verrouils à la lanterne *F*, & la table
reçoit une nouvelle preffion : on répete cette opération quelquefois deux
cents fois, pour réduire la table à l'épaiffeur qu'elle doit avoir, n'augmentant la
preffion au moyen du Régulateur, que quand la lanterne *F* travaille ; l'autre *f* ne
fert qu'à rappeller la table en fens contraire de ce qu'elle étoit lorfqu'elle étoit
menée par la lanterne *F*, & à perfectionner le laminage qu'a fait cette lanterne.
Six hommes & fix chevaux fuffifent pour faire aller cette machine ainfi difpofée
onze heures tous les jours.

§. I. *De la maniere de réduire les Tables en feuilles très-minces.*

Nous venons de décrire ici la maniere de réduire des Tables à une épaiffeur
ordinaire, & autant qu'elles peuvent l'être par le fecours des feuls cylindres ;
mais il eft un moyen de les comprimer davantage quand on veut en avoir des tables très-minces ; on les place au Laminoir, en les pofant fur une table de plomb
plus épaiffe & déja laminée, qui fert de fupport à celle qui eft fort mince ; alors il
n'y a que celle de deffus qui fe lamine : on peut par ce moyen, fi l'on veut, la
rendre auffi mince qu'une feuille de papier.

Je terminerai ce qui regarde le Laminage par quelques remarques qui impor-
tent à fa perfection.

1°. Il eft toujours avantageux de donner au manege un grand diametre ; les
chevaux en fatiguent beaucoup moins.

2°. Quand les tables de plomb font fondues, il faut les laiffer refroidir avant
de les paffer au Laminoir : cette chaleur jointe à celle que les tables aquierent en
paffant entre les cylindres, diminueroit l'union que les parties du plomb ont
entr'elles, & le métal en feroit moins ductile.

3°. Il eft néceffaire, avant de mettre les tables au Laminoir, de les bien nétoyer du côté qui touchoit au fable, avec des broffes, comme on vient de
le dire, puis avec un morceau d'étoffe ou de toile neuve : le fable rayeroit les
cylindres, & celui qui s'incorporeroit dans le plomb, en rendroit la furface rayée
ou piquée fans cette précaution, ce qu'il faut éviter.

4°. Il faut que les deux cylindres foient d'un grand diametre & égal : d'un
grand diametre pour que la preffion fe faffe dans une plus grande furface de table, & que l'angle curviligne que forment les deux cylindres étant aigu, la
preffion commence de loin, & aille en augmentant jufqu'à l'endroit où les cylindres font plus rapprochés, ou jufqu'au grand diametre des cylindres.

Il faut que les cylindres foient d'un pareil diametre, pour qu'ils n'aillent pas
plus vîte l'un que l'autre, & que les deux furfaces des tables foient preffées également.

5°.

5°. Il vaut mieux paſſer les tables un grand nombre de fois entre les cylindres, que d'augmenter beaucoup la preſſion ; car le métal qui ſe prête à un petit applatiſſement, ſe déchireroit ſi l'on vouloit tout d'un coup lui en faire ſouffrir un plus conſidérable.

6°. Il faut que les chevaux aillent d'un pas égal, & éviter qu'ils tirent par ſecouſſes ; la Machine en ſouffriroit, ainſi que la table qu'on lamine.

7°. Il eſt bon d'être prévenu que les tables qui s'étendent ſi conſidérablement en longueur, conſervent exactement la largeur qu'elles avoient lorſqu'on a commencé de les laminer.

8°. Il eſt certain que toute l'épaiſſeur des Tables contribue à leur allongement ; & que ceux qui ont penſé qu'il n'y avoit que les deux ſurfaces qui s'allongeaſſent, ſe ſont trompés ; puiſque quand une table a acquis toute ſon extenſion, les ſurfaces ſupérieures & inférieures excedent, par les bouts, tout au plus de 2 ou 3 lignes le milieu de l'épaiſſeur de la Table ; & qu'on coupe les Tables où l'on voudra, on les trouvera par-tout d'une égale épaiſſeur.

9°. Comme les Tables qu'on veut rendre fort minces, acquierent plus de longueur que n'en a le chaſſis *V Y*, *Pl. IV*, *fig.* 3, on les coupe par le milieu pour les laminer ſéparément.

§. II. *Comment on retire les Tables laminées de deſſus le Chaſſis.*

CETTE opération differe peu de ce que pratiquent les Plombiers pour enlever leurs Tables de deſſus le moule où ils les ont coulées ; on aura ſeulement l'attention de tirer la Table hors des cylindres du côté de la grue ; enſuite deux Ouvriers, la frappant avec la batte, la rouleront, en commençant par le bout qui eſt près des cylindres, & ils continueront juſqu'à ce qu'ils ſoient au bout du chaſſis qui eſt du côté de la grue : ils paſſeront dans ce rouleau de plomb un levier qui doit déborder par les deux bouts environ de 6 pouces, pour y attacher le cable de la grue : en tournant la manivelle on l'enlevera aiſément ; & en faiſant tourner la grue, on portera cette Table dans l'endroit où elle doit reſter, juſqu'à ce qu'il ſe préſente des Acquéreurs.

§. III. *Suppreſſion qu'on a propoſé de faire au Laminoir.*

ON a voulu retrancher pluſieurs choſes à cette Machine ; penſant la rendre plus commode qu'elle ne le paroît. Nous venons de la repréſenter dans l'état où elle eſt actuellement ; mais quelqu'un a imaginé qu'on pouvoit la ſimplifier, & il a donné un plan dans lequel il a retranché une partie du rouage.

Il en a ſupprimé la roue de renvoi *G*, le hériſſon *D*, l'arbre ſupérieur qui le portoit, & les lanternes *Æ F* ; on n'a laiſſé que la lanterne du bout, c'eſt-à-dire, celle qui engrene dans la roue de champ, qui a été portée à l'extrémité de l'arbre inférieur, qui tient immédiatement au cylindre inférieur. On lui ajoute une lanterne femblable à la lanterne *E*, qui eft au bout de l'arbre fupérieur, du côté du manege ; toutes deux font mobiles autour de cet arbre, & engrenent dans la grande roue de champ, qui eft renverfée dans ce nouvel arrangement, & renfermée dans une capacité creufée dans le manege. Les leviers font attachés au-deffus de cette roue : un verrouil femblable au premier, mais beaucoup plus long, fert pareillement à fixer les lanternes alternativement fur l'arbre, pour procurer les différentes révolutions néceffaires aux cylindres, pour que la Table puiffe repaffer de côté & d'autre ; l'une des lanternes étant fixée fur l'arbre par le moyen du verrouil, elle lui communique le mouvement qu'elle reçoit de la roue de champ. L'arbre fait tourner avec lui le cylindre, auquel, comme nous l'avons dit plus haut, il eft adapté immédiatement, jufqu'à ce que l'on dégage cette lanterne, pour enfuite faire agir la feconde, en la fixant fur l'arbre par le moyen du même verrouil ; alors cette derniere imprime aux cylindres des révolutions contraires à celle de la premiere lanterne : d'où il fuit que les mêmes effets font produits par des voies plus fimples ; car dans la premiere Machine la roue de renvoi *G*, fe trouve trop petite, & devroit être agrandie : il eft vrai qu'on pourroit augmenter fon diametre, & le rendre égal à celui des lanternes, fans cependant diminuer celles-ci, ce qui feroit fort aifé, en plaçant toutes ces pieces à côté les unes des autres, & par là donner un nouvel arrangement à la Machine.

Mais ce plan n'a pas encore été exécuté ; il y a apparence même qu'on a apperçu des raifons qui ont empêché de l'adopter : on s'en tient à Paris, & par-tout ailleurs, à l'ancien Laminoir ; c'eft ce qui a fait que je n'ai point voulu en donner le deffein. La curiofité du Public fera fans doute fatisfaite fur ce que j'en ai dit ; d'ailleurs on le trouvera décrit dans les Mémoires de l'Académie Royale des Sciences.

CHAPITRE QUATRIEME.

Des Tuyaux.

Il n'eſt perſonne qui ignore ce que c'eſt qu'un Tuyau ; ainſi nous ne nous occupe-rons pas ici de le définir : nous nous contenterons de dire qu'il y en a de pluſieurs ſortes : les uns ſont fondus , les autres ſont ſoudés. Mais comme cette derniere méthode conſomme de la ſoudure , qui eſt beaucoup plus chere que le plomb , & qu'elle augmente la main-d'œuvre , les Ouvriers ne doivent y avoir recours que lorſque les Tuyaux , dont ils auront beſoin , ſeront d'un diametre trop conſidérable pour être fondus ; ils ſeront alors obligés de partager leurs tables de la longueur & largeur convenables , pour la groſſeur des Tuyaux dont ils auront beſoin , qu'ils arrondiront & ſouderont comme nous le dirons dans la ſuite. Ces ſortes de Tuyaux ſont ordinairement deſtinés pour les Pompes , Conduites d'eaux de Fontaines , Réſervoirs & Pieces d'eau , dont les eaux ſont forcées. Mais lorſqu'il ne leur faudra que des Tuyaux qui ne paſſeront pas 6 pouces de diametre , on peut ſe ſervir d'un moule pour les faire : on en trouve depuis 9 lignes de diametre , juſqu'à 6 pouces. Afin de pouvoir parler de ces deux différentes eſpeces de Tuyaux , nous diviſerons ce Chapitre en deux Articles ; dans le premier , nous traiterons des Tuyaux fondus ; dans le ſecond , des Tuyaux ſoudés.

ARTICLE PREMIER.

Des Tuyaux fondus.

§. I. *Des Uſtenſiles néceſſaires pour la fonte des Tuyaux.*

On doit avoir un moule & un madrier. Le moule, *Fig.* 1, *Pl. IX*, tel que les Fondeurs en cuivre le livrent aux Plombiers , eſt un cylindre creux , ouvert par les deux bouts ; il porte , près un de ſes bouts , un entonnoir *A* , que l'on appelle *jet* , par lequel on verſe le métal fondu ; ſur chacun de ſes côtés , il y a deux émi-nences ou deux goujons *B C* , qui ſervent à l'affermir dans les brides à char-nieres dont nous parlerons dans la ſuite , & quelques ouvertures *D D* , qui forment des évents ou ventouſes , pour laiſſer échapper l'air quand on verſera le métal fondu dans le moule.

Ce moule eſt formé de deux pieces , qu'on nomme *côtieres* , *Fig.* 2 ; & ces côtieres rapprochées l'une de l'autre & fermement liées , comme nous le dirons, forment le moule entier, *Fig.* 1. Il eſt ſenſible que ſi les deux bouts du moule reſtoient ouverts, le métal qu'on verſe par l'entonnoir *A*, s'échapperoit ; c'eſt pourquoi on ferme le bout *K*, *Fig.* 1 *& 2*, par une piece de cuivre *G*, *Fig.* 3 ; on la voit en place en *K*, *Fig.* 2 : on la nomme *portée*. Elle doit fermer exactement le bout *K* du moule, & elle eſt percée dans ſon milieu pour recevoir un mandrin ou boulon de fer, dont nous parlerons dans un inſtant, & fermée par une piece *H* ou *I*, *Fig.* 4, qui eſt percée dans ſon milieu, ainſi que la portée *G*, *Fig.* 3, pour recevoir le mandrin ou boulon de fer *K L* ; mais la portée qui entre dans le corps du moule, eſt taillée en bec de plume, pour faciliter la liaiſon du métal, lorſqu'on fait pluſieurs coulées pour faire une longueur de tuyau : on la voit en place au bout *L* de la Figure 2. Comme il faut qu'elle conſerve toujours une même ſituation, on lui forme un oreillon *M*, *Fig.* 2 *& 4*, qui doit être toujours en haut, pour que la partie la plus longue du bec de plume *N*, *Fig.* 2 *& 4*, ſoit vers le bas : on la voit dans cette ſituation à la Figure 2, en *L*.

Il eſt évident que pour que le moule ſoit complet, il faut joindre l'une auprès de l'autre les deux côtieres d'une façon très-ſolide ; cela ſe fait par les brides à charnieres, *Fig.* 5 *& 6* ; les goujons *B C*, *Fig.* 1, entrent dans les ouvertures *a*, des brides, *Fig.* 5 *& 6*, qui ſont tenues fermées par les pannetons *b*, *même figure*, qui entrent dans les ouvertures qui reçoivent la clavette, *Fig.* 7. Cet ajuſtement ſe voit en place en *O*, *Fig.* 8, où l'on voit qu'au moyen des brides à charnieres, le moule eſt auſſi ſolide que s'il étoit d'une ſeule piece. Les parois intérieurs du moule doivent faire l'extérieur des Tuyaux ; mais pour qu'ils ſoient creux, il faut établir dedans un noyau cylindrique, que les Plombiers appellent le *boulon* : on le voit *Fig.* 9. Il doit être de fer ; on en fait auſſi en cuivre pour les gros moules : ceux-ci ſont creux ; les uns & les autres doivent être plus longs que le moule, bien arrondis depuis *Q* juſqu'à *R*, & méplats depuis *Q* juſqu'à *S* ; c'eſt la différence qu'il y a entre le diametre extérieur du boulon, & le diametre intérieur du moule, qui fixe l'épaiſſeur du métal qui formera le Tuyau ; il faut en outre le placer bien exactement dans l'axe du moule, afin que les Tuyaux aient une égale épaiſſeur dans toute leur circonférence ; cela ſe fait aiſément au moyen des pieces de fonte, *Fig.* 3 *& 4*, qui, comme on le voit en *K L*, *Fig.* 2, ſont enfilées par le boulon de fer.

Nous avons déja dit que les ventouſes *D D*, *Fig.* 1 *& 8*, ſont deſtinées à donner iſſue à l'air qui augmente de volume, & ſe raréfie par la chaleur du plomb fondu. Comme elles ſont placées à la partie ſupérieure du moule, elles indiquent encore que le moule eſt plein, quand on voit le plomb ſortir par ces ventouſes. C'eſt d'ailleurs pour éviter les ſoufflures, que la rapidité avec laquelle les Ouvriers jettent le plomb pourroit occaſionner, ſi on n'avoit l'attention de donner une iſſue à l'air qui eſt dans l'intérieur du moule, par le moyen de ces ventouſes.

Le

Le moule étant ainfi bien ajufté, on le place fur ce qu'on appelle le *madrier*; c'eft une forte table de chêne, *Fig.* 10, qui a 16 à 18 pieds de longueur, fur 20 pouces de largeur, & 4 pouces & demi d'épaiffeur; ce madrier eft porté par de forts pieds de charpente: il y a vers *T*, une grande ouverture en forme de grande mortaife, qui a 3 pieds de longueur, & 6 pouces de largeur, au droit de laquelle eft pofé le moule. Il y a vers les deux bouts de cette ouverture, deux fortes traverfes qui font arrêtées avec des boulons, & fermement attachées au madrier: elles font deftinées à foutenir le moule de façon qu'il ne touche point au madrier, qu'il pourroit endommager par la chaleur que le plomb fondu lui communique; d'ailleurs étant ainfi ifolé, le plomb qui fe répand en le verfant dans l'entonnoir du moule, ainfi que celui qui fort par les ventoufes, tombe par terre; & afin qu'en rejailliffant il ne brûle pas les jambes des Ouvriers, les deux côtés du madrier font, à cet endroit, fermés par des planches ou des tables de plomb *V*, qui font clouées au bord du madrier, & qui tombent jufqu'à terre.

On verra dans la fuite qu'à chaque coulure de Tuyau, il faut en tirer le boulon, ce qui exige de la force; c'eft pour cela qu'on établit folidement, vers le bout de la table, un cric *X*, *Fig.* 10: il eft compofé d'un arbre de fer *a b*, *Fig.* 11; à l'extrémité *b*, eft un levier en croix ou à moulinet, *Fig.* 12, & au milieu une lanterne *c*, qui engrene dans la roue *d*, *Fig.* 15, qui eft enarbrée avec la lanterne *g*, fur l'effieu *ef*, *même figure*; la lanterne *f* engrene dans les dents de la crémaillere *X*, *Fig.* 10. On voit que cet ajuftement multiplie beaucoup la force. Ce cric eft ajufté au madrier par quatre boulons de fer qui reçoivent tout le cric enfemble. Par fon moyen, on fort le boulon, ou on le remet en place dans le moule; car comme le cric agit également d'un fens & d'un autre, il s'enfuit qu'en tournant le moulinet d'un fens ou d'un autre, il peut ou tirer le boulon du moule, ou le remettre en place felon que cela devient néceffaire.

Quand on fe prépare à couler un Tuyau, on tire le boulon du moule, & on ôte les pieces qui font à fes deux bouts: favoir, la partie *G*, *Fig.* 3, & celle qui eft en bec de plume; on ouvre les brides à charnieres: on écarte l'une de l'autre les côtieres; on effuie bien toutes ces pieces, & on les frotte de graiffe; enfuite on remonte le moule, comme nous l'avons expliqué plus haut, au moyen du cric: on met dans l'intérieur le boulon, & alors le moule eft en état de recevoir le plomb fondu qui eft dans la chaudiere, *Fig.* 14, & dont on a conduit la fonte, comme nous l'avons expliqué plus haut fort en détail.

§. II. *Du moulage des Tuyaux.*

ON suppose que le plomb est fondu, écumé, révivifié, & tout prêt à être coulé ; un Ouvrier ira prendre la cuiller, & il la plongera dans la chaudiere, *Fig.* 14, pour la porter pleine à l'endroit où l'on a placé le moule : il en versera le plomb dans l'entonnoir *A*, qui est fait pour le recevoir, le plus rapidement qu'il sera possible, comme on le voit *Fig.* 10 ; le plomb se dispersera dans toutes les parties intérieures du moule, c'est-à-dire, depuis la plume jusqu'à la portée : on attendra quelques instants pour que le plomb ait le temps de prendre ; mais il ne faut pas le laisser réfroidir entiérement, pour que le plomb qu'on jettera dans le moule s'allie & se soude mieux avec la partie de Tuyau *e*, déja moulée, & qui est hors du moule.

§. III. *De la maniere de retirer chaque morceau de Tuyau du moule à mesure qu'on les coule ; & de ce que deviennent la plume & la portée.*

QUAND une fois le plomb aura pris, le Compagnon frappera, avec son marteau, *Fig.* 10, qu'il a toujours devant lui, les clavettes des brides à charnieres, & les fera sortir. Il ouvrira le moule, qui est fort chaud, avec la pointe de son marteau, qu'il fera entrer dans ses jointures : il séparera ainsi les deux côtieres, qui tomberont des deux côtés sur leurs brides à charnieres ; le Tuyau enveloppera le boulon dont il faut le dévêtir ; un Ouvrier, pour cet effet, prendra la branche *A* du moulinet, *Fig.* 17, ensuite la branche *B*, & successivement, & le fera tourner en dedans ; & afin de tirer à lui le boulon, un autre Ouvrier prendra ce premier bout de Tuyau, & le tirera à lui dans le sens contraire, par le moyen de son rejet *f*, qui s'éleve toujours au milieu de chaque bout de Tuyau qu'on fond : il est formé du trop plein, c'est-à-dire, de tout le plomb qui reste dans l'ouverture du moule ou l'entonnoir *A*, *Fig.* 10, parce qu'il vaut mieux en mettre plus que moins : il y prend la forme de cet entonnoir, & facilite le moyen de saisir le Tuyau ; on sortira de cette maniere chaque bout de Tuyau jusqu'au delà de l'entonnoir *A*, mais non pas tout entier, parce que c'est à cette extrémité que doit se faire l'union du premier plomb qu'on vient de couler, avec celui qui doit être jetté de nouveau dans le moule, pour la continuation du Tuyau.

La portée *G*, *Fig.* 3, suivra ce premier morceau de Tuyau, parce qu'il faudra tirer le tout ensemble ; ainsi quand le premier bout de Tuyau est fait, elle devient inutile, attendu que le Tuyau prend sa place, & arrête le nouveau plomb en bouchant l'ouverture inférieure du moule. La plume *H* ou *I*, *Fig.* 4, au contraire, doit toujours rester à sa premiere place, parce qu'il faut que chaque bout de Tuyau qu'on fond, se forme sur la plume, pour qu'il prenne mieux, comme nous l'avons déja dit, au plomb que l'on jettera de nouveau dans le moule, jusqu'à ce que le Tuyau ait la longueur qu'il convient de lui donner, qui est ordinairement de 12 à 13 pieds.

§. IV. *De ce qu'il faut faire des Rejets à mesure que le Tuyau prend de la longueur.*

COMME on ne doit jamais manquer de combler les rejets du moule, afin que le plomb qui y furabondera presse celui qui est dans le moule, & le force, par son poids, d'en remplir tout le vuide; ce plomb furabondant formera autant de rejets, qu'il faudra couper avec le ciseau *Fig.* 13, ainsi qu'on le remarque *Fig.* 16, avec le marteau, parce qu'ils sont inutiles à chaque bout de Tuyau que l'on fortira du moule, excepté le premier rejet; il ne le faut couper que lorsque le Tuyau aura la longueur qu'on veut lui donner: on doit le laisser, parce qu'il donnera prise pour retirer plus aisément le Tuyau *e*, *Fig.* 10, du moule, à mesure qu'il s'allongera par les fontes réitérées. On jettera les rejets dans la chaudiere, à mesure qu'on les coupera, ainsi que le plomb qui est tombé autour du moule, & qu'on aura le soin de détacher, de même que le plomb qui a coulé à terre, s'il est confidérable, afin de le remettre fondre de nouveau avec celui qui est déja fondu.

§. V. *De la façon de retirer les Tuyaux de dessus le Madrier.*

ON conçoit que les Tuyaux s'y font par partie ou par bouts qui ont la longueur du moule, qu'il faut ouvrir à chaque bout de Tuyau que l'on forme; & comme ces bouts de Tuyau se joignent les uns aux autres dans le moule, on pourroit allonger autant qu'on voudroit les Tuyaux; rien n'empêcheroit, d'après ce que nous venons de dire, si on en avoit l'emplacement; mais ils deviendroient trop longs: ainsi il faut une regle & une mesure dans tout; on doit borner leur longueur à 13 pieds, comme nous l'avons dit plus haut. Quand ils auront cette longueur, il faudra les retirer de dessus le madrier, afin qu'ils fassent place à d'autres. On commencera par abattre le rejet *f*, qui étoit resté: on se mettra deux; on le prendra par les deux bouts, en tenant dans ses mains de quoi s'empêcher de brûler, sur-tout celui qui prendra le morceau qui vient d'être fondu en dernier lieu; on le posera dans l'endroit de l'attelier qui lui sera destiné. Voilà ce qui regarde la fonte des Tuyaux: on recommencera la même opération autant de fois qu'on aura besoin de Tuyaux.

On ne s'y prend pas différemment pour faire des Tuyaux de 6 pouces de grosseur, que pour ceux d'un pouce de diametre, le travail est le même; & il n'y a de différence que parce que le moule, & par conséquent les Tuyaux, augmentent en grosseur.

Comme l'emplacement du madrier & la préparation du moule, ne laissent pas que de demander du temps, les Plombiers ont coutume d'employer tout un jour à la fonte de leurs Tuyaux, sans la discontinuer : ils en font jusqu'à 30, un jour portant l'autre. Ils font de même le jour de la fonte de leurs Tables : ils en fondent toute la journée. Ce jour là on double la paye des Ouvriers.

On ne parlera point du poids des Tuyaux, parce que c'est à proportion de leur diametre qu'ils pesent plus ou moins, non-seulement parce qu'il y a plus de plomb dans la circonférence des gros Tuyaux que dans celle d'un petit, mais encore parce que les gros Tuyaux doivent être plus épais que les petits. On observera seulement qu'il est indispensable aux Plombiers d'avoir chez eux un fléau & des balances, pour peser ceux qu'ils délivrent & qu'ils reçoivent, & généralement tous les ouvrages qu'ils font & que je détaillerai par la suite, selon l'ordre que je me suis prescrit : on doit voir par-là que quiconque veut faire sa profession de l'Art qu'on traite ici, doit avoir un lieu spacieux pour y établir son attelier.

Article Second.

Des Tuyaux soudés.

Comme on n'a pas coutume de fondre des Tuyaux qui aient plus de 6 pouces de diametre, ainsi que nous l'avons dit plus haut, parce qu'il ne se fait point de moule qui surpasse cette grosseur, ou du moins qu'on s'en sert très-rarement ; & que dans l'Art qu'on traite ici, on se trouve souvent dans le cas d'en avoir besoin de plus gros, soit pour les Pompes, soit pour les principales conduites des Fontaines, soit pour la décharge des eaux des Pavillons ou des grands toîts, on a été forcé d'imaginer le moyen de rouler des Tables de plomb, que l'on coupe de telle largeur & longueur que l'on veut, proportionnellement à la grosseur des Tuyaux dont on a besoin, afin de suppléer par là à l'impossibilité où l'on étoit de pouvoir les faire fondre moulés. Ce travail ne laisse pas que de demander de l'adresse. On pourroit y joindre la coupe des Cuvettes, & n'en faire qu'un Chapitre, si on vouloit suivre l'usage des Plombiers, qui passent un jour entier à disposer leurs ouvrages à être soudés, afin que toutes les parties étant disposées, ils n'ayent plus le lendemain qu'à les souder. Mais on les traitera à part & en deux Chapitres différents, afin d'expliquer plus clairement ces différentes opérations : on ne parlera ici que des Tuyaux.

On distingue quatre diverses mains-d'œuvre avant qu'ils puissent sortir de l'attelier : ils doivent 1°. être coupés ; 2°. être arrondis ; 3°. ils doivent être salis, écaillés, & grattés en la partie qui doit être soudée ; 4°. enfin ils doivent être soudés de long. Il convient d'expliquer séparément chacune de ces opérations.

§. I.

§. I. *Façon de couper les Tuyaux.*

IL faut, pour cette premiere opération, une table *Fig.* 1, *Pl. X*, d'environ 4 pieds de large, sur 16 de long, pour étendre la table de plomb qui doit servir à faire les Tuyaux dont on a besoin. Le moule qui a servi à couler les tables sur sable, est très-propre à cette opération ; les Ouvriers n'auront besoin que de le couvrir, comme nous avons dit qu'on le faisoit lorsqu'on ne s'en servoit pas pour couler ; il faut de plus une équerre *Fig.* 16, une regle, un compas, un tire-ligne, un couteau & des battes rondes. La regle, *Fig.* 2, doit avoir environ 14 à 16 pieds de long ; le compas, *Fig.* 3, est fait comme ceux des Tailleurs de pierre ; le tire-ligne, *Fig.* 4, est un instrument crochu & tranchant, fait comme une serpette : il sert à tracer sur le plomb l'endroit où il faut le couper ; le couteau, *Fig.* 5, doit être assez fort pour résister aux coups de marteau qu'il reçoit quand on coupe les tables ; son manche est court, & le tout a environ un pied de long. La batte ronde, *Fig.* 6, est un rondeau de bois qui a un manche pris dans la même piece : on s'en sert souvent en place de marteau, pour frapper sur le treteau, & sur-tout dans cette opération. Etant muni de ces instruments, voici comme il faut opérer.

Il faudra prendre une table de plomb en rouleau, que l'on étendra sur la table qui fait la couverture du moule à fondre les Tables, comme on l'a déja dit. La premiere chose que l'on doit faire, c'est de commencer par en couper les laises ou bandes qui doivent faire les Tuyaux. On suppose qu'on veuille faire un Tuyau de 3 pouces de diametre dans toute sa longueur ; car il y a des Tuyaux qui sont plus gros à une extrémité qu'à l'autre, mais qu'on employe rarement : on prendra 10 pouces sur la largeur de la table avec le compas, tant d'un côté que de l'autre : on posera la regle sur les deux points qu'on aura tracés ; ensuite avec le tire-ligne, conduit par la regle, on fera sur la table de plomb un trait le plus profond qu'on pourra : on finira de séparer la table par le moyen du couteau & de la batte ronde.

Si l'on se trouvoit dans le cas d'avoir besoin d'un Tuyau de 3 pouces de diametre par le haut, & de 2 pouces seulement de l'autre, (car on leur donne telle forme que l'on veut, selon que les endroits pour lesquels ils sont destinés, le requierent,) on ne prendroit alors que 8 pouces de ce côté là. Du reste la coupe est la même.

§. II. *De la façon de rouler les Tuyaux.*

IL faut, pour cette opération, avoir des battes plates. Cet outil a 3 pouces de large, & un pied de long, le manche compris : le tout est d'une seule piece ; la différence qu'il y a entre la batte ronde & la batte plate, c'est que l'une est un rondin entier, l'autre n'est que la moitié d'un rondin, *Fig.* 7. Lorsqu'on aura

PLOMBIER.   N

donc coupé ce qu'il faut pour faire le Tuyau, on tirera fur le bord de la table cette bande de plomb qu'on deſtine à être roulée : on appuiera une main deſſus, afin de la tenir plus ferme ; de l'autre on prendra la batte plate, & on en frappera les rebords par-deſſous de bas en haut, pour en relever les bords : on en fera autant au côté oppoſé, en retournant la plaque de plomb que l'on frappera juſqu'à ce qu'elle ſoit arrondie, & que ſes côtés ſoient ſi bien appliqués l'un contre l'autre & ſi bien joints, qu'on ne puiſſe point y paſſer la lame d'un couteau. Cette opération exige toujours une adreſſe qu'il eſt difficile de décrire : c'eſt une ſcience que l'on acquiert par l'uſage. Ainſi on ſe contentera d'indiquer en général la maniere dont il faut s'y prendre ; tout ce qu'on peut en dire, c'eſt qu'on voit de ces Tuyaux ſi bien travaillés, qu'il ſeroit impoſſible de connoître s'ils ont été moulés ou roulés, ſi l'on n'appercevoit pas l'empreinte de la ſoudure avant de paſſer outre.

Il eſt bon d'obſerver qu'il ne faut pas changer d'opération, que l'on n'ait roulé tous les Tuyaux dont on peut avoir beſoin, pour mettre plus d'ordre en ſon travail.

§. III. *De la maniere de les ſalir, écailler & gratter.*

Après qu'on aura arrondi ſes Tuyaux de la façon qu'on le voit, *Fig.* 15, il faut les écailler ou aviver aux endroits où l'on veut que la ſoudure prenne, parce que la ſurface du plomb ſe ſalit aiſément, & eſt toujours enveloppée, ſelon le terme des Plombiers, d'une *craſſe* qui fait couler la ſoudure & l'empêche de s'attacher au plomb ; au contraire, il faut les ſalir aux endroits où l'on ne veut pas que la ſoudure s'attache, & où elle ſeroit inutile. Mais avant tout, comme le Tuyau eſt rond, il faut, pour l'empêcher de rouler, l'appuyer des deux côtés par de petites cales ou pluſieurs petits chevalets qui ſoutiennent ou embraſſent les Tuyaux par-deſſous : ils ſont de plomb, & ce ſont les Plombiers qui les font. On en voit un dans la Vignette en *a*, *Fig.* 8 : on aſſeoit les Tuyaux ſur ces chevalets.

On aura enſuite de la terre graſſe que l'on détrempera dans de l'eau ; on en frottera le pourtour de chaque Tuyau, comme on le voit à la figure 11, en *A*, afin que la ſoudure qui coulera ſur le Tuyau, ſe détache aiſément des endroits où elle eſt inutile. On commence par cette opération, crainte que quelques éclabouſſures de terre graſſe ne tombent à l'endroit des jointures du Tuyau, où il faut néceſſairement que la ſoudure s'attache ; enſuite on prendra le ciſeau & les battes rondes. Le ciſeau eſt fait à peu-près comme ceux des Maçons, & eſt repréſenté à la Planche de la fonte des Tuyaux, *Fig.* 13 : on ſe ſert encore du grattoir, *Fig.* 9 ou 10, & avec ces outils on avive ou écaille le Tuyau d'un bout à l'autre, à l'endroit où il doit être ſoudé, de la largeur de 2 pouces, comme on le voit en *C, Fig.* 11. Quand on aura donc ſali & écaillé les Tuyaux qu'on aura roulés, il faudra les ſouder comme nous allons l'expliquer.

§. IV. *De la façon de préparer la Soudure.*

PENDANT qu'on difposera les Tuyaux à être foudés, il faut que d'autres Ouvriers préparent la foudure. C'eft un alliage d'étain & de plomb; la quantité qu'il faut de l'un & de l'autre pour faire un bon corps de foudure, eft deux tiers de plomb fur un tiers d'étain. On mettra dans la chaudiere de l'un & de l'autre de ces métaux dans la proportion que nous venons d'indiquer; enfuite on allumera le fourneau, & on fera fondre la foudure comme nous avons dit au Chapitre où il eft traité de la fonte du plomb : on l'écumera de même; on aura feulement foin de mettre à part l'écume qui en proviendra, parce qu'elle refervira à faire de la foudure en la révivifiant par le rafinage, comme on le dira dans le treizieme Chapitre de cet Ouvrage. Outre qu'on y perdroit fi on la mélangeoit avec l'écume du plomb, parce qu'on n'en retireroit plus de la foudure, mais du plomb; c'eft que d'ailleurs elle aigriroit le plomb, & lui ôteroit fa premiere bonté.

§. V. *De la maniere de fouder les Tuyaux.*

POUR cette opération, il faut avoir un fer à fouder & de la poix-réfine. Le fer à fouder dont les Plombiers fe fervent, eft un barreau de fer *A*, *Fig.* 12, qui en forme le manche, au bout duquel eft un morceau de fer en forme de cône *B*; mais la pointe du cône doit être mouffe, & formée à peu-près comme le petit bout d'un œuf de poule. Comme quand le fer eft chaud, on fe brûleroit en le prenant par le manche *A*, on enveloppe cette partie avec deux morceaux de bois creufés en gouttieres *C*. Les fers à fouder, *Fig.* 12 & 13, ont environ un pied de longueur; il faut, pour s'en fervir, les faire rougir dans le feu; alors pendant que le fer chauffera, on doit faire un nœud ou attache de foudure à chaque bout du Tuyau, afin d'empêcher que la grande quantité de foudure qu'on eft obligé d'y verfer pour la faire prendre, ne le faffe entr'ouvrir. Quand ces nœuds de foudure auront pris, prenant de la foudure fondue dans une cuiller, on en verfera d'un bout à l'autre, comme on le voit en *B*, *Fig.* 11. Un Ouvrier prendra le fer avec la poignée de bois dont nous avons parlé, pour qu'il puiffe le tenir & l'employer à fon ufage fans fe brûler, comme on le voit en *D*, *Fig.* 8 & 11; il l'appliquera fur la foudure qui fera verfée fur le Tuyau après l'avoir frotté de poix-réfine, afin qu'il ne s'étame point & coule mieux fur la foudure, qui ne doit refter attachée au Tuyau que dans la quantité qu'il en faut pour le fouder. Il faut avoir le foin que la foudure ne faffe pas de groffeur, mais foit unie, ainfi que le refte de la circonférence du Tuyau. Pour que la foudure prenne bien, il faut que le Tuyau foit échauffé par le fer; cependant il le faut paffer légérement, mais on ne doit pas ménager la foudure. De là vient qu'il en faut environ 10 livres pour fouder un pied de Tuyau; ce n'eft pas que toute cette foudure, comme on vient de le dire, refte au Tuyau ; il n'en demeure au contraire qu'une couche de quelques lignes, qui peut être évaluée à une livre par chaque petit Tuyau, & les autres à proportion ; mais c'eft afin qu'elle réchauffe le Tuyau, & s'y prenne mieux : celui qui la verfera fur le Tuyau, aura donc foin de ne pas la ménager.

Il feroit impoffible qu'une auffi grande quantité de foudure ne fe fît pas quelque paffage à travers le Tuyau, fur-tout à l'endroit où l'écaillure l'a le plus aminci ; c'eft pourquoi il fe formera quelques épingles en dedans du Tuyau ; mais c'eft peu de chofe, on les laiffe, parce qu'elles ne font point un obftacle au courant de l'eau.

§. VI. Maniere de détacher du Tuyau la foudure inutile,
& de ce qu'il en faut faire.

Quand le premier Tuyau fera une fois foudé, on en arrachera la foudure inutile : il faudra fe garnir les mains pour pouvoir la prendre fans fe brûler ; on la détachera fort aifément par le moyen d'une terre graffe qu'on y aura mife tout au tour, & qui aura empêché qu'elle fît corps avec le plomb ; on la rapportera dans la chaudiere, afin qu'elle s'y fonde de nouveau ; enfuite on frottera le Tuyau avec un torchon mouillé pour l'approprier : on le retirera de deffus les chevalets en le prenant par les deux bouts, & on le placera dans un coin de l'attelier, où l'on y amoncellera tous ceux que l'on aura foudés, comme on le voit dans la Vignette, *Fig.* 14. On fera la même opération pour tous les autres Tuyaux.

On aura le foin, à la fin de ce travail, de balayer les écaillures de plomb, afin de les mettre en un coin pour en tirer parti, ainfi qu'on le dira en fon lieu.

CHAPITRE CINQUIEME.

Des Cuvettes.

APRÈS les Tuyaux pour diriger les eaux, ce qu'il y a de plus néceſſaire dans les maiſons, ſur-tout dans celles où il y a pluſieurs loçataires, ce ſont les Cuvettes : on les a imaginées pour que ceux qui logent un peu haut, n'aient pas l'incommodité de deſcendre pour ſe défaire de leurs eaux, & puiſſent les jetter ſans nuire aux autres locataires. Elles peuvent recevoir juſqu'à un ſeau d'eau à la fois : elles tranſmettent les eaux qu'on y verſe, dans un tuyau qui leur eſt joint, & qui deſcend juſqu'au rez-de-chauſſée.

Il y a pluſieurs ſiecles qu'elles ont été inventées ; mais on n'en ſait pas préciſément l'époque.

Il y en a de pluſieurs ſortes ; les unes ſont faites en forme de hotte, les autres ſont auſſi faites en forme de hotte, mais en même temps angulaires ; les autres ſont rondes ; les autres ſont enfin quarrées. On les fait de ces différentes formes, ſelon l'endroit où on eſt obligé de les placer : on met indifféremment les Cuvettes à hotte ou rondes ſous les fenêtres ; les angulaires ſont faites pour les encoignures des murs, & ne peuvent ſervir ailleurs.

Pour parler de toutes ces Cuvettes, nous diviſerons ce Chapitre en trois Articles. Dans le premier, nous parlerons des Cuvettes à hotte, & des Cuvettes angulaires ; dans le ſecond, des Cuvettes rondes ; & dans le troiſieme enfin, des Cuvettes quarrées.

ARTICLE PREMIER.

Des Cuvettes à hotte.

TOUTE Cuvette eſt compoſée de trois pieces : il n'eſt que leurs noms qui changent. Il faut, pour former la Cuvette à hotte, figurer un doſſier *A A*, *Fig.* 1, un devant *B*, & une crapaudine déſignée par la ligne ponctuée *C*. Le doſſier eſt la piece de plomb *A*, *Fig.* 1 & 2, qui eſt appliquée contre la muraille ; le devant eſt ce qui forme la hotte *B*, *Fig.* 1 & 2 ; enfin la crapaudine eſt une piece de plomb *C*, *Fig.* 1, 2 & 11, percée à jour, qui eſt placée & ſoudée dans l'intérieur de la Cuvette, pour empêcher que les ordures qui peuvent ſe trouver dans les eaux qu'on jette, ne paſſent dans les Tuyaux *D*, *Fig.* 1 & 2, & ne les engorgent : elle les retient dans la Cuvette, d'où il eſt plus aiſé de les enlever, que de les arracher du Tuyau où elles auroient paſſé, ſi elles n'avoient pas trouvé un obſtacle en leur chemin, & qu'elles auroient engorgé.

§. I. *De la maniere de les couper.*

Il faut d'abord mettre le morceau de plomb, dont on veut se servir, sur une table, comme on le voit dans la Vignette, *Fig.* 3, & en ôter les laises ou bavures; ensuite avec le compas *A*, on commencera par tracer & couper le dossier, comme on l'a représenté *Fig.* 4: on tirera donc la ligne *A B*, *Fig.* 4 & 5, qui en marquera la hauteur & le milieu. On suppose qu'on ait besoin d'une Cuvette à hotte de 2 pieds & demi de haut, & d'un pied & demi de large; on prendra avec le compas sa hauteur, qu'on marquera par les lignes *C D E F*; ensuite on prendra sur cette hauteur un pied, pour faire ce qu'on appelle *le haut de la Cuvette*, & l'on fera les sections 93, *I K*, pour avoir une ligne droite, & on tirera celle qui est marquée par *LM*. Si on ignoroit comment se font ces sections, on se serviroit simplement de l'équerre.

On prendra sur les lignes *CD LM*, 9 pouces de chaque côté de la ligne *A B*, & on tirera les lignes *N, O*, qui marqueront la largeur du haut de la Cuvette. On prendra ensuite sur la ligne *E F*, 3 pouces de chaque côté de la ligne *A B*, pour faire le bas du dossier; & on tirera les deux lignes *R, S*, en laissant aux quatre coins du bas du dossier, les petites oreilles *u x y z*, de la façon qu'elles sont représentées, *Fig.* 5 & 8; par cette opération, on aura un dossier avec toutes ses proportions, & il n'y aura plus qu'à le couper avec le couteau & la batte ronde, en suivant les lignes tracées pour marquer l'endroit de la coupe, dans la maniere qu'on le voit *Fig.* 5, où l'on a représenté le même dossier détaché de la table, à laquelle il tient encore dans la Figure 4.

Le devant de la Cuvette ne demande pas une moindre attention, ainsi qu'on le voit à la *Fig.* 8. On commencera par tirer sur la table de plomb *Fig.* 6, qui doit fournir le devant de la Cuvette, la ligne *A B*, qui la divise en deux. Comme le devant doit avoir la hauteur du bas du dossier, il faudra mesurer la distance qu'il y a de la ligne *L M*, *Fig.* 4, à celle *E F*; on pointera avec le compas cette même hauteur sur le morceau de plomb dont on vient de parler, & d'où l'on veut tirer le devant de la Cuvette, & on tirera les mêmes lignes *E F*, *L M*, *Fig.* 4 & 6, pour marquer la hauteur qu'il doit avoir.

Comme ce devant étant joint à son dossier, doit faire un demi-rond parfait, si le dossier a un pied & demi de large, du pourtour *o* au pourtour *Q*, *Fig.* 5, il faut que le devant ait 2 pieds 1 pouce seulement, parce qu'il faut que le dossier déborde d'un pouce environ de chaque côté, pour recevoir la soudure, autrement ce devroit être 3 pouces au lieu d'un, par la raison que la circonférence a toujours deux tiers de plus que le diametre; & comme le devant de la Cuvette doit faire la moitié de la circonférence, il doit avoir la moitié en-dessus de ce qu'à son dossier: il faudra garder la même proportion dans tous ses points.

Ainsi on prendra sur la ligne *L M*, *Fig.* 6, un pied & demi de chaque côté de la ligne *A B*, pour faire le haut du devant de la Cuvette ; on prendra, ensuite sur la ligne *E* 4 pouces & demi pour faire le bas, & on tirera les deux lignes *R*, *S*, en laiffant aux quatre côtés de ce devant de Cuvette, les petites oreilles *u x y z*, ainfi qu'on les a laiffées au doffier. Comme le haut du devant de chaque Cuvette, eft toujours en forme de bourrelet, il faudra avoir foin de prendre de quoi le faire ; pour cet effet on pofera le compas 6 pouces au-deffus de la ligne *L M* fur la ligne *B*, c'eft-à-dire, dans le milieu : on en fera fon point central, où l'on pofera une branche du compas ; & après avoir pris la hauteur du devant de la Cuvette, on tracera fur la ligne *B* du milieu de *L M* la courbe *P Q* ; enfuite il n'y aura plus qu'à couper, fur le tracé, la table de plomb, comme on a fait pour le doffier.

§. II. *De la façon de travailler le devant de la Cuvette à hotte.*

IL faut d'abord obferver que la table de plomb n'eft pas fi propre du côté du fable que de l'autre côté, & qu'il faut cacher autant qu'on peut cette petite difformité. On aura donc foin de mettre en dedans de la Cuvette, le côté du doffier le plus propre, parce que c'eft à cet endroit qu'il eft le plus vifible. Il faut faire tout le contraire pour le devant de la Cuvette ; fon côté le plus uni doit être en dehors, & le côté fale en dedans ; ce n'eft pas une exception pour les Cuvettes, la propreté que demande chaque ouvrage qu'on fait en plomb, exige qu'on ait cette attention pour tous généralement.

Il s'agit à préfent de donner au devant de la Cuvette la forme qu'il doit avoir. Pour cette opération, il faut avoir un *Bourceau*, *Fig.* 7 : &, avec cet inftrument, commencer par faire le bourrelet du devant de Cuvette ; pour cet effet, on doit l'appliquer fur une table, & rebrouffer fes bords en dedans ; on formera ainfi ce qu'on appelle le *Bourrelet B*, *Fig.* 8 : on arrondit enfuite le corps du devant de Cuvette en le frappant en dedans, puis en dehors, comme fait dans la Vignette, l'Ouvrier *Fig.* 9, & on le force ainfi à prendre la forme que repréfente la figure 8, le plus réguliérement qu'il eft poffible. A préfent qu'on a apprêté fes morceaux de Cuvette, il faut fe difpofer à les joindre en les fouⁿ dant, afin de la completter.

§. III. *Préparatifs avant la Soudure.*

IL faudra falir d'abord les rebords du devant de chaque Cuvette, aux endroits où on ne voudra pas que la foudure prenne, enfuite l'écailler tout autour environ d'un pouce aux endroits où l'on voudra que prenne la foudure : on en fera autant au doffier, qu'on falira en deffous, afin de reprendre aifément la foudure qui s'y attachera. Quand cette premiere opération fera faite, on joindra le devant de la Cuvette *B*, avec fon doffier *A A*, *Fig.* 1, & on les attachera enfemble avec les oreilles *u x y z*, qu'on a dit qu'il falloit laisser aux quatre coins du dossier *A A* & de son devant *B*, ainsi qu'elles sont représentées *Fig.* 5 & 8. On a imaginé ces oreilles ou attaches, afin de maintenir le dossier & son devant dans la position qu'ils doivent avoir sur la table, *Fig.* 10, de la Vignette, pour qu'ils puissent être soudés facilement.

§. IV. *De la maniere de souder le tout ensemble.*

LORSQUE le devant de la Cuvette sera sali, écaillé & attaché à son dossier, on la tournera sur le côté; un Ouvrier versera dans leur jointure de la soudure qui coulera d'un bout à l'autre. Il faut qu'il commence par le milieu; afin que la chaleur de la soudure ne fonde pas les oreilles qui les tiennent attachés. Quand la premiere soudure aura pris, on redoublera la dose, parce qu'il n'y aura plus aucun risque : on la frottera ensuite de poix-résine, & on y appliquera le fer à souder, afin qu'il serve lui-même à réchauffer le plomb & à faire couler la soudure inutile, pour n'y en laisser que ce qu'il faut. On fera la même chose de l'autre côté, comme on le voit dans la Vignette, *Fig.* 10; alors la Cuvette commencera de prendre la forme qu'elle doit avoir.

§. V. *Du Nœud de soudure qu'il faut faire à chaque Cuvette.*

POUR la plus grande commodité, on a coutume de poser à chaque Cuvette un bout de tuyau *D*, *Fig.* 1 & 2, pour la rendre complette; par ce moyen on évite une soudure qui deviendroit fort difficile, s'il falloit la faire sur les lieux mêmes, où souvent c'est tout ce qu'on peut faire que de la poser; mais par le moyen de ce tuyau *D* de jointure, on diminue la peine, parce qu'on n'a plus qu'à faire entrer les tuyaux les uns dans les autres, c'est-à-dire, le tuyau *D* dans les autres qui forment la descente, ce qui est plus aisé que de les souder. Pour cet effet il faut avoir un bout de tuyau, d'environ 2 pieds de long, que l'on fera entrer dans le bas de la Cuvette d'environ 2 pouces; on salira de nouveau & on écaillera le tout ensemble environ de 4 pouces tout autour : on fera, ce qu'on appelle en terme de l'Art, un *Nœud de soudure E*, *Fig.* 1 & 2, afin que leur jointure soit plus solide; ce nœud *E* doit régner tout autour du haut du tuyau & du bas de la Cuvette. Pour cette opération, il faut coucher sa Cuvette, & recevoir par-dessous avec un morceau de coutil, la soudure qu'on y verse afin de retenir & appliquer la soudure contre le plomb; il faut en même temps frotter cette soudure de poix-résine, & y passer le fer à souder. Ce n'est pas la seule occasion où les Plombiers emploient les nœuds de soudure; ils joignent de la même maniere tous leurs petits tuyaux de fontaines, c'est-à-dire, tous ceux qui sont fondus & non roulés, comme je le dirai dans le Chapitre qui traite de ces matieres. Quand on aura fait cette opération tout autour de la Cuvette, elle aura la forme qu'on lui voit dans la figure 1.   §. VI.

§. VI. *De la façon de faire & de poser la Crapaudine.*

La Crapaudine se met dans le fond de la Cuvette, environ 3 pouces au-dessus du nœud de soudure, c'est-à-dire, à l'endroit de la ligne ponctuée *C*, *Fig.* 1 : elle doit être en dedans, comme on le voit dans la coupe *Fig.* 2, par la ligne *c*, qui marque la place qui lui est destinée. Il faut mesurer la grandeur qu'a, à cet endroit, la Cuvette à laquelle on veut la mettre ; d'après cette connoissance, on coupera un morceau de plomb qui doit avoir la forme d'un demi-cercle, comme on le voit *Fig.* 11 : on tracera un double cercle en dedans, environ à un pouce de son bord, parce que ce rebord est nécessaire pour prendre la soudure. Il faudra ensuite avoir un emporte-piece, *Fig.* 12 : c'est un instrument d'environ 8 pouces de long ; on frappe avec le marteau sur le corps du poinçon *A* ; son autre bout *B* est comme un tuyau tranchant par ses bords : il est sensible qu'en posant la partie *B* de cet outil, sur le plomb, *Fig.* 11, on forme des trous, & que le morceau de plomb qui est emporté, entre dans la partie évasée du tuyau *B* : étant conduit par les traits de compas, on perce assez réguliérement la quantité de trous qu'on juge convenable, comme fait, dans la Vignette, l'Ouvrier *Fig.* 13. Ces crapaudines laissent un libre passage à l'eau, & retiennent les ordures qui pourroient engorger les tuyaux.

Quand cette crapaudine sera faite, on la posera dans la Cuvette, qu'on salira & qu'on écaillera tout autour, ainsi qu'on l'a marqué *Fig.* 2, par la ligne *C* ; ensuite on y coulera de la soudure, & on observera tout ce qui a été dit à l'occasion des autres soudures ; on retirera ensuite tout le plomb qui s'est attaché à la Cuvette qu'on vient de souder, pour le faire refondre de nouveau si on en a besoin ; enfin on lavera la Cuvette, & elle sera prête à être posée.

On ne donnera pas une description particuliere des Cuvettes angulaires, parce qu'elles se font de la même maniere que celles dont on vient de parler ; toute la différence consiste dans leur dossier, qui est angulaire, parce qu'elles sont faites pour être placées dans l'encoignure des murs, & que ces endroits demandent qu'elles ayent cette forme. On conçoit qu'il faut que les crapaudines ayent une forme angulaire ou ronde, pour qu'elles conviennent aux Cuvettes où on veut les placer.

ARTICLE SECOND.

De la maniere de faire les Cuvettes rondes.

Les Cuvettes rondes sont faites comme les Cuvettes à hotte, de trois pieces rapportées, qui sont un fond, un pourtour, & une crapaudine : il est vrai que plusieurs n'ont pas de crapaudine ; mais alors elles sont sujettes à s'engorger, & ce n'est point un ménage pour les particuliers, que d'épargner une petite plaque de plomb & quelques façons.

PLOMBIER.   P

On mefurera d'abord la grandeur du fond *A, Fig.* 14, que l'on veut donner à ces efpeces de Cuvettes : on s'y prendra, pour le tracer & pour le couper, comme nous l'avons dit plus haut ; on mefurera enfuite de quelle hauteur doit être le pourtour *BB*, qu'on veut lui donner. On prendra en conféquence la grandeur de la circonférence du fond *A* : on tracera & on coupera fon pourtour *BB* ; d'après ces mefures, il n'eft pas néceffaire que leur fond *A* déborde leur pourtour *BB*, attendu qu'on les foude en dedans, parce qu'on a l'aifance de le faire : c'eft le contraire des Cuvettes à hotte, qu'on eft obligé de fouder en dehors, attendu qu'étant contraint d'appliquer le devant des Cuvettes tout entier fur fon doffier avant de les fouder enfemble, il empêche que l'Ouvrier puiffe y appliquer commodément la foudure ; c'eft pourquoi il le fait en dehors : c'eft ce qui a fait imaginer les petites oreilles avec lefquelles on les attache.

On commencera par faire un bourrelet *C* à l'extrémité du pourtour *B*, pendant qu'il n'a aucune forme : on s'y prendra comme pour les devants des Cuvettes à hotte ; on en fera autant à toutes les Cuvettes : on arrondira enfuite le pourtour avec la batte ronde, pour lui faire prendre la forme du fond *A*, auquel il doit être foudé, l'Ouvrier l'appliquera enfuite fur fon fond *A*, ainfi qu'on le voit *Fig.* 15, le foudera & donnera au tout la forme qu'ont les Figures 14 & 16.

On peut leur faire un doffier *A*, *Fig.* 16, pour les clouer, ou bien on les attachera avec des crochets ; on y foudera enfuite la crapaudine en *D*, après l'avoir percée avec l'emporte-piece *A*, & le marteau *C*, comme on le voit dans la Vignette *Fig.* 13.

On conçoit qu'il faut enlever une plaque de plomb du fond *A*, pour lui mettre une crapaudine : c'eft cette même plaque de plomb dont on fe fert ; on ne fait que la percer & la remettre à fa place, après y avoir foudé un bout de tuyau *E*, *Fig.* 14, en s'y prenant comme je l'ai dit à l'occafion des Cuvettes à hotte.

A R T I C L E   T R O I S I E M E.

Des Cuvettes quarrées.

L ES Cuvettes quarrées ne font pas plus difficiles à faire que les rondes ; il n'y a de différence que dans la façon de les couper. Leur fond *A*, *Fig.* 17, ainfi que leur pourtour *B B*, eft quarré : on les foude en dedans comme les Cuvettes rondes ; il n'eft donc pas néceffaire que le fond *A* déborde leur pourtour *BB* : il faut leur attacher également un tuyau pour que les eaux puiffent s'évacuer. Pour cet effet on prend la mefure du tuyau qu'on veut leur joindre, afin de recevoir les eaux, & leur donner paffage : on coupera, d'après cette groffeur, une plaque de plomb dans le fond de la Cuvette, à l'endroit convenable : on leur foudera le tuyau, comme on l'a déja dit.

On prendra enfuite le morceau de plomb qu'on a enlevé, on le mettra à jour avec l'emporte-piece, & on le refoudera à l'endroit d'où il a été retiré. C'eft la même opération pour toutes les Cuvettes.

On n'entrera pas dans les différents détails qu'exigeroit la defcription des ouvrages de fantaifie ; on ne s'eft propofé ici que de donner la façon de travailler ceux qui font les plus ufités dans la Société.

Après les détails où nous fommes entrés, les Ouvriers ne feront pas embarraffés pour exécuter plufieurs ouvrages qui fe préfenteront en différentes occafions, & qu'il n'eft guere poffible d'imaginer.

CHAPITRE SIXIEME.

De la pose des Chaîneaux, Gouttieres, Godets, Noues, Faîtages, Tuyaux de defcente, Cuvettes, &c.

A PRÈS avoir expliqué la maniere de faire des Tuyaux fondus, ainfi que des Tuyaux foudés ; après avoir donné la façon de faire des Cuvettes de différentes efpeces, & avoir profité de ce qui regarde ces différents ouvrages, pour expliquer comment on fait différentes fortes de foudures, nous allons parler de la pofe des Plombs fur les bâtiments, dans lefquels nous comprendrons les Tuyaux & Cuvettes que nous venons de décrire. Nous aurons occafion de parler des Gouttieres entre deux bâtiments, & dans les Noues ; nous ferons voir de quelle façon on difpofe les Tuyaux de defcente, & les Cuvettes qu'on met à différents étages pour la commodité des locataires, & deftinées à recevoir les eaux du ciel, afin d'en garantir les bâtiments auxquels on les adoffe ; nous dirons un mot des Faîtieres qu'on place au haut des bâtiments & fur les arêtiers. Toutes ces chofes étant du diftrict du Plombier, nous ne devons pas négliger d'en parler.

Nous diviferons donc ce Chapitre en huit Articles. Dans le premier, nous traiterons de la conftruction & pofe des Chaîneaux ; dans le fecond, de la conftruction & pofe des Gouttieres ; dans le troifieme, de la conftruction & pofe des Godets ; dans le quatrieme, de la conftruction & pofe des Noues ; dans le cinquieme, de la conftruction & pofe des Faîtages ; dans le fixieme, de la pofe des Tuyaux de defcente ; dans le feptieme, de la pofe des Cuvettes ; dans le huitieme enfin, de la façon de dégorger ces Tuyaux.

ARTICLE PREMIER.

Des Chaîneaux.

S i, fur les bâtiments un peu confidérables, on laiffoit l'eau s'écouler par les égouts, elle mouilleroit les murailles, qui en feroient fort endommagées, fur-tout les crépis. Sur les grands bâtiments, comme font les Eglifes, on reçoit l'eau des toîts dans de grandes gargouilles de pierre ; maïs les murs des maifons particulieres, même des châteaux, n'étant pas affez épais pour fupporter cette conftruction, on raffemble l'eau des toîts dans des conduits de plomb, qu'on appelle des *Chaîneaux*. Ces Chaîneaux ayant une pente, conduifent les eaux à des Cuvettes qui font faillie pour porter l'eau loin des murailles, ou dans des Tuyaux de defcente, qui la rendent jufqu'au niveau du pavé.

§. I. *Conftruction des Chaîneaux.*

O n prend fur le bâtiment, la longueur, la largeur & la profondeur qu'ils doivent avoir ; car il eft fenfible que ceux qui doivent recevoir l'eau d'un grand toît, doivent être plus larges & plus profonds que ceux qui ne doivent recevoir que peu d'eau. D'après ces mefures, on coupe à la boutique les tables de plomb de largeur, & on en prend une longueur proportionnée à l'étendue de l'ouvrage. Comme on leur donne la forme qu'elles doivent avoir fur le lieu où on doit les pofer, on les porte au bâtiment.

L'affife des Chaîneaux *L*, *Fig.* 1, *Pl. XII*, doit être d'abord faite ou en plâtre, par le Maçon, ou en bois, par le Charpentier, & avoir une largeur & une pente convenables ; cette affife doit toujours avoir un peu de pente vers le devant ou la partie du Chaîneau *A B*, qui s'éleve verticalement.

Le Plombier commence à faire un bourrelet à la partie *A B* qui eft oppofée au mur : nous avons expliqué comment on fait ce bourrelet en parlant des Cuvettes, *Chap. V* ; on les plie dans leur longueur, pour que le fond du Chaîneau *M*, porte fur fon affife *L*, que le devant *A B* s'éleve perpendiculairement, & que l'autre bord *C* de la table de plomb aille, en relevant, recouvrir un peu la fabliere *N* de la charpente.

Pour que le plomb, qui eft flexible & pefant, ne fe déforme pas, on pofe le Chaîneau fur des crochets de fer, *Fig.* 2, qui ont environ un pied de longueur, qu'on attache à un pied les uns des autres, à la fabliere *N*, & qui repofent fur l'affife *L* ; de plus, on cloue le bord poftérieur du Chaîneau fur la fabliere *N*, comme on le voit en *O*, *Fig.* 1, ou en *P*, *Fig.* 11, où deux Ouvriers mettent un Chaîneau en place fur un bâtiment.

Il eft fenfible qu'on ne peut pas faire une longue fuite de Chaîneaux d'une feule

table

table de plomb ; c'est pourquoi on en soude les uns au bout des autres autant qu'il en faut pour faire toute la longueur. Comme nous avons amplement expliqué la maniere de faire différentes soudures, nous ne nous y arrêterons pas pour le présent.

Article Second.

Des Gouttieres.

QUAND deux toîts *A, B, Fig.* 12, étant opposés l'un à l'autre, les deux égouts se rendent à un même endroit, comme sur la muraille *C*, il faut placer à cet endroit un canal de plomb qui en reçoive les différentes eaux, pour les porter au bout des toîts : c'est ce qu'on appelle une *Gouttiere.* La table de plomb qui la forme, n'est point bordée par un bourrelet : elle se termine par les deux bords, ainsi qu'on le voit dans la partie *M* du Chaîneau que représente la Figure 1 ; chaque bord est cloué sur les sablieres de la charpente ; comme elle est soutenue dans toute sa longueur par le mur sur lequel elle repose, on n'y met point de crochets, & les ardoises doivent former un égout qui recouvre les bords de la table de plomb, comme on le voit en *C* ; par le moyen du niveau *Fig.* 14, on lui donne la pente qu'on veut.

Article Troisieme.

Des Godets.

IL y a, outre les Gouttieres dont nous venons de parler, des Gouttieres saillantes, que les Plombiers nomment *Godets G, Fig.* 1, qu'on place à la partie la plus basse des Chaîneaux ou des Gouttieres dont nous venons de parler, pour que l'eau ne bave point contre les murs.

Comme ces Godets ou Gouttieres sont pesants & ont beaucoup de porte-à-faux, on commence par établir une barre de fer *L, Fig.* 1, qui étant dessous, doit soutenir le poids du plomb ; pour lui donner encore plus de consistance, on met sur cette barre une, deux, ou trois embrasures *K, Fig.* 1, qui retiennent le plomb dans sa situation ; ensuite on prend une table de plomb de 4 ou 5 pieds de longueur, au bord de laquelle on forme des deux côtés, & dans toute sa longueur, un bourrelet : on courbe cette table dans toute sa longueur, pour former un canal, on la pose sur les crochets *K* ; & si on la met au bout de la Gouttiere *C, Fig.* 12, on la soude à cette extrémité ; mais si l'on veut ajuster ce Godet à un Chaîneau, on fait dans la partie basse, où toutes les eaux doivent se rendre, une ouverture *F H, Fig.* 1, au côté du Chaîneau qui se releve verticalement. Quand on a posé le Godet sur la barre de fer *L*, qui doit le supporter, on le soude au Chaîneau en *H.*

Depuis quelque temps, il est défendu de mettre de pareils Godets ou Gouttieres sur la rue, aux maisons qu'on bâtit ; mais on laisse subsister & réparer ceux

qui font établis avant le Réglement ; & il eft toujours permis d'en mettre dans
les cours, pour éviter les tuyaux de defcente : car par le Réglement, il eft
ordonné de faire aboutir les eaux des Gouttieres *C*, *Fig.* 12, ou des Chaîneaux
A B, *Fig.* 1, à des tuyaux tels que *I K*, *Fig.* 11, qui rendent l'eau fur le pavé.
Nous expliquerons comment on pofe ces tuyaux ; mais auparavant il faut dire
quelque chofe des Noues.

ARTICLE QUATRIÈME.

Des Noues.

QUAND deux toîts fe jettent l'un fur l'autre, la partie *A B*, *Fig.* 13, où ils
fe rencontrent, fe nomme une *Noue*.

On voit dans l'Art du Couvreur, qu'on en fait en tuiles ; mais elles ne font pas
bonnes ; celles en ardoifes font meilleures : mais fans contredit celles en plomb
font préférables. Pour les faire, on pofe une Gouttiere de bois de *A* en *B*, pour
foutenir celle de plomb, qui s'attache fur la Gouttiere de bois qui eft creufée
dans une petite poutre, précifément comme en *C*, *Fig.* 13, dont elle ne
differe que parce qu'elle eft fort en pente, & le Couvreur doit faire en *C* & en
D deux petits égouts qui rendent l'eau des deux toîts dans la Noue de plomb,
d'où l'eau fe rend ou dans un Chaîneau, ou dans un Godet, comme nous
l'avons dit plus haut.

ARTICLE CINQUIEME.

Des Faîtages.

SUR les bâtiments couverts en tuile, on couvre le faîte avec de grandes tuiles
creufes qu'on pofe à mortier, ainfi qu'il eft expliqué dans l'Art du Couvreur. Il
y a des Couvreurs affez adroits pour former en ardoife le faîte des bâtiments ;
mais cela eft fujet à bien des réparations, & on ne peut pofer deffus ni cordes
nouées ni deux échelles en chevalement, comme on l'a repréfenté dans l'Art du
Couvreur, *Pl. IV*, *Fig.* 13. Le mieux eft donc, pour les couvertures en ardoifes,
de couvrir le faîtage en plomb, comme on le voit en *M*, *Fig.* 11 ; & après
qu'on a attaché avec des clous au faîte de charpente, des crochets doubles *N*, on
pofe la table de plomb pliée, comme on l'a dit, de telle forte qu'elle recouvre
de 4, 5, ou 6 pouces le rang d'ardoife le plus élevé. Comme une table de plomb
ne peut pas être affez longue pour s'étendre de toute la longueur du toît, on en
attache plufieurs les unes au bout des autres.

Les arêtiers couverts en ardoifes étant plus fujets que le plein toît à être endommagés par le vent, il eft encore bon de les former par une table de plomb

qui recouvre les ardoises, comme *O P*, *Fig.* 11 ; & comme ces tables se posent comme les faîtages, nous ne nous y arrêterons pas davantage.

Aux panes de brisés *Q R* des toîts en mansarde, on se contente ordinairement de faire un petit égout en ardoise ; mais il est beaucoup mieux de mettre sous ce petit égout d'ardoise, une petite table de plomb qu'on cloue sur la pane de brisés, & qui est recouverte par l'égout d'ardoise : elle empêche qu'il ne soit emporté par le vent. Comme cette table de plomb est légere & étroite, on peut se dispenser de la retenir par des crochets.

§. I. *De la Corde nouée.*

POUR éviter de faire des échafaudages qui exigeroient des frais considérables, les Couvreurs & les Plombiers font grand usage de ce qu'on appelle la *Corde nouée* ; c'est effectivement un cable, *Fig.* 3 , où l'on fait de 6 en 6 pouces un gros nœud : on en passe un bout dans le bâtiment, par une croisée *C*, *Fig.* 11 , une lucarne ou un œil de bœuf, & on l'attache fermement à quelque chose de solide ; de ce soin dépend la vie de l'Ouvrier qui en fait usage pour monter ou pour s'établir à un endroit où il a à travailler, comme on le voit en *H*, *Fig.* 11.

Pour se servir de cette corde nouée, l'Ouvrier ajuste à chacune de ses jambes un étrier, *Fig.* 4 & 5 ; c'est une forte courroie *F E*, à laquelle est ajusté, à son extrémité, un fort crochet de fer ; l'Ouvrier passe son pied dans l'étrier en *F* ; il attache la courroie à ses jambes par les jarretieres de cuir *A B*, *C D*, avec lesquelles il serre ses jambes en passant le bout des jarretieres *B D*, dans les boucles *A C*. Quand les étriers sont ainsi fermement attachés à ses jambes, il passe les crochets *E* dans une ceinture de cuir qu'il a autour du corps, pour pouvoir marcher sans être incommodé par le bout *E* des étriers.

Quand il veut monter à la corde nouée, il détache un des crochets de sa ceinture ; il passe la corde au-dessus d'un nœud dans le crochet, & le nœud l'empêchant de descendre, il porte tout son corps sur cet étrier ; si c'est celui de la jambe droite, il passe le crochet de la jambe gauche au-dessus du nœud plus élevé ; & portant tout son corps sur l'étrier gauche, il détache le crochet de l'étrier droit, pour le placer plus haut ; & répétant cette opération, il s'éleve, au moyen de la corde nouée, comme s'il montoit à une échelle ; cependant il faut qu'il tienne toujours la corde au-dessus des crochets avec une de ses mains, sans quoi il courroit risque de se renverser en arriere ou vers un des côtés. Il ne suffit pas de monter ; l'Ouvrier a besoin de s'arrêter à un endroit où il doit travailler ; & pour le faire commodément, il monte avec lui la sellette, *Fig.* 6 , sur laquelle il s'assied lorsqu'il est arrivé à l'endroit où il doit travailler.

Cette sellette est formée d'une planche légere *A B C D*, de 2 pieds de largeur, *Fig.* 6 , & de deux courroies qu'on tient d'une longueur égale au moyen des boucles *E F*. Ces courroies qui, au moyen de ces boucles, font comme une chaîne fans fin, paffent fous la planchette *A B C D*, & par l'œil du crochet *G*, qui fert comme les crochets *E E* des étriers, pour attacher cette efpece de fiege à la corde nouée : au moyen de cet ajuftement, il s'établit fur un toît ou le long d'un mur, comme on le remarque en *H, Fig. 11*. Cette façon de s'échafauder eft très-ingénieufe & fort commode ; mais nous n'entrerons pas dans de plus grands détails ; le peu que nous en avons dit étant joint aux figures, en donnera une idée fuffifamment exacte.

ARTICLE SIXIEME.

De la pofe des Tuyaux.

ON commence par pofer un Tuyau de fonte en bas de la maifon, qui doit avoir un empattement ou un coude pour dégorger l'eau dans la rue, & hors du pied du mur auquel il eft adjacent. On ne met point de Tuyau de plomb à cet endroit-là, parce qu'il feroit fujet à être fauffé, percé ou enlevé ; on affujettit ce premier Tuyau de fonte avec plufieurs gâches, qui ont la forme que repréfente la figure 7, qui l'embraffent, & dont les bouts *a, b*, font fcellés en plâtre dans le mur. Celui qui pofe les Tuyaux porte toujours avec lui une petite auge *A, Fig. 8*, & une truelle *B, Fig. 15* ; on jette enfuite la corde nouée ; l'Ouvrier monte au-deffus du Tuyau de fonte : il reçoit un Tuyau de plomb qu'on lui defcend par le moyen d'une corde ; il l'emboîte dans le premier Tuyau de fonte de fer d'environ 6 pouces, parce qu'on ne foude pas les Tuyaux de defcente, & tâche de le mettre le plus droit qu'il eft poffible ; enfuite il l'attache avec des gâches comme le premier : il continue ainfi jufqu'au haut du mur, ayant toujours l'attention de faire entrer le Tuyau fupérieur dans le Tuyau inférieur, pour que l'eau trouve un libre cours.

On doit favoir, avant de pofer aucun Tuyau, la quantité de pieds qu'il y a du haut du mur à fon pied, afin de n'être pas dans le cas de couper les Tuyaux fur l'endroit, ce qui doit être fait avant dans la boutique. On ne doit pas conduire ces Tuyaux tout-à-fait au haut du mur, il faut laiffer environ 4 pieds ; parce que comme ces Tuyaux répondent ordinairement à des Chaîneaux qui ont des bouts de Tuyau d'environ 5 pieds aux endroits qui doivent donner paffage à l'eau, on les emboîte enfemble.

ARTICLE SEPTIEME.

De la pose des Cuvettes.

COMME les Cuvettes sont faites pour la commodité des locataires, elles se posent d'étage en étage, dessous, ou du moins à la portée de chaque fenêtre. On commence par gâcher, comme nous l'avons dit, un premier tuyau de fonte; quand on a conduit ses tuyaux de descente au bas de la fenêtre où la Cuvette doit être posée, on la descend par la fenêtre supérieure, comme on le voit en *L*, *Fig.* 11; l'Ouvrier qui est porté sur la corde nouée, la prend & l'emboîte dans le tuyau de dessous; ensuite il replie le haut du dossier de la Cuvette sur le bois de la fenêtre, auquel il le cloue. On lui descend ensuite un autre tuyau qu'il reçoit, & qu'il attache également avec des gâches: il tâche que la bouche de tous les tuyaux qu'il pose en dessous des Cuvettes pour y faire le dégorgement des eaux qu'ils recevront, réponde toujours à un des coins de la Cuvette, afin qu'ils embarrassent moins. Il continue la même opération autant qu'il y a d'étages & de Cuvettes à poser.

On fait de même à l'égard des Cuvettes angulaires, excepté qu'on attache leurs dossiers dans l'angle des murs auxquels elles sont destinées.

C'est de cette maniere dont on pose les Cuvettes rondes, & généralement toutes sortes de Cuvettes. Il n'est personne qui, après ce que nous venons d'en dire, ne les mît lui-même en place.

Comme il peut arriver qu'on ait posé ses tuyaux de descente sans y mettre des Cuvettes, n'en ayant pas pour lors besoin, & que dans la suite les Propriétaires veuillent en faire mettre, il est bon d'expliquer cette opération, qui demande quelqu'attention.

Quand donc on est dans ce cas là, il faut commencer par dégâcher les tuyaux, & les déboîter à l'endroit où l'on veut poser sa Cuvette; ensuite on l'y pose comme nous l'avons dit, sans qu'il soit besoin de soudure: s'il n'y avoit pas d'emboîtement près de cet endroit, il faudroit couper le tuyau. On dresse ensuite le tuyau supérieur que l'on a déjointé pour poser la Cuvette, toujours par le moyen de la corde; on le met à un coin de la Cuvette, en dedans, de telle maniere qu'il y rende ses eaux, & que de-là elles puissent couler en bas sans être interrompues.

On voit par-là qu'il est aisé de mettre des Cuvettes à chaque étage, sans qu'elles puissent se nuire les unes aux autres, ce qui est d'une très-grande commodité pour les maisons où il y a plusieurs locataires.

✻·❀·✻

ARTICLE HUITIEME.

De la façon de dégorger les Tuyaux.

QUOIQU'IL soit ordinaire de mettre des crapaudines à la plupart des Cuvettes, cependant toutes n'en ont point ; & il arrive que parmi les eaux qu'on y jette , il se trouve des ordures qui s'arrêtent dans les tuyaux , les engorgent , & mettent les Ouvriers dans la nécessité de les dégorger. D'ailleurs il peut arriver que par les grandes pluies quelques morceaux de décombre tombent , ou dans la Gouttiere , ou dans le Chaîneau , & aillent s'amonceler dans le tuyau & ne le bouchent ; dans tous ces cas on est obligé d'avoir recours au Plombier pour le réparer. Nous allons indiquer comment on s'y prend.

On commence d'abord par s'assurer quel est le tuyau qui est engorgé, en y jettant de l'eau ; lorsque ce tuyau est petit , & qu'il n'est engorgé que par quelques ordures faciles à faire descendre , on prend le jonc , *Fig.* 9 : c'est une espece de sonde dont les Plombiers se servent pour les petits engorgements : elle est tortillée comme un serpent ; elle a environ 12 pieds de long : on nomme le bois dont elle est , *Jé* ou *Rotin* : il nous vient de la Chine , où il croît en forme d'arbrisseau ; c'est le même bois que celui dont on fait les chaises de canne. On a essayé d'en planter à l'Isle de France : on a tout lieu de croire qu'il réussira. On la fait entrer dans le tuyau en la détordant , jusqu'à ce qu'on ait rencontré ce qui fait l'engorgement ; c'est toujours par le bas du tuyau qu'on commence l'opération , parce qu'il est plus aisé de faire sortir les ordures par l'endroit où elles sont facilement entrées : un Ouvrier va au haut du tuyau recevoir le jonc.

Si le tuyau étoit gros & extrêmement engorgé , & que cette premiere sonde ne fût pas suffisante , il faudroit en employer une plus forte. C'est un morceau de plomb *A*, *Fig.* 10 , long pour qu'il soit pesant , & menu pour qu'il entre mieux dans le tuyau : il est attaché à une corde *B* ; on le fait entrer par le haut du tuyau , & le laissant tomber avec vîtesse , il emporte les ordures qui forment l'engorgement ; pour cela on le releve & on le fait tomber à plusieurs reprises. Si cette sonde de plomb ne pouvoit détruire l'engorgement , on pourroit en employer une qui , au bas du plomb , auroit un morceau de fer quarré , pointu & acéré , qui déborderoit le plomb de 6 pouces ; cette pointe pourroit briser des platras que le plomb ne feroit qu'entasser.

Si l'engorgement étoit peu éloigné du bout d'en-haut du tuyau , on pourroit le détruire avec un barreau de fer terminé en pointe quarrée , qu'on feroit agir comme un pilon.

Enfin si l'engorgement étoit formé par une pierre fort dure , & qu'aucun des moyens que nous venons de rapporter ne pût réussir , il faudroit s'assurer précisément du lieu de l'engorgement pour crever le tuyau , retirer ce qui fait d'embarras, & réparer le tuyau par un nœud de foudure, ou une piece de plomb que l'on fouderoit.

Voyons à préfent les différentes Couvertures faites uniquement en plomb.

CHAPITRE SEPTIEME.

Des Couvertures.

On entend par *Couverture*, un entablement qu'on pofe fur la partie fupérieure de quatre murs, qu'on recouvre enfuite foit en plomb foit en ardoife.

Le mot de *Couverture* eft fi clair & fi intelligible par lui-même, qu'il n'a pas befoin de plus ample définition. Nous nous contenterons feulement, comme ce terme eft un peu général, d'expliquer les différentes dénominations des Couvertures.

Dans le mot de *Couverture*, on peut comprendre les toîts ordinaires des maifons, les terrafes, les lucarnes, les yeux de bœuf, les pavillons, les combles ou les dômes des Eglifes, enfin les clochers. Notre deffein eft de parler de tous ces objets en particulier, pour en détailler les différents ouvrages. Nous en excepterons cependant les toîts ordinaires des maifons, où il n'entre de plomb que quelques Chaîneaux, Gouttieres, Noues, &c. parce que nous en avons déja parlé dans le Chapitre précédent, & qu'il feroit inutile de répéter ce que nous en avons dit. Si quelquefois on avoit quelqu'un de ces toîts à couvrir tout entier en plomb, on n'aura qu'à confulter ce que nous fommes forcés de dire par rapport aux autres Couvertures, tant pour l'échafaudage, que pour la coupe des ardoifes qu'il faudroit y employer. D'après cet avertiffement, nous diviferons donc ce Chapitre en huit Articles. Dans le premier, nous traiterons des Combles; dans le fecond, des Clochers; dans le troifieme, des Pavillons; dans le quatrieme, des Dômes; dans le cinquieme, des Yeux de bœuf; dans le fixieme, des Lucarnes; dans le feptieme, des Terrafes; dans le huitieme, de la maniere de réparer toutes ces différentes efpeces de Couvertures.

ARTICLE PREMIER.

Des Combles.

On entend par *Comble*, un toît qui, élevé fur deux faces paralleles, fe termine par un angle aigu, & jette l'eau de deux côtés différents dans des Gargouilles qui en couronnent le pied, & qui la rendent enfuite dans des Tuyaux de defcente ou Gouttieres faillantes; tel eft celui de Notre-Dame. Ces fortes de Couvertures ne font employées ordinairement que dans les édifices d'Eglifes. On en diftingue de deux fortes ; les uns font tout couverts en plomb, les autres le font feulement en tuiles ou en ardoife : nous ne parlerons ici que des premiers.

§. I. *De l'entablement de la Charpente.*

O n fuppofe donc qu'on veut couvrir le Comble d'une Eglife en plomb ; le Plombier ne le peut couvrir qu'après que la charpente eft finie. Il faut que l'on place d'abord les chevrons *A B* bien de niveau, comme on le voit *Fig.* 1, *Pl.* XIII, que l'on attache ordinairement de 12 en 12 pouces ; il faut qu'ils foient chevillés fur les panes qui doivent les porter ; enfuite on cloue fur les chevrons des voliges de 4 à 5 pouces de large, efpacées d'un pouce & demi ou 2 pouces, ainfi qu'on le voit dans la même figure, en *c d e f g h*, afin que le tout foit dans l'état qu'on le voit, *Fig.* 2 , qui repréfente l'enfemble des chevrons & des voliges : il eft fenfible que la charpente d'un Clocher doit être pareillement faite, avant qu'on puiffe y attacher aucune table de plomb, comme il paroît dans la même figure. Pour continuer la defcription de notre Art, nous fuppofons que ce travail préliminaire, qui regarde les Charpentiers, eft fait, le Plombier doit alors difpofer fes tables & les attacher.

§. II. *De la coupe des Tables de plomb deftinées à la couverture des Combles.*

La largeur ordinaire de ces tables eft de trois pieds, fur 12 pieds de longueur ; on pourroit en faire de plus longues & de plus larges ; mais comme il en réfulteroit de grands inconvénients, comme cela eft arrivé quelquefois, lorfque par leur pefanteur ayant brifé leurs attaches, plufieurs tables font tombées du haut de la couverture de l'Eglife en bas ; c'eft ce qui a engagé à les diminuer pour la fûreté des Ouvriers. On commence par les dérouler dans l'attelier fur le dos de la couverture du moule à fable ; on en retranche enfuite les alaifes. Après les avoir coupées de la longueur & largeur que nous l'avons dit plus haut, qui eft de 3 pieds de large, fur 12 de long, on les roulera de nouveau l'une après l'autre : on en chargera une charrette, parce qu'il feroit impoffible que les Ouvriers puffent les porter eux-mêmes, fur-tout lorfque le trajet eft un peu long. On les conduira ainfi au lieu où elles doivent être pofées. Quand elles feront au bas de l'édifice, pour les monter plus vîte & en plus grand nombre, on pourra fe fervir d'une grüe, qu'on établira fur le toît, & avec laquelle on les enlevera ; mais il n'en fera befoin que quand on fera dans le cas de faire ou de renouveller une Couverture toute entiere.

On fuppofe donc à préfent qu'elles foient arrivées au haut de l'édifice ; il ne s'agit plus que de les mettre en place.

§. III.

§. III. *De la façon de les attacher.*

UN Ouvrier doit commencer par clouer fur les voliges des crochets au droit de chaque chevron, à un pied de diftance les uns des autres, ainfi qu'on le voit *Fig.* 2, en *A.* Ces crochets, *Fig.* 3, doivent avoir une longueur proportionnée à la largeur des tables; ils font applatis par une de leur extrémité *a*, où il y a trois trous pour recevoir les clous; le bas *b* forme un crochet d'environ un pouce, pour retenir chaque table, & l'empêcher de tomber.

Autrefois on ne faifoit que clouer les tables; mais il eft arrivé fouvent que les tables fe font déchirées par leur pefanteur à l'endroit où elles étoient clouées, & font tombées. Le premier inconvénient fubfiftoit toujours, quoiqu'on les eût diminuées dans leur longueur & largeur; pour leur donner plus de confiftance & de folidité, on a imaginé les crochets dont nous venons de parler.

On commence toujours par les attacher de bas en haut, & non de haut en bas; on pofe de même les tables: quand il y aura plufieurs crochets d'attachés, deux Ouvriers apporteront une table pour l'y placer. Les Plombiers & les Couvreurs fe fervent, pour cet effet, d'une échelle attachée à des couffins ou fafcines de paille, pour la foulever un peu, & faire en forte qu'elle ne foit pas immédiatement appliquée à la couverture, qu'il y ait au contraire un vuide de 8 pouces au moins; c'eft afin que les pieds des Ouvriers ayent plus d'appui, & qu'ils montent & defcendent plus aifément, comme on le voit en la Fig. 2. Ils montent par cette échelle; ils pofent la table *C* fur les crochets qui font deftinés à la recevoir. Cela n'eft pas fuffifant; il faut encore clouer chaque table au droit des chevrons, comme on le voit au haut de la table *I*, *Fig.* 1, en telle forte que chaque clou traverfe trois chofes; favoir, la table, la volige & le chevron; outre les clous qui la retiennent par en-haut, elle eft retenue encore par les crochets qui débordent & empêchent qu'elle ne puiffe tomber. Nous avons dit qu'il falloit attacher les crochets à un pied de diftance les uns des autres; comme la table eft longue de 12 pieds, & qu'on les pofe en longueur, il s'enfuit que chaque table eft foutenue fur douze crochets environ: on continue ainfi. Quand le premier rang des tables eft placé, pour faire le fecond rang, on pofe les fecondes tables en recouvrement fur les premieres, qu'on couvre environ de 4 pouces, pour que la pluie qui fe trouve pouffée fouvent par un vent impétueux, ne puiffe y pénétrer en aucune maniere, & qu'elle retombe au contraire dans les gargouilles qui regnent tout autour de l'édifice; ce recouvrement fait encore que les tables fe foutiennent mutuellement.

Les clous dont on fe fert s'appellent des *clous de Couvreur*; ils font un peu forts; ils ont 2 pouces & demi de long, quelquefois davantage: on les attache très-près l'un de l'autre; on les enfonce avec le marteau, *Fig.* 13. Ce n'eft point affez que les tables foient en recouvrement les unes fur les autres, pour empê-

cher que la pluie ne puiſſe s'introduire juſqu'à la charpente ; car elle pourroit
entrer par les côtés ; pour y remédier, on a ſoin de replier les rebords de chaque
table dans leur hauteur à chaque bout, l'une en deſſous, & l'autre en deſſus, *A*
& *B*, *Fig.* 4 & 5 : pour mieux les joindre, on les fait entrer l'une dans l'autre ; on
ferme par là tout paſſage à l'eau du ciel, & on empêche qu'elle ne puiſſe pénétrer juſqu'à la charpente, qu'elle pourriroit. A meſure que l'on monte, on diminue la longueur des tables, conformément à la forme de la charpente, ainſi que
cela doit ſe ſentir par ſoi-même. Quand le tout eſt couvert de la même maniere
qu'on le voit en *D*, *Fig.* 2, on couvre le faîte & les arêtiers.

§. IV. *De la façon d'attacher les Faîtages.*

On entend par *Faîtage*, un cordon de plomb poſé ſur l'angle de l'élévation
du comble, qui embraſſe les tables des deux faces du toît. Le même cordon qui
regne dans les angles du comble, change de nom, & s'appelle *arêtier*. Ils ſont
d'une ſi grande néceſſité, qu'on eſt toujours dans l'uſage d'en mettre même ſur
les combles couverts ſimplement en ardoiſe ; la ſeule néceſſité peut forcer à s'en
paſſer.

On commence d'abord par les coins ; on attache des crochets des deux côtés,
ou bien on a des crochets doubles qui tombent des deux côtés du faîte : on les
met toujours à un pied de diſtance les uns des autres ; on plie enſuite chaque
table de plomb en forme de gouttiere, qu'on renverſe & qu'on poſe ſur les crochets, comme on le voit en *E*, *Fig.* 2 : ſous cette forme elles embraſſent &
recouvrent le bord ſupérieur des tables des deux côtés de la couverture, & forment ce qu'on appelle les *arêtiers*, dont le nom leur vient des ſolives de bois
qu'elles recouvrent, & qui ſe nomment *arêtiers*. On fait enſuite le cordon du
faîtage, c'eſt-à-dire, lorſqu'on a conduit la couverture des coins juſqu'au haut du
comble, on y attache de même des crochets des deux côtés, ſur leſquels on poſe
des tables de la même longueur, & on fait en ſorte qu'il y ait au moins un pied
de table de reſte à chaque bout du faîtage, afin de les replier & de les faire deſcendre en recouvrement ſur les deux bouts de la couverture des deux faces du
comble.

§. V. *Façon de faire les Baguettes qu'on voit ſur l'Egliſe de Notre-Dame.*

Pour la propreté de l'ouvrage, on a coutume, lorſque toute l'Egliſe, ſon
faîtage & ſes arêtiers ſont couverts, d'y revenir de nouveau pour arrondir &
mettre en baguette les deux extrémités de chaque table, on leur donne en place
la forme qu'elles ont en *A* & en *B*, *Fig.* 4 & 5, ce qui fait le coup d'œil que
préſente le comble de Notre-Dame ; pour cet effet, on replace l'échelle double
qui embraſſe les deux toîts de la couverture de l'Egliſe, comme on le voit *Fig.*

2, en *H*, & avec la batte plate on les arrondit comme on le voit *Fig.* 5. On fait cette opération, qui rend la couverture plus solide, d'un bout de la couverture de l'Eglise à l'autre; de cette sorte les tables forment entr'elles de petites baguettes rondes qu'on voit sur la couverture de l'Eglise de Notre-Dame, & que les Plombiers ont soin de faire sur toutes les couvertures de cette nature. Ces petites baguettes ne laissent pas que de faire un bel ornement : l'eau qui coule d'en-haut, ne peut, par ce moyen, y pénétrer, & elle tombe nécessairement dans les gargouilles, d'où elle coule jusqu'à terre à travers des Godets & Tuyaux de descente, quelquefois par des Gouttieres saillantes.

Article Second.

Des Clochers.

On a la même raison de couvrir les Clochers, que de couvrir les Eglises; c'est pourquoi il faut expliquer de quelle façon on s'y prend. Cette opération consiste, 1°. à échafauder le Clocher que l'on veut couvrir; 2°. à couper les ardoises de plomb qu'on veut y employer; 3°. à les y attacher. Il est à propos d'observer que la couverture des Clochers, ainsi que celle des Eglises, peut être faite en tuiles ou en ardoises de terre glaise; mais nous n'en parlerons pas, parce que cette matiere regarde l'Art du Couvreur, qui a été traité fort au long par M. Duhamel; je n'entends traiter ici que les Couvertures qui regardent l'Art que je traite.

§. I. *De la maniere d'échafauder les Clochers.*

Un des premiers soins qu'on doit avoir, est d'échafauder avec la plus grande solidité les Clochers qu'on veut couvrir, sans quoi les Ouvriers courroient risque de périr. On commence par faire passer par les fenêtres du Clocher, *Fig.* 2 & 11, ou par les œils de bœuf, s'il n'y a pas de fenêtres, les poutres qui doivent porter l'échaffaud; on les lie avec des cordes, pour les rendre plus solides; ensuite on attache des planches tout autour du Clocher, qui forment autour de lui un plancher circulaire, par le moyen duquel on a la facilité de travailler commodément à la couverture.

§. II. *De la maniere de couper & de poser les Tables.*

On attache d'abord des crochets à la même distance que nous l'avons dit plus haut, tout autour du bas de la charpente du Clocher, qui forme un auvent circulaire ou quarré, selon la construction des Clochers; on pose sur ces crochets les premieres tables qui doivent faire le commencement de la couverture du

Clocher. Quand cette premiere opération eſt faite , ſi on ne veut point couvrir le Clocher tout entier en plomb , mais ſeulement ce qui eſt le plus néceſſaire , comme ſont les arêtiers, le Couvreur en ardoiſe en garnira d'abord le milieu ; le Plombier enſuite attachera des crochets à chaque côté des quatre coins du Clocher , & y poſera ſes tables de façon qu'elles recouvrent les ardoiſes, & les ſoutiennent ; il couvrira le bois des fenêtres en étendant ſimplement ſes tables dans toute leur largeur , & les clouant à la charpente.

§. III. *Maniere de couvrir le Clocher tout entier en plomb.*

Lorsqu'on veut , au contraire , que tout le Clocher ſoit couvert en plomb , & non pas en ardoiſes, alors on prend de petites plaques de plomb de la grandeur à peu-près des ardoiſes, auxquelles on donne toute eſpece de forme : on en fait de rondes d'un bout, & quarrées à l'autre, *Fig. 6*; les unes ſont quarrées d'un bout, & pointues de l'autre, *Fig.* 7 ; les autres ſont quarrées d'un côté & coupées en cœur de l'autre, *Fig.* 8 ; les autres ſont quarrées ſimplement. On ne finiroit pas ſi l'on vouloit les décrire toutes , parce qu'on en fait d'une infinité de manieres, ſuivant le goût de l'Ouvrier ; ainſi on ſe contente d'indiquer les formes qu'on leur donne le plus ordinairement.

On en attache d'abord un rang aux premieres voliges, au-deſſus des tables de plomb dont nous avons parlé plus haut ; on continue ainſi: on ſe contente de les attacher avec des clous qui ſuffiſent , parce qu'ils ne ſoutiennent pas de grands poids : on les poſe l'une ſur l'autre, le ſecond rang couvrant toujours une partie du premier ; & l'on a attention que les ornements du Clocher ne fatiguent point la charpente ; pour cela ils doivent être délicats , mais toujours faits de façon qu'ils empêchent que la pluie ne pénetre. On voit , *Fig.* 2 , en *L* , la forme à peu-près que ce travail doit avoir. Pour le reſte il n'y a pas de différence ; on couvre les côtés comme nous l'avons dit plus haut.

§. IV. *De la maniere d'échafauder les Fleches des Clochers.*

On fait un ſecond échafaud ſur le premier dont nous avons parlé ; pour cela on commence par y poſer des montants , ſoutenus d'un bout par de petites ſolives faites en forme de potences renverſées & chevillées dans leurs pieds ou patins ; on les attache en-haut à des traverſes par le moyen de pluſieurs cordes : on les arrête ainſi afin qu'elles n'aillent pas de côté & d'autre, & on les planchéïe par le haut. On fait ce ſecond échafaud à côté d'un œil de bœuf, afin qu'on puiſſe y monter commodément, où l'on y fait une trape pour pouvoir y placer l'échelle.

§. V.

§. V. *Façon de couvrir les Fleches des Clochers.*

COMME la partie des Clochers, qu'on nomme la *Fleche*, est plus délicate que le reste, on coupe des plaques de plomb plus minces & plus petites que celles qu'on emploie aux pleins toîts ; d'ailleurs c'est la même opération.

Il y a des Fleches qui font rondes, d'autres qui font quarrées ; on couvre celles qui font rondes, en attachant tout autour les lames de plomb qui réparent tous les accidents, en recouvrant la moitié du premier rang par le fecond rang ; c'est ce recouvrement que les Couvreurs nomment le *pureau*, & on continue de même jufqu'au haut de la Fleche ; mais aux Fleches rondes, ainfi qu'aux tou_ relles, dont le toît est conique, il est bon que les plaques de plomb foient un peu plus larges par en-bas que par en-haut ; pour celles qui font quarrées, on commence par garnir le milieu des quatre faces jufqu'au haut de la Fleche ; on couvre enfuite les côtés avec des bandes ou cordons de plomb qui font foutenus par des crochets qui embraffent les lames de plomb & ardoifes des deux furfaces : on fait en forte de conduire cet ouvrage avec propreté jufqu'au haut de la Fleche.

On peut couvrir les Fleches quarrées ou à pans avec des bandes de plomb qui s'étendent de toute la hauteur de la Fleche ; mais on les tient plus larges par en-bas, fuivant la diminution de groffeur de la Fleche : on les replie environ d'un pouce l'une fur l'autre, & on les cloue enfemble aux quatre coins, quand la Fleche est quarrée ; quand elle est ronde, on les foude en trois ou fix endroits différents, felon le diametre plus ou moins grand de la Fleche.

Soit qu'elle foit couverte en ardoifes fimples ou en ardoifes de plomb, il faut lui faire une calotte de plomb qu'on met au haut de la Fleche, pour emboîter & couvrir l'extrémité du dernier rang des ardoifes, & les bandes de plomb ou cordons qui couvrent les quatre coins de la Fleche, ainfi qu'on le voit *Fig. 2,* en *I.*

Nous parlerons dans un Chapitre à part de tous les ornements en plomb dont on peut décorer les Clochers, & le haut de leurs Fleches, ainfi que les aiguilles des Croupes & des Tourelles.

A R T I C L E   T R O I S I E M E.

Des Pavillons & des Tourelles.

O N entend par *Pavillon*, un bâtiment quarré qui accompagne un corps-de-logis. On nomme encore *Pavillon*, un corps-de-logis seul & isolé, qui a une forme quarrée, tel qu'on en voit au Château de Marly. Les Entrepreneurs en placent aussi à l'extrémité des galleries, comme on le voit à Versailles, ce qui décore beaucoup les bâtiments, & leur donne plus de majesté. On en construit également en plusieurs autres endroits des bâtiments, selon que la symmétrie du plan que les Entrepreneurs veulent exécuter, le demande. Ils sont distingués des Tourelles, dont nous parlerons dans ce même Article, en ce que les Tourelles, ainsi que leur couverture, sont rondes, au lieu que les Pavillons sont quarrés.

Quand on veut couvrir un Pavillon, il faut, ainsi qu'on l'a dit par rapport aux Combles & aux Clochers, en faire préalablement asseoir la charpente par les Ouvriers qui ont coutume de faire ces sortes de constructions ; le Plombier doit ensuite y attacher ses ardoises.

§. I. *De la construction de la Charpente.*

Q U O I Q U E je sois déja entré dans quelques détails par rapport à cet objet, je donnerai encore une idée de la charpente des Pavillons, pour faire mieux sentir en quel état elle doit être avant que le Plombier puisse y poser ses ardoises.

Comme le Plombier finit l'ouvrage du Charpentier, ces deux Arts ont un si grand rapport entr'eux, qu'on ne peut parler du Plombier, lorsqu'il s'agit des couvertures, sans dire quelque chose de l'ouvrage du Charpentier.

Ce dernier doit d'abord asseoir sur la maçonnerie quatre solives A, B, C, D, emmortaisées l'une dans l'autre, *Fig.* I, *Pl. XIV.* Il doit dresser aux quatre coins quatre arêtiers E, F, G, H, qu'il faut également emmortaiser aux deux extrémités ; savoir, d'un bout dans les solives d'entablement, & de l'autre dans les arêtiers qu'on voit en I ; on remplit ensuite l'espace qu'il y a d'un arêtier à l'autre, par des chevrons K, que l'on pose de pied en pied, & que l'on emmortaise également aux deux extrémités ; savoir, d'un bout dans les solives d'entablement, & de l'autre dans les faîtieres I, I, qui en font le couronnement ; on recouvre ces arêtiers par des voliges L, comme à l'ordinaire. Comme ces sortes de Couvertures sont toujours surmontées de quelques amortissements, il faut faire pour cet effet une petite charpente dans l'intérieur des Pavillons, comme dans l'intérieur des Clochers ; cela consiste à croiser plusieurs petites solives N, dans le milieu defquelles on en emmortaife une, qu'on creufe pour recevoir le fer d'amortiffement qu'on voit en *M* : on couvre enfuite le faîte par de petites folives que l'on emmortaife d'un bout dans les faîtieres *I I*, & de l'autre dans la folive du milieu, c'eft-à-dire, celle qui doit porter le fer d'amortiffement. Voilà l'état dans lequel le Plombier ou le Couvreur en tuiles, doivent trouver la charpente avant que l'un ou l'autre puiffe la recouvrir.

§. II. *De la maniere de couvrir les Pavillons.*

Lorsque la charpente des Pavillons eft faite, affez ordinairement on les fait couvrir en tuiles ou en ardoifes, & il ne refte plus au Plombier qu'à revêtir les arêtiers, les faîtieres, & les noues, s'il y en a.

Mais lorfqu'on veut que la Couverture foit toute entiere en plomb, les Plombiers taillent des feuilles de plomb pour mettre à la place des tuiles ou des ardoifes, & ces feuilles prennent le lieu & le nom des ardoifes de terre.

Les Plombiers donnent à ces ardoifes de plomb différentes formes, fuivant leur goût, comme on le voit *Pl. XIII*, à l'imitation de ceux qui cuifent les ardoifes de terre ; mais affez ordinairement ils donnent à leurs ardoifes une forme quarrée par un bout, & arrondie par l'autre, pour que ces lames de plomb étant pofées les unes fur les autres, imitent l'arrangement qu'ont les écailles fur le dos des poiffons : on les attache, avec les clous ordinaires, fur les voliges, en commençant toujours par le bas, & continuant ainfi de rang en rang, en pofant ardoife fur ardoife, jufqu'à ce qu'on foit parvenu au faîte. On ne peut faire toute la couverture qu'en tranfportant l'échafaud aux endroits où cela eft néceffaire ; c'eft auffi ce qu'on eft obligé de faire. On n'eft pas dans l'ufage de couvrir les quatre côtés du Pavillon en même temps ; on commence par en couvrir un, & les autres tour à tour l'un après l'autre ; ou du moins fi l'on veut que cet ouvrage fe faffe en même temps, il faut que l'échafaud couronne tout le Pavillon, & qu'on puiffe en faire le tour aifément : quatre Ouvriers pourront alors travailler chacun de leur côté fans fe gêner.

Les ardoifes du premier rang qui doivent former l'égout, foit qu'il y ait un chaîneau qui regne tout autour de l'entablement, comme on le voit en *A, Fig.* 2, en quoi les Pavillons different fouvent des Clochers, ou qu'il n'y en ait pas, & que les ardoifes tombent fimplement en recouvrement fur le mur, doivent être plus larges que celles du fecond rang, ainfi de fuite, afin que cette partie du toît qui reçoit non-feulement l'eau qui tombe du ciel, mais encore celle que les ardoifes fupérieures ont reçue, & par conféquent en plus grande quantité, leur réfiftent davantage en recevant plus de recouvrement, & oppofent également ment plus de réfiftance aux vents & aux orages.

On voit par-là qu'il eft néceffaire d'une petite combinaifon, pour donner aux ardoifes, à mefure que l'Ouvrier monte de rang en rang, autant de pureau & de recouvrement, & par conféquent autant de largeur & de hauteur qu'elles font dans le cas de recevoir d'eau, & d'être agitées par les vents.

De temps à autre, on frappera fur les ardoifes qu'on aura pofées, pour qu'elles portent exactement l'une fur l'autre, & que le vent ne puiffe point les relever ni faire remonter les eaux du ciel par-deffous. Quand on aura couvert ainfi les quatre faces du Pavillon, comme on le voit *Fig.* 2, fe conformant à ce qui eft dit dans l'Art du Couvreur, pour l'emploi des ardoifes de terre, il ne reftera plus qu'à couvrir les arêtiers. On pourroit les couvrir avec des tables de plomb, qui, débordant chaque arêtier à droite & à gauche, recouvriroient, par les deux bords, les ardoifes de plomb qui doivent joindre immédiatement chaque côté des quatre arêtiers *B*, comme on le fait quelquefois pour les Couvertures en fimples ardoifes; mais les Plombiers préferent de les couvrir avec des lames de plomb, auxquelles ils donnent la forme des faîtieres de terre. On les pofe comme les ardoifes, c'eft-à-dire, les unes fur les autres, commençant par l'égout, & finiffant à l'aiguille de la charpente; or, pour que ces faîtieres foient folidement attachées, non-feulement il faut les clouer, mais il faut encore qu'elles foient pofées fur des crochets qu'on cloue fur les chevrons les plus voifins de l'arêtier, comme on le voit dans la couverture des Combles: elles donnent plus de confiftance aux ardoifes qu'elles recouvrent; celles-ci font plus en état de retenir celles qu'elles recouvrent, & ainfi de fuite; par ce moyen une Couverture conftruite de cette maniere, doit être plus folide.

Ces crochets font néceffaires, parce qu'on doit éviter, autant qu'on le peut, d'employer de la foudure fur les bâtiments, par la raifon que les endroits foudés étant plus épais que les tables, & étant formés d'un alliage d'étain & de plomb, elles ne changent pas également de volume, quand elles éprouvent des alternatives de chaud & de froid, ce qui ne manque pas d'occafionner des ruptures.

Le toît du Pavillon étant ainfi couvert, il ne refte plus qu'à couvrir les aiguilles qui furmontent toujours le faîte & l'extrémité des arêtiers, comme on le voit *Fig.* 2; c'eft ce qu'on appelle les *amortiffements*, dont nous nous occuperons dans le Chapitre fuivant.

§. III. *Des Tourelles.*

LES Tourelles font des bâtiments ronds, dont la bafe eft quelquefois plus large que le corps de la Tourelle: c'eft en quoi elles different des Pavillons. On s'en fert comme d'un arc-boutant, pour former un point d'appui au refte du bâtiment; on y fait des cabinets de décharge, ou des efcaliers dérobés. Ces fortes de bâtiments étoient très-communs dans les Forts ou Châteaux de garnifon, qu'on faifoit autrefois pour fe mettre à l'abri de l'ennemi, pendant que les guerres civiles (qu'une infinité de petits Seigneurs-Rois, puiffants & fanguinaires, ont allumées, jufqu'à ce que, pour le bonheur des peuples,

ils

ils ont été foumis fous un même fceptre,) enfanglantoient la France, &
en faifoient la défolation. Il n'eft pas de vieux Château qui n'en fourniffe un
exemple.

De ces Tourelles, il y en a plufieurs qui font en forme de plate-forme, qu'on
couvre de la maniere qu'on le verra à l'Article des Terraffes ; les autres font
couvertes en chapeau d'ardoife, de plomb ou de terre, comme on le voit *Fig. 3,*
& furmontées de quelqu'amortiffement.

Par rapport à la charpente, elle eft la même que celle des Clochers ou des
Pavillons, avec cette différence que l'aiguille eft plus pointue que celle des
Pavillons, & l'eft moins que celle des Clochers.

Le couvrement s'en fait comme celui des Pavillons & des Clochers, en
obfervant ce que nous avons dit à ce fujet ; excepté qu'il n'y a point d'arêtiers
dans ces fortes de Couvertures, qu'on n'a pas la peine de couvrir : on tourne
tout autour du chapeau pour en attacher les ardoifes à chaque rang qu'on pofe.

Il n'eft pas ordinaire qu'on faffe des Chaîneaux tout autour du chapeau ; les
ardoifes tombent ordinairement en recouvrement fur la maçonnerie ; mais comme
il peut y en avoir abfolument, s'il étoit queftion d'en faire, il faudroit qu'il fût
rond ; du refte confulter ce que nous avons dit à ce fujet dans l'Article des
Combles & de la pofe des Chaîneaux.

A R T I C L E   Q U A T R I E M E.

Des Dômes.

Personne n'ignore ce que c'eft qu'un Dôme ; on fait que c'eft un édifice rond,
d'un plus ou moins grand diametre, furmonté d'une calotte ou couverture ronde
& ovale, comme on le voit par celui de Saint Pierre de Rome, celui de la Sorbonne de Paris, celui des Invalides, du Val-de-Grace, du College Mazarin,
&c. & qui jette les eaux en tous fens, ainfi que les Fleches & les Tourelles ;
c'eft en quoi ils different des Combles.

Ces fortes d'édifices font particuliérement propres aux Eglifes : il eft très-rare
d'en voir employer à d'autres ufages.

Il y en a de plufieurs façons, tant par rapport à leur grandeur, que par rapport à leur couverture ; les uns font fimplement couverts en ardoifes ; les autres
le font en plomb, fans autres ornements : tel eft celui du Val-de-Grace ; les autres font en ardoifes, qui font furmontées de diftance en diftance, & avec fym-
métrie, de plufieurs côtes ou arêtes couvertes en plomb. Enfin il y en a d'autres
qui font tout en plomb, furmontés également des mêmes arêtes, mais qui font
peintes comme on le voit au Dôme du College Mazarin, ou dorées comme celles
du Dôme des Invalides.

Nous allons parler d'abord des plus riches.

PLOMBIER.   V

§. I. *Des Dômes à côtes ou à arêtes.*

Les plus riches Dômes font ceux où il entre plus de façon; or, les Dômes à côtes font les plus fufceptibles d'ornemens, parce qu'on peut les peindre ou les dorer comme on veut, & qu'on ne peut pas le faire fur les autres; c'eft auffi ceux qui demandent le plus de travail, comme il eft facile de le voir par celui qui eft repréfenté *Fig.* 4, *Pl. XIV.* Pour en décrire les ouvrages qui concernent notre Art, nous fuppofons que la charpente eft faite, ainfi que les échafauds, qui doivent être folides; les échafauds volants établis, à la maniere des Couvreurs fur des chevalets, ne le feroient pas affez pour fupporter la quantité de plomb qu'il faut pour ces fortes d'ouvrages. Le travail du Plombier fe réduit donc à couvrir de plomb la charpente couverte elle-même de voliges, & produifant une calotte qui fixe la forme que la couverture du Dôme doit avoir. Il faut remarquer que le Dôme que nous donnons pour exemple, eft divifé, dans toute fa circonférence, par des côtes ou arêtes *B,* qui font parfaitement femblables les unes aux autres, & placées à des diftances égales.

Pour garnir l'entre-deux de ces arêtes, on commence à l'ordinaire par le pied, & on pofe les feuilles de plomb taillées en ardoife, en les attachant fur la volige avec des clous, comme je l'ai dit en parlant de la couverture des Fleches, des Pavillons & des Tourelles; quand tous les entre-deux *A* des arêtes *B* font couverts, comme nous venons de l'expliquer, on couvre les côtes ou arêtes, & le haut du Dôme.

§. II. De *la Couverture des Côtes ou Arêtes.*

On pourroit abfolument couvrir les côtes *B,* comme les entre-deux *A,* avec des lames de plomb taillées comme des ardoifes; mais cette uniformité ne préfenteroit rien d'agréable : l'œil eft bien plus fatisfait quand on rompt cette uniformité; c'eft pourquoi on couvre ces côtes avec des tables de plomb, dont on proportionne la largeur & la longueur à celle des côtes : on les replie des deux côtés, de façon qu'elles recouvrent un peu les parties qui font couvertes en ardoifes de plomb, & on les arrête avec des clous; car, il ne faut pas croire qu'une côte ou arête foit couverte par une feule table de plomb prife dans toute fa hauteur, comme on pourroit abfolument le faire avec des tables laminées qui font d'une prodigieufe longueur; mais on ne l'a point encore fait : au contraire, on en ajufte plufieurs les unes au-deffus des autres en recouvrement de 3 ou 4 pouces, & chaque morceau eft arrêté par le bas avec des crochets qu'on cloue fur les voliges qui forment les côtes du Dôme.

Quand les côtes *B* & les champs *A,* qui font entre-deux, font garnis de plomb, on termine le haut du Dôme par une calotte, à laquelle on donne différentes formes, suivant le goût de l'Architecte ; mais il faut que le bas de ces calottes recouvre, tant les côtes ou arêtes, que les parties de couverture qui sont entre deux. Or, les uns font ces parties tout unies, & les autres les forment en festons, comme on le voit en *e*, au Dôme qui nous sert d'exemple. Ces festons font formés de beaucoup de pieces qu'on cloue les unes à côté des autres. Ordinairement on fait tomber un feston sur la crête, & un autre entre deux, proportionnant leur largeur à la place qu'ils doivent occuper. La forme des festons est indifférente, pourvu qu'ils joignent assez exactement les parties qu'ils recouvrent, pour que l'eau ne puisse y pénétrer, & qu'ils soient assez bien attachés pour que le vent ne puisse les enlever : il est vrai que le poids des tables de plomb qu'on emploie, contribue à produire ces deux effets. Nous dirons ailleurs comment on garnit d'ornements les festons.

On couvre ensuite la partie festonnée *C*, par des bandes de plomb *D*, qu'on pose horisontalement, formant un recouvrement sur les festons ; & ces bandes horisontales *D*, forment comme un bandeau qu'on arrête avec des clous & des crochets. Ordinairement on remplit les espaces *c* avec des feuillets de plomb, qu'on taille comme des écailles de poisson, & on décore, si l'on veut, le champ *E*, par des coupures qui forment comme des especes de guirlandes. Nous en parlerons dans le Chapitre suivant, ainsi que de la façon de former des moulures sur les bandeaux *D*. On place ensuite le bandeau *F*, comme on a fait celui *D* ; mais de sorte qu'il fasse recouvrement sur le champ *E*.

La plate-forme *F F*, qui forme comme une espece de terrasse, doit être en plomb ; mais la balustrade étant de fer, est du ressort des Serruriers : on laisse seulement une ouverture au milieu de cette plate-forme, pour qu'un Ouvrier puisse y passer quand il faut faire quelques réparations, & arriver aux fenêtres *G* du Dôme, pour en couvrir le dedans avec des bandes de plomb *H*, que l'on doit assujettir à la charpente par des clous. Pour revêtir de plomb la partie quarrée, ils forment de plusieurs pieces une table de plomb quarrément en dehors, & évuidée en centre par le dedans ; ensuite ils la clouent à la charpente, comme on le voit en *i*. On peut aussi décorer les especes de pilastres de quelques ornements ; pour cela on forme, avec des bandes de plomb contournées, des consoles qu'on attache à différents endroits avec des clous, ou bien des feuilles découpées ou fendues ; on pose au-dessus de ces pilastres des bandes de plomb *i i*, à peu-près semblables à celles *D D* & *F F* ; & toutes les bandes horisontales doivent former des moulures telles que *i i* : elles ne font pas, à la vérité, très-régulieres ; mais comme on les voit de loin, elles forment un bon effet.

C'est sur cette espece de corniche *i i*, que l'on doit poser une calotte *K K*, qui doit tomber sur elle en recouvrement : elle est de plusieurs pieces, & attachée à la charpente avec des clous dans toute l'étendue de sa circonférence.

Avant de mettre en place cette calotte, on cloue à la charpente de la coupole

K, une ferrure d'amortiſſement pour porter le globe *L*, ſa ſolive *M*, & le coq *N*. Ces parties d'amortiſſement peuvent être faites en plomb ; mais communé-ment on les fait en cuivre : il faut avoir attention que le globe joigne bien exac-tement la barre d'amortiſſement, pour que l'eau ne puiſſe pas s'introduire par cet endroit, & pourrir la charpente : on met ordinairement pour cela une petite plaque de plomb qui joint bien exactement la barre, & qui recouvre le haut du globe, comme on le voit au-deſſus de *L*.

On ne ſe contente pas de charger de découpures, de feuillages, & de toutes ſortes d'ornements dont l'Art eſt ſuſceptible ; on releve encore la ſtructure de ces ſortes d'ornements, par une peinture, ou même par une dorure qui leur donne plus d'éclat ; mais comme ces décorations concernent, l'une l'Art du Peintre, l'autre celui du Doreur, nous nous contenterons d'en avoir parlé, ſans indiquer la maniere dont cela ſe fait.

Les Charpentiers ont coutume de former dans ces grands Dômes, à quatre endroits diamétralement oppoſés, des yeux de bœuf. Quand le Dôme eſt entié-rement couvert, les Plombiers en défendent le revêtiſſement en plomb, comme je vais l'expliquer dans l'Article ſuivant.

§. III. *Des Dômes dont la Couverture eſt moins riche.*

P A R rapport aux autres Dômes, c'eſt-à-dire, ceux qui ſont tout unis & ſans arêtes, il eſt facile de concevoir qu'ils demandent moins de travail que les pre-miers ; on ne fait que les couvrir dans toute leur rondeur & de bas en haut, en petites ardoiſes de plomb. D'après ce que nous venons de dire des autres, il ſera bien aiſé de concevoir le travail de ceux-ci.

On n'a point coutume de les peindre ou dorer ; cependant cela ſeroit poſſible abſolument ; car les ardoiſes qui y entrent, quand elles ſont en plomb, ſeroient ſuſceptibles de ces ſortes de décorations ; mais on n'eſt point dans cet uſage : car même dans les plus riches Dômes, on n'eſt dans l'habitude que de peindre ou dorer les arêtes, ce qui revient encore aſſez cher. Ceux-ci n'en ayant point, étant d'ailleurs d'une ſtructure commune, il ne conviendroit pas de donner plus de décoration à leurs ardoiſes que celles des plus beaux Dômes, qui, cependant, ſembleroient l'exiger davantage.

Les ardoiſes & le plomb ne ſont pas les ſeules matieres qu'on peut employer à ces ſortes de Couvertures, on peut les faire en petites lames de cuivre, comme on le voit au Dôme de Saint Pierre de Rome, que Sixte-Quint fit ainſi couvrir ſous ſon regne ; mais alors la dépenſe en devient bien plus conſidérable.

ARTICLE

Article Cinquieme.

Des Yeux de bœuf.

On appelle *Œil de bœuf*, une ouverture ronde qu'on forme dans les toîts des Clochers, comme on le voit *Fig.* 2, *Pl. XIII*; dans celui des Dômes, ainsi qu'on l'apperçoit en O, *Fig.* 4, *Pl. XIV*; en un mot dans presque toutes les Couvertures, soit pour donner du jour dans l'intérieur de la charpente, soit pour faciliter les réparations que ces différentes Couvertures demandent de temps à autre. Il y en a d'ornés de toutes les manieres.

§. I. *De la maniere d'en couvrir le devant.*

Quand on veut faire un ouvrage propre, la maniere dont on doit s'y pren-dre, comme on le voit en O, *Fig.* 4, *Pl. XIV*, où nous en avons représenté un, pour donner une idée de la façon dont ils doivent être faits, c'est de les revêtir dans cet endroit, après que la charpente en est construite, en petites feuilles de plomb taillées en ardoises, dont la forme ressemble à celle des écailles de poisson, ainsi que le Dôme même, que nous avons donné pour exemple, est couvert. On coupe ensuite une plaque de plomb de la rondeur de la char-pente, que l'on ouvre dans le milieu pour former le jour de l'Œil de bœuf.

Ce morceau de plomb est ordinairement d'une seule piece, quand l'Œil de bœuf est petit; quand il est un peu grand, elle est de deux pieces.

Soit qu'elle soit d'une seule piece ou de deux, le contour doit au moins avoir 8 pouces de large, afin qu'on puisse la rabattre en dedans sur la charpente, en dehors sur les ardoises, & la clouer aux deux endroits, pour l'y assujettir plus solidement. On garnit le dedans en plâtre, pour égaliser le plomb avec la char-pente. Comme le plâtre a besoin d'un support pour rester en place, on garnit la charpente de pointes de clous, ou en petites voliges, sur lesquelles on assied son plâtre.

§. II. *De la maniere de couvrir le haut & les côtés.*

Quand le devant de l'Œil de bœuf est couvert, on garnit le haut & tout le reste de la moulure de la charpente en petites bandes de plomb, comme on le voit en O. On fait ensuite les côtés *c e d f* de l'Œil de bœuf, *Fig.* 6, qui vont joindre & recouvrir la partie du Dôme qui est couverte en écailles. Cette partie étant coupée comme il convient, on l'attache sous le morceau *a b c d*, qui forme la face de l'Œil de bœuf, & du côté *d e f*, sur les feuilles de plomb qui sont figurées en ardoise. Enfin on couvre le dessus par une table de plomb *g h i k l*, qui fait une petite faillie fur les tables de plomb dont nous avons parlé, & on met au bas de l'Œil de bœuf, une bavette *m n*, pour rejetter l'eau plus avant fur le toît. Il faut faire de *d* en *l*, une petite Gouttiere ou un fond de Noue, pour rejetter l'eau qui découle de deffus l'Œil de bœuf. On peut décorer le deffus de ces Yeux de bœuf de quelques ornements, comme on le voit en *O*, *Fig. 3*, & l'on fait beaucoup valoir ces ornements, quand on les bronze ou qu'on les dore, comme on l'a fait au Dôme des Invalides.

§. III. *D'une maniere plus fimple de les couvrir.*

Il est une maniere de les couvrir plus fimplement, & qui ne donne pas tant de travail. On n'emploie même la façon que nous venons de décrire, que lorfque le refte de la conftruction le demande, pour lui fervir d'accompagnement. Les Yeux de bœuf ordinaires fe couvrent par une ou deux plaques de plomb, que l'on cloue d'un côté dans l'intérieur de la charpente qui forme le jour de l'Œil de bœuf, & de l'autre fur le dos de la même charpente, les faifant reborder, c'eft-à-dire, tomber en recouvrement de 4 pouces fur les ardoifes du toît.

Nous venons de parler des Yeux de bœuf; paffons à préfent aux Lucarnes.

Article Sixieme.

Des Lucarnes.

On diftingue de trois efpeces de Lucarnes, *Fig. 5, 7 & 9*; favoir, celles qu'on nomme *Flamandes*, celles qu'on appelle *à la Capucine*, & d'autres *Demoifelles*. Pour prendre une idée des différentes formes qu'on donne aux Lucarnes, on peut confulter l'Art du Couvreur.

§. I. *De la maniere de les couvrir.*

La plupart font couvertes en tuile ou en ardoife; peu font faites entiérement en plomb : quelquefois cependant, pour conferver le bois, on les couvre de tables de plomb qu'on cloue deffus; mais à la plupart de celles qui font couvertes en ardoife, on fe contente de mettre en deffus & fur le devant une bande de plomb pour former un rivet, de couvrir le faîte avec une table de plomb, & de faire fur les côtés des Noues en plomb.

§. II. *De quantité d'autres Ouvertures qu'on fait dans les toîts.*

Il y a encore fur les toîts quantité de petites ouvertures, *Fig. 8*, auxquelles on donne différentes formes : ce font, à proprement parler, des diminutifs de Lucarnes; celles qui font un peu grandes, font préparées par les Charpentiers :

& en ce cas le Plombier fait prendre, à coups de batte, aux tables de plomb qu'il a coupées de grandeur égale, la forme qu'a la Charpente elle-même. Lorsqu'elles font fort petites, elles font faites entiérement par le Plombier : il leur forme en devant un gros ourlet, pour donner du foutien au plomb qu'il attache avec des clous fur les chevrons, ayant foin de mettre deſſous une bavette de plomb qui recouvre la charpente.

Enfin on appelle proprement des *Lunettes*, de petites Couvertures qu'on fait aux toîts d'ardoiſe, pour paſſer la corde nouée lorſqu'il faut faire des réparations : on les attache fur une traverſe de bois qui s'étend d'un chevron à un autre. Tous ces petits ouvrages font ſi aiſés à exécuter, que nous abuſerions de la patience du Lecteur, ſi nous voulions entrer, à leur ſujet, dans des détails. Nous dirons feulement qu'à toutes les Lunettes il faut que la partie du plomb qui regarde le haut du toît, foit recouverte par les ardoiſes ; & qu'à la partie qui regarde le bas du toît, le plomb recouvre les ardoiſes : fans cette attention l'eau s'inſinueroit entre le plomb & la charpente.

ARTICLE SEPTIEME.

De la Couverture des Terraſſes.

ENFIN il y a d'autres Couvertures, qui font celles des Terraſſes, dont la façon eſt autant différente des premieres, que celles des Clochers, des Dômes, des Pavillons & des Tourelles, ont de rapport entr'elles.

D'abord par *Terraſſe*, on entend en général un toît plat, plus ou moins élevé au rez-de-chauſſée ou à la portée foit du premier, foit du fecond étage, &c. Il y en a de pluſieurs fortes ; les unes font couvertes en pierres de taille, les autres en tables de plomb. Comme il peut entrer du plomb dans les deux, & qu'il doit y être employé différemment, il faut en parler féparément, pour mieux faire entendre cette double opération.

§. I. *Des Terraſſes couvertes en pierres de taille.*

QUOIQUE nous ayons dit que le toît des Terraſſes eſt plat, cependant les Plombiers, quand ils les couvrent en plomb, ou les Maçons, quand on veut les faire en pierre, doivent obſerver d'en élever le milieu de quelques pouces, afin de donner de la pente aux eaux du ciel ; en même temps ils doivent rendre cette pente inſenſible à tous ceux qui peuvent aller s'y promener, quand elles font conſidérables, & qu'elles font faites à cet uſage : c'eſt ici le travail, principalement des derniers.

Nous obſervons feulement que comme le plomb qui doit y entrer, doit être coulé dans les joints, & qu'on n'en pourroit faire entrer qu'une très-petite quantité, fi on ne lui ouvroit pas un plus grand efpace que celui qui eft entre deux pierres affifes & appliquées l'une contre l'autre; & que d'ailleurs quand il y en entreroit, il feroit facile à enlever, parce qu'il n'auroit point affez de prife, & laifferoit filtrer l'eau. Pour s'affurer du contraire & fermer tout paffage, il faut faire avec le cifeau, avant que de les mettre en place, une entaille d'un demi-pouce au moins, tant en largeur qu'en profondeur, à chaque côté de chaque pierre qui regarde le ciel, ce qui formera en tous fens de chaque pierre, un lit affez confidérable pour que le plomb puiffe y féjourner, & les cimenter l'une avec l'autre, comme on le voit en *A*, *Fig.* 10.

On fuppofe que ce travail eft fait, le Plombier fait d'abord fondre fon plomb dans une marmite qu'il porte avec lui lorfqu'il en eft néceffaire, & dont nous parlerons plus amplement dans le Chapitre du dégorgement des Tuyaux de conduite: il en remplit enfuite une cuiller, & le verfe dans les entailles qui font entre les pierres, à proportion de la quantité qui en eft néceffaire. La cuiller qui eft repréfentée *Pl. III*, *Fig.* 5, c'eft-à-dire, celle dont on fe fert pour couler fur toile, eft très-propre à cet ufage, parce qu'elle eft profonde; & au moyen du bec qu'on lui voit, on eft plus maître de répandre le plomb où l'on veut, de le faire avec mefure, & toujours également.

Comme le plomb, ainfi que tous les liquides, s'affaiffe & fe retire en refroidiffant, il faudra y revenir plufieurs fois avant qu'il foit affez froid pour empêcher que le nouveau plomb, dont il eft encore befoin, puiffe faire corps avec lui.

Quand toutes ces entailles feront garnies de plomb, comme il ne peut fe faire qu'il n'excede un peu en quelques endroits, on prendra le grattoir, & on le mettra de niveau avec la pierre, pour donner plus de propreté à ces fortes d'ouvrages.

Ce que nous venons de dire par rapport à ces fortes de Terraffes, on peut l'entendre des Balcons, qui femblent en être un diminutif.

Il faut obferver 1°. qu'on peut cimenter d'une autre maniere les joints des Terraffes en pierre de taille; qu'on fe fert, pour cet effet, du ciment ordinaire, qui eft fait avec du plâtre & du verre pilé, ou bien avec du mâche-fer: c'eft même ce qu'on emploie le plus ordinairement; on le met alors aux endroits que nous venons de fpécifier par rapport au plomb. 2°. Qu'il n'entre jamais de Chaîneaux de plomb, quoiqu'abfolument cela peut fe faire, dans les Terraffes en pierres de taille; ce n'eft point l'ufage, ce feroit encore moins un profit pour ceux qui y en feroient mettre. Le canal qui regne tout autour de ces Terraffes, & qui en reçoit les eaux pour les tranfmettre à des Tuyaux de defcente, ou, s'il n'y en a point, à des Gouttieres faillantes ou Godets, eft formé d'un cordon de pierres taillées pour cet effet, & qu'on doit cimenter tout autour avec du plomb, de la même maniere que le refte du toît. Mais cette opération demande un peu plus de travail dans ces endroits, parce qu'on conçoit que le plomb doit trouver une chûte rapide qui l'entraîneroit au

fond

fond du canal, l'en empliroit, pendant qu'il doit s'arrêter dans les entailles des bords de chaque pierre. Pour les cimenter l'un avec l'autre, il faut donc avoir le foin de prendre un morceau de coutil, comme on le verra plus amplement dans le foudage des Réfervoirs en plomb, l'appliquer contre le côté du canal qu'on veut garnir de plomb, pour l'empêcher de couler infructueufement aux endroits où cela n'eſt point néceſſaire : on doit faire la même chofe aux deux côtés de chaque canal, & dans toute leur longueur.

Je crois avoir dit tout ce qu'il y avoit à dire par rapport à cet objet : on a vu à peu-près tout le plomb qui peut entrer dans les Terraſſes en pierre de taille ; paſſons à celles qui font entiérement couvertes en plomb.

§. II. *Des Terraſſes couvertes en plomb.*

S i le plomb eſt plus cher que la pierre, il peut arriver que les Terraſſes en pierre coûtent auſſi plus que celles qui font en plomb, par la raifon que les premieres demandent toujours d'être aſſiſes fur une voûte, au lieu qu'on peut faire les fecondes fur de la fimple charpente, auſſi bien que fur des voûtes.

La maniere dont il faut s'y prendre, confiſte à couper d'abord fes tables, que l'on aſſied horifontalement l'une contre l'autre. Comme on ne peut point fe fervir de foudure dans les toîts, comme nous l'avons dit plus haut, il faut les replier, dans leur longueur, d'environ deux pouces de chaque côté, comme nous l'avons dit en parlant des Combles. De deux tables qui doivent être jointes enfemble, l'une doit être pliée en deſſous, & l'autre en deſſus : on cloue à la charpente qui les porte, ces rebords, qui, comme on doit le concevoir, ont quatre fois l'épaiſſeur de chaque table, & on les applatit le plus qu'on peut, afin que cette petite élévation foit prefqu'infenfible à ceux qui peuvent aller s'y promener. C'eſt bien différent des Combles, où il faut que ces joints de tables foient battus & arrondis en baguette, comme on l'a dit en fon lieu.

On ne fait point de replis aux tables dans leur largeur ; on ne fait que les mettre les unes fur les autres en recouvrement d'environ 2 pouces ; c'eſt-à-dire, qu'on commence à pofer d'abord fes tables dans le bas de la pente, & qu'on met enfuite les fecondes fur les premieres, ainſi de fuite, pour que l'eau du ciel n'ait point d'obſtacle en fon chemin, & coule aifément juſqu'à la petite élévation qu'on doit faire dans le milieu des Terraſſes en plomb, fi cela eſt facile, ou autre part, ainſi que dans les autres Terraſſes ; on les cloue enfuite en plaçant les clous à l'endroit de ce petit recouvrement, de telle maniere qu'ils mordent l'extrémité des deux tables.

Quant aux Chaîneaux qui doivent être placés tout autour de ces Terraſſes, il faut obferver ce que nous avons dit au Chapitre de la pofe des Chaîneaux.

On peut également couvrir les Balcons en plomb ; mais d'après ce que nous venons de dire, on concevra aifément de quelle maniere on doit s'y prendre.

Plombier.   Y

Nous pourrons dire ici un mot fur les Plates-formes, où le plomb eft employé d'une maniere différente de celle que nous venons de fpécifier.

§. III. *Des Plates-formes.*

RAREMENT elles font couvertes entiérement en plomb, on couvre fimplement en plomb chaque joint des pierres qui y font employées. Nous citerons la Plate-forme qui regne tout autour du chœur de Notre-Dame, puifque c'eft-là que nous avons vu cette nouvelle maniere de couvrir les joints des pierres, afin de mieux faire fentir de quelle façon on doit le faire.

Cette Plate-forme, *Fig.* 12, eft coupée par petits combles, dont chacun eft formé de quatre groffes pierres de taille *A, B, C, D,* qui fe joignent, & qui font furmontées d'une petite boule taillée dans la pierre même; ces combles forment un poids qui charge la voûte qui eft deffous, afin de la rendre plus folide.

On commence par faire un chapeau de plomb à la boule *E,* qu'on modele à l'endroit même à coups de batte, parce qu'étant formée de quatre parties, elle a par conféquent quatre joints par lefquels l'eau pourroit tranfpirer. Ce chapeau en place, doit avoir à peu-près la forme d'un chapeau ordinaire, dont les aîles font abattues.

On couvre enfuite le joint *F*; pour cet effet on prend une bande de plomb que l'on arrondit en canal ou tuyau coupé par moitié; on l'applique dans la longueur de la jointure des deux pierres, en maniere de canal renverfé; on l'applatit un peu à l'endroit qui pofe fur l'aîle du chapeau: on l'attache enfuite avec deux ou trois gâches, que l'on plâtre ou que l'on plombe dans chaque pierre, après en avoir fait la place avec le cifeau. Ces plaques de plomb demi-arrondies, ainfi attachées & appliquées aux joints de ces pierres, il eft impoffible que l'eau y pénetre. On fait de même par rapport aux trois autres joints.

Tout autour de ces petits combles, regnent des gouttieres qui en reçoivent les eaux & les tranfmettent aux gouttieres, & de-là dans les tuyaux qui font deffous, qui les prennent & les rendent dans la rue.

Nous ne répéterons pas ici de quelle façon ils fe font, parce que nous nous fommes affez étendus fur cette matiere, lorfque nous en avons parlé pour la premiere fois.

Pour ne rien omettre de tout le plomb qui entre dans les Couvertures, nous dirons un mot de ces tables de plomb ifolées qu'on voit quelquefois au haut de quelques parties de murs, *Fig.* 13; c'eft ordinairement pour couvrir une partie de muraille qui eft mince, & qui eft prefque toute faite de charpente. Toute l'opération confifte à prendre la mefure de l'endroit où l'on veut la placer; on coupe enfuite la table *A,* que l'on cloue fur la charpente comme on le voit.

Enfin il entre du plomb en forme de couverture, au haut des murs de féparation, lorfqu'ils font furmontés par des folives au lieu de pierres de taille. Ce font ces mêmes folives que l'on couvre en plomb, pour empêcher que la pluie ne les pourriſſe. On le fait avec des tables auſſi longues qu'il eſt poſſible, que l'on fait deſcendre en recouvrement des deux côtés de la ſolive dans ſa longueur, & que l'on y cloue. On noie enſuite ces endroits-là avec du plâtre.

Je crois avoir ſuivi tous les endroits des Couvertures où l'on peut mettre du plomb : voyons la maniere de les réparer.

ARTICLE HUITIEME.

De la maniere de réparer les Couvertures.

QUELQUES précautions que les Plombiers prennent pour rendre leur ouvrage ſolide, il arrive qu'avec le temps il dépérit ; tantôt ce ſera une table, une ardoiſe, &c. qui ſe percera ; d'autres fois le vent en enlevera. Il eſt mille autres inconvénients qu'on ne peut pas prévoir, & qui forcent tous les jours les Ouvriers à remonter ſur les toîts pour les réparer. Il eſt ici queſtion d'expliquer comment ils doivent s'y prendre.

§. I. *De la réparation des Combles.*

ON paſſe une échelle à travers la fenêtre du Clocher ; on la coule ſur les tables de plomb qui forment la Couverture de l'Egliſe, & on l'appuie ſur les gargouilles, comme on le voit *Fig.* 2, *Pl. XIII*: elle doit être portée, comme nous l'avons dit, ſur des couſſins de paille, afin qu'elle n'endommage pas la Couverture ; & que les Ouvriers deſcendent & montent plus aiſément. Un Ouvrier paſſe enſuite par la fenêtre du Clocher, & par le ſecours de cette échelle, deſcend juſqu'aux gargouilles, qui, aux Egliſes, ont ordinairement un parapet d'environ 2 ou 3 pieds de haut : il a, par ce moyen, la facilité d'en faire le tour ſans craindre aucun riſque. Un autre Ouvrier deſcend auſſi par la fenêtre du Clocher, & ſe met à cheval ſur l'angle de la Couverture de l'Egliſe ; ils prennent tous deux l'échelle, l'un par un bout, & l'autre par l'autre bout, & la portent à l'endroit où il en eſt beſoin : ils viſitent enſuite la table qu'il faut réparer ; ſi elle eſt peu endommagée, on y cloue ſimplement une plaque de plomb ; ſi au contraire il faut la changer, ou que le vent l'ait enlevée, on en met une autre à ſa place de la même grandeur, en la poſant ſur des crochets, & la clouant comme nous l'avons dit plus haut, après l'avoir repliée des deux côtés, pour la continuation des baguettes ou bourrelets que les tables forment entr'elles : ils remettront enſuite l'échelle vis-à-vis du Clocher, y rentreront, & la retiront à eux.

Pour les maiſons qui ſont couvertes en plomb, il n'y a point de clochers ; mais il y a des lucarnes, & le travail eſt le même.

§. II. *De la maniere de réparer les Clochers.*

Comme les Clochers se trouvent ordinairement au milieu ou au bout de la Couverture des Eglises, qu'ils sont extrêmement rapides, & qu'il est impossible d'y dresser des échelles, il faut, dans ce cas là, faire usage de la corde nouée, qu'on fait passer par la fenêtre supérieure, ainsi que nous l'avons dit dans le Chapitre des Tuyaux des maisons, & qu'on le voit *Fig. 2, Pl. XIII*, en *K*; il descend de cette sorte jusqu'à l'endroit où la réparation est nécessaire : il ôte & attache ses plaques de plomb comme il veut : on répare de même les fleches des Clochers : toute la différence qu'il y a, c'est que plus la réparation à faire est près de la pointe de la fleche, plus elle est difficile : on ne peut la faire qu'en attachant la corde nouée au haut de la fleche ; pour cet effet il faut avoir l'adresse de jetter & de passer une petite corde qu'on pend au bout d'une latte, & qu'on descend ainsi ; on attache à son autre bout la corde nouée, qu'elle monte à son tour, & qu'elle fait passer autour de la boule de la fleche. On rend cette corde nouée aussi solide qu'il est possible : on y attache ensuite la sellette par le moyen de son crochet, & l'on va où le besoin le demande. On fait ce qu'il est nécessaire : on en redescend ; ensuite on détache sa corde nouée & on la retire. Ces travaux, comme on le sent, sont très-périlleux : ils demandent de l'adresse & de l'habitude.

Nous en avons assez dit sur cet objet ; nous n'entrerons point dans un si grand détail par rapport aux Pavillons, aux Tourelles, aux Dômes, aux Yeux de bœuf, aux Lucarnes, &c ; comme toutes les Couvertures ont un très-grand rapport entr'elles, les réparations qu'elles demandent sont à peu-près les mêmes. Il s'agit, dans les unes & dans les autres, de substituer ou une ardoise ou une table, à d'autres que le vent peut avoir enlevées : il faut les couper suivant que les endroits que l'on veut recouvrir le demandent, & les y placer avec le plus de propreté qu'il est possible. Celui qui peut le faire à un endroit, peut le faire à tous les autres.

Nous nous contenterons d'observer qu'il faut user de la corde nouée autant que cela se pourra, parce que la dépense est alors moins considérable ; mais quand cela sera impossible, il faudra avoir recours aux échafauds.

Quant à ce qui regarde les Terrasses, les Balcons, les Plates-formes, il n'est besoin ni de l'un ni de l'autre : de-là vient que les réparations qui y sont nécessaires, en sont d'autant plus aisées.

Nous allons passer au Chapitre suivant, où il est traité de la maniere de blanchir le plomb qui entre dans les Couvertures ; & ce Chapitre peut être regardé, par la matiere dont il traite, comme une suite de celui qui concerne les Couvertures. Nous y verrons en même temps la maniere de faire les différents Amortissements dont les Plombiers couronnent leurs Ouvrages, & la maniere également de les blanchir.

CHAPITRE

CHAPITRE HUITIEME.

Du Blanchiment des Couvertures & des Amortissements.

On entend par *blanchir les Couvertures*, revêtir d'une croûte d'étain le plomb qui y est employé.

Nous avons donné la façon de couvrir les Eglises, les Clochers, les Dômes, les Pavillons, &c, sans parler de cette opération, parce qu'on n'est presque plus en usage de le faire; ce n'est pas que les Couvertures d'aujourd'hui, qui n'ont pour tout éclat que la couleur brune que prend le plomb après qu'il a servi quelque temps, doivent l'emporter sur celles qui sont travaillées avec de l'é-tain : il s'en faut beaucoup; car, d'abord pour l'usage il est le même des deux côtés; en second lieu celles-ci ont en outre un éclat qui approche de celui de l'argent, & qui ne s'efface jamais, ou du moins très-peu; au lieu que les autres, après un certain temps vues d'un peu loin, ne paroissent pas même ce qu'elles font : en fixant les ardoises de plomb qui couvrent le Dôme du Val-de-Grace, on les prendroit plutôt pour des ardoises de terre, que pour du plomb. D'ail-leurs les Couvertures qui sont étamées s'apperçoivent de fort loin; il est aisé de les distinguer parmi la confusion des objets que le lointain présente à notre vue, parce qu'elles jettent une clarté si perçante, sur-tout quand le soleil y réfléchit ses rayons, qu'elles ne sauroient nous échapper; ainsi il est facile de sentir l'avantage qu'a une Couverture étamée sur une qui ne l'est pas.

Je ne vois donc pas ce qui a pu être cause qu'elles sont devenues aujourd'hui si peu en usage parmi nous.

Il faut nécessairement conclure, par tout ce que nous venons de dire, qu'on a tort d'avoir rejetté cet ornement des Couvertures, ou si on ne l'a pas entiére-ment rejetté, de ne pas s'en servir plus souvent.

Quant à moi, je pense qu'on m'accuseroit d'avoir omis quelque chose d'essen-tiel à l'Art que je traite, si je n'en faisois pas mention. Je parlerai donc ici de la maniere de blanchir les tables & les ardoises servant aux Couvertures, ainsi que les Amortissements, après que j'aurai donné la maniere de les faire.

Ainsi je diviserai ce Chapitre en quatre Articles; dans le premier, je traiterai de la préparation de l'étain; dans le second, de la maniere de l'appliquer sur les tables & ardoises servant aux Couvertures; dans le troisieme, de la façon de faire les différents Amortissements dont les Plombiers couronnent leurs ouvrages; dans le quatrieme, enfin de la maniere de les blanchir.

ARTICLE PREMIER.

De la préparation de l'étain.

Avant de songer à blanchir soit les Tables, soit les Ardoises & Amortisse-ments qu'on emploie dans les Couvertures, il faut préparer l'étain dont on se sert pour ces sortes d'ouvrages. Cette préparation est toute simple; car il n'entre aucun alliage dans l'étain que l'on emploie au blanchiment ou à l'étamage des tables & ardoises de plomb destinées à la Couverture des Eglises, Dômes, Clochers, Pavillons, &c; tout ce qu'on y fait, c'est de le mettre en fusion, & de le diviser par petites lames ou éclats, afin de n'avoir plus qu'à le jetter sur le plomb qu'on veut étamer. Voilà la façon dont cela se fait.

§. I. *De la maniere de faire fondre l'étain, & de le jetter en lames.*

On en remplit d'abord la marmite *A*, *Fig.* 1, *Pl. XVI*, qu'on met sur le feu; on a en outre une table *B* propre, sur laquelle on laisse tomber quelques gouttes d'étain par éclats, d'une petite cuiller, avec laquelle on le prend dans la marmite *A*, où on l'a mis en fusion. Ces petites gouttes d'étain se caillent & se figent sur cette table; pendant les premiers instants qu'on les y laisse, elles ressemblent à de petites écailles. On les enleve aussi-tôt pour les amonceler dans un coin, afin de faire place aux autres. On continue ainsi aussi long-temps qu'on prévoit qu'il en faut pour le plomb qu'on a à blanchir.

On a soin, pendant cette premiere préparation, de garnir la marmite de nouvel étain à mesure que l'on en tire, afin de ne pas le laisser manquer, & de pouvoir continuer son opération.

§. II. *De la raison qui empêche qu'on ne jette l'Etain sur le Plomb qu'on veut blanchir aussi-tôt qu'on le sort de la marmite.*

La raison pour laquelle on ne jette pas l'étain bouillant tel qu'on le tire de la marmite où on l'a mis en fusion, c'est parce que premiérement ce degré de chaleur feroit fondre les tables de plomb à l'endroit où on le jetteroit, il les per-silleroit, au lieu de s'y étendre & de les orner, il les défigureroit; on perdroit, en s'y prenant de cette sorte, & la table de plomb sur laquelle on le verseroit, & l'étain même, qui fuiroit à travers les différents trous qu'il s'ouvriroit sur la table où on le verseroit.

En second lieu, c'est qu'une si grande chaleur n'est pas nécessaire pour cette opération; il suffit que l'étain ne soit pas en gros volume, & puisse devenir assez liquide pour s'étendre sans endommager le plomb qu'on étame. Or, comme l'étain est très-ductile par lui-même , cela se fait très-aisément , comme on va s'en convaincre par la chaleur que l'on communique au plomb sur lequel on le met.

Article Second.

De la maniere de blanchir les Tables & les Ardoises qui sont employées aux Couvertures.

Cette opération consiste , 1°. à disposer ses tables à être étamées; 2°. à y jetter les lames d'étain dont nous venons de parler, pour les y étendre & en faire une espece de croûte qui couvre tout le plomb.

§. I. *De la maniere de disposer les Tables qu'on veut étamer.*

Pour disposer la table *A, Fig.* 2 , à être blanchie, on commence par la dérouler & l'étendre sur deux treteaux *B C*; ensuite il faut avoir un petit réchaud *D*, que l'on remplit de charbons ardens; on le place sous la table *A*, qu'on veut blanchir , & qui est déroulée & soutenue sur les deux tréteaux *B C*; le charbon l'échauffe , mais sans la faire fondre : cependant on y jette ces petites lames de plomb que nous avons dit de préparer. Comme l'étain fond beaucoup plus vîte que le plomb , on voit bientôt ces lames en fusion sur la superficie de la table qu'on blanchit; mais elles ne s'incorporent pas avec le plomb : elles sont seulement changées en globules liquides qui rouleroient d'un bout de la table à l'autre, sans néanmoins s'y attacher, parce qu'il faudroit , pour cet effet, que le plomb fût lui-même en fusion. Il est donc essentiel d'indiquer le moyen dont il faut s'y prendre pour les écraser , les étendre & les attacher à la table qu'on étame , en telle façon qu'elles fassent une couche qui cache totalement la couleur du plomb.

§. II. *De la maniere d'étendre l'Etain sur le Plomb.*

L'Ouvrier doit prendre dans ses mains une poignée d'étoupe , qu'il faut tremper dans de la poix-résine , afin de la graisser un peu , & avec laquelle il écrasera les petites lames d'étain dont il est question , & les étendra ensuite fort aisément sur toute la superficie de la table qui est immédiatement sur le réchaud , & par conséquent brûlante : l'étain s'y attachera en telle quantité qu'il voudra. On continue de même depuis un bout de la table jusqu'à l'autre , en promenant sur sa superficie son étain & son étoupe , comme on le feroit d'un torchon si l'on vouloit essuyer une table mouillée. Il n'est pas besoin de dire qu'il faut avoir le soin de transporter le réchaud & le feu qui est dedans , aux endroits où cela est nécessaire ; cela se sent de soi-même. On prendra ensuite chaque table qu'on aura étamée, & on la roulera fur elle-même, le côté étamé étant en dedans pour qu'il ne fe faliffe pas, afin qu'elle foit toute prête à être tranfportée & employée où il fera néceffaire.

Voyons la façon d'étamer les ardoifes.

§. III. *Du blanchiffage des Ardoifes.*

P AR la même raifon qu'on blanchit les tables qui couvrent les Eglifes, on blanchit auffi les ardoifes qu'on emploie au même ufage ; mais comme elles font d'un trop petit volume pour pouvoir les tenir fur le feu, il faut commencer par blanchir la table d'où on veut les tirer ; enfuite on les découpe de la façon que nous l'avons dit en fon lieu : elles fe trouvent par ce moyen étamées de cette forte, & on diminue par-là une partie du travail & de la peine qu'il faudroit néceffairement apporter fi on étoit obligé de les étamer féparément. Paffons aux Amortiffements.

ARTICLE TROISIEME.

De la maniere de faire les différents Amortiffements dont les Plombiers décorent leurs Ouvrages.

On entend par *Amortiffement*, un couronnement d'ouvrage quel qu'il foit. Cette dénomination convient ici proprement à quelques pieces d'ornement que le Plombier met au plus haut des toîts, pour fervir d'accompagnement à la verge de fer qui fupporte une girouette, une croix, un coq ou un pigeon. On en faifoit autrefois un bien plus grand ufage qu'aujourd'hui ; car, pour ne point fatiguer la charpente par un poids inutile, ou on les a entiérement fupprimés, ou on les a beaucoup diminués ; de forte qu'on fe contente fouvent de mettre fur les aiguilles, ou à la partie la plus élevée des Lucarnes, des Pavillons, &c. une fleur de lys ou un petit globe ; on ne fe fert pas tant des girouettes qu'on le faifoit anciennement. Mais fi l'on veut garnir de quelqu'ornement la tige d'une croix ou d'une girouette, il faut que les tiges, *Fig.* 1, *Pl. XV*, qui les portent, foient refendues & ouvertes par en-bas en forme de lardoire *A*, qu'elles foient percées de trous pour pouvoir les attacher à l'aiguille avec de forts clous ; & comme ces tiges fupportent les pieces qui forment l'Amortiffement, on les nomme des *fers*, ou des *ferrures d'Amortiffement*. Ces Amortiffements, comme on le voit par celui que repréfente la *Fig.* 2, qui eft fait de cinq pieces *a*, *b*, *c*, *d*, *e*, doivent être creux en dedans, pour recevoir la tige de fer *B*, *Fig.* 1, qui doit les foutenir. Ainfi quand on a cloué fur l'aiguille le fer d'Amortiffement *A*, *Fig.* 1, on pofe la partie d'Amortiffement *a*, *Fig.* 2, qui n'eft ordinairement qu'une lame de plomb roulée qu'on attache par en-bas à la charpente avec des clous, & qui doit, par en-haut, embraffer affez exactement le fer d'Amortiffement, *Fig.* 1. Les autres parties *b*, *c*, *d*, *e*, font ordinairement

fondues ;

fondues , & doivent être percées dans le milieu pour recevoir le fer d'Amortiſſement qui les enfile & les ſoutient toutes ; il faut encore que le bas de la piece *b*
recouvre un peu le haut de la piece *a* , & de même de toutes les autres pieces *c*,
d, *e*, afin que l'eau ſoit rejettée en dehors , & ne puiſſe pas, en coulant le long de
la ferrure d'Amortiſſement , pénétrer juſqu'à l'aiguille de la charpente qu'elle
pourriroit ; enfin on rapporte , ſi l'on veut , quelques feuilles découpées qu'on
attache avec des clous à celles qui ſont fondues , comme on le voit en *b* & en *c.*

Ce ne ſont pas les ſeuls Amortiſſements qu'on emploie ; on en fait d'autres
qui ſont en forme de globe, & de beaucoup d'autres façons.

On peut diſtinguer trois ſortes d'Amortiſſements ; les uns ſont fondus , les
autres prennent leur forme ſous la batte ; les autres enfin ſont appellés *mixtes*,
c'eſt-à-dire , découpés en partie , & en partie fondus. Comme le détail en
ſeroit trop long , nous nous contenterons d'en décrire quelques-uns de chaque
eſpece.

§. I. *Des Amortiſſements contournés ſous la batte.*

LES Amortiſſements qui ſont faits de cette manière , ſont principalement les
globes que l'on met au-deſſus des Dômes , comme on le voit en *L, Fig.* 4 , *Pl.*
XIV. Nous commencerons par eux la deſcription que nous nous ſommes propoſé de faire.

J'ai déja dit qu'on les faiſoit ſouvent en cuivre ; mais quand on veut qu'ils
ſoient en plomb , on prend ordinairement du plomb laminé par préférence au
plomb fondu , parce qu'il faut qu'ils ſoient le plus légers qu'il eſt poſſible ,
& que par conſéquent les feuilles de plomb qui y ſont employées , ayent peu
d'épaiſſeur. Ils ſont faits de deux pieces , que l'on coupe de la maniere que nous
allons le dire.

On a une table *A A* , *Fig.* 8 , ſur laquelle on tire une ligne *B B* ; on prend
deux centres ſur cette ligne , marqués par *E F*, qui ſervent à déſigner avec le
compas deux plateaux ronds *C D*, *Fig.* 8 & 9, plus ou moins grands , ſuivant la
groſſeur que l'on veut donner à la boule. On fait dans le milieu de chaque plateau avec une gouge , *Fig.* 10, un trou , dont on verra l'uſage dans la ſuite.

On aboutit ces deux plateaux l'un après l'autre , c'eſt-à-dire , on les arrondit
en les frappant à petits coups dans le milieu & par les côtés , de la même maniere
qu'on le voit *Fig.* 11, pour en faire deux hémiſpheres ou calottes : on les préſente l'un à l'autre , pour qu'ils s'ajuſtent exactement , comme le fait l'Ouvrier
que repréſente la Figure 12.

§. II. *De la maniere de les fouder.*

Pour les fouder, il faut placer fur la table *G*, *Fig.* 13, deux fupports ou chevalets *H I*, fur lefquels on affied fon globe, traverfé par une tringle de fer *K K*, que l'on fait paffer dans ces deux trous que nous avons dit d'ouvrir à chaque plateau: c'eft à quoi ils fervent; ils font auffi faits pour que ces fortes d'Amortiffements puiffent être enfilés par le fer d'amortiffement qui doit les porter.

On foude enfuite ces deux plateaux ou hémifpheres enfemble; pour cet effet on les accotte contre quelque gros poids qui les empêche de changer de place. On les foude ainfi en avivant le plomb où la foudure doit prendre, & faliffant les endroits où il ne faut pas qu'elle s'attache. Cet Ouvrage demande de l'adreffe; c'eft pourquoi on ne peut pas fpécifier de regles à ce fujet.

Mais je dirai ce que les Ouvriers les plus intelligents ont coutume de faire. Comme il feroit impoffible d'empêcher que les deux plateaux ne vacillent un peu jufqu'à ce qu'ils foient entiérement foudés enfemble, c'eft-à-dire, dans toute leur circonférence, & que cela ne pourroit fe faire exactement, ou même feroit impoffible, on a imaginé de jetter quelques gouttes de foudure de diftance en diftance tout autour de l'endroit qui doit être foudé, avant même de l'avoir avivé; cela forme de petites attaches, qui commencent par affujétir les deux plateaux l'un contre l'autre d'une maniere auffi folide que s'ils étoient réellement foudés.

Avec un peu d'intelligence on fait toutes les autres opérations très-aifément: on donne à ce globe, par ce moyen, la forme qu'on voit repréfentée dans la Figure 14. On le met enfuite en place, en faifant paffer le fer d'amortiffement dans le dedans de ce globe, comme on le voit *Fig.* 15. Nous dirons ailleurs de quelle façon on les blanchit.

§. III. *Des Amortiffements qui font fondus.*

Les Amortiffements qui font jettés au moule, font ordinairement les coqs dont on furmonte les croix qu'on place fur les Clochers. On fond encore les pigeons que l'on met fur les Colombiers, en outre plufieurs feuillages que l'on cloue en divers endroits des Couvertures. Nous dirons un mot fur chacun de ces Amortiffements en particulier.

§. IV. *Des Amortissements faits en forme de Coqs.*

ASSEZ souvent cette figure de coq que l'on voit au haut des Clochers, est faite avec des lames de cuivre embouties & soudées ; mais ceux qu'on fait en plomb sont jettés en moule, comme je vais l'expliquer.

Les Plombiers ont une table de cuivre *A*, *Fig.* 16, dans laquelle est gravée en creux un Coq *B*, coupé par la moitié de son épaisseur : car on ne fond jamais un Coq tout entier. Cet ouvrage se fait en deux fois : on en fond d'abord une moitié, ensuite l'autre ; on les attache toutes deux ensemble par le moyen de la soudure.

Pour jetter en moule un Coq, on frotte de graisse la partie *B* du moule ; qui est creuse, & qui représente une moitié de Coq coupé par son épaisseur ; puis ayant mis le moule bien de niveau, on verse avec une cuiller du plomb fondu dans le creux ; ensuite avec un rabot on emporte tout le plomb qui est de trop. Quand le plomb a pris corps, on sort la premiere moitié de Coq du moule ; puis on en fond une autre moitié : on creuse dans le plomb de quoi loger la douille de fer *C D*, *Fig.* 17, qui doit recevoir le fer d'amortissement *E.* On soude cette douille à une des moitiés ; puis on réunit les deux moitiés, & on les soude pour former le Coq entier, & pour lui donner la forme qu'ont ceux que nous voyons quelquefois au haut des croix qu'on place sur les Clochers.

§. V. *Des Amortissements faits en forme de Pigeons.*

ON fond aussi en moule des Pigeons, qu'on a coutume de mettre sur le haut des Colombiers ; mais on les fond tout entiers d'un seul jet, parce que ne devant pas tourner au vent, il n'est pas nécessaire d'y mettre une douille. C'est pour les fondre d'un seul jet, que le moule *A* est de deux pieces qui s'appliquent l'une sur l'autre, comme on le voit *Fig.* 19, & on les retient en cet état par le moyen de quatre fiches à broches *B B*, *C C*, *Fig.* 18. Ce moule, où la forme d'un Pigeon est gravée en creux, étant frotté de graisse, & les deux pieces étant réunies, comme on vient de le dire, on verse du plomb fondu par l'ouverture *E*. Quand le plomb est figé, on ôte les broches ; on ouvre le moule, & on tire le Pigeon *F*, *Fig.* 20 : il ne s'agit plus que de l'attacher à l'extrémité du fer d'amortissement ; & comme il ne doit point tourner au vent, mais être fixe, il n'est besoin que de percer avec une gouge & à coups de marteau, un trou dans lequel entre l'extrémité du fer d'amortissement, qu'on y assujétit avec de la soudure.

§. VI. *Des Feuillages.*

Les Plombiers font encore, avec des moules, différents morceaux d'ornement, comme des olives, des rofes, des morceaux de guirlandes, des feuilles
d'eau, &c. qu'ils attachent avec des clous; & comme ils fe font tous de la
même maniere, je me bornerai à expliquer comment on jette en moule une
feuille d'ornement.

Il faut avoir un moule de fonte, de fer ou de cuivre, dans lequel foit marquée
en creux la feuille, comme on le voit *Fig. 6*; on graiffe le moule; on le place
exactement de niveau; puis, *Fig. 7*, on verfe deffus du plomb fondu, & avec
un rable *a*, on emporte tout le plomb qui eft de trop, pour qu'il ne refte que
celui qui remplit le creux du moule; car les ornements doivent être très-minces,
pour qu'ils puiffent s'ajuster aifément aux différentes formes des parties où on
les attache avec des clous. Il eft vrai qu'on en fait auffi de découpées; pour
cela on trace fur une table de plomb laminé, la forme de la feuille, puis on la
decoupe avec une gouge & à coups de marteau. Quoiqu'en les attachant on faffe
prendre aux différentes parties de ces feuilles, des contours qui les font paroître
moins roides, elles ne font jamais auffi agréables que celles qui font fondues dans
un moule, & elles ne fe font pas auffi promptement.

§. VII. *Des Mixtes.*

Les Amortiffements que j'appelle *Mixtes*, font ceux qui font moitié fondus
& moitié travaillés fous batte, comme on le voit *Fig. 2, 3 & 22*; ceux-ci fe
découpent & fe font à l'endroit même, quant à ce qui regarde l'ouvrage qui fe
fait fous la batte, parce qu'on doit prendre la forme de la charpente fur laquelle
on les modele. Quant aux feuillages dont on les décore enfuite, ils fe font dans
l'attelier, parce que cela eft plus commode pour les Ouvriers.

On commence d'abord par revêtir le bas de la charpente des bandes *B, Fig.*
3, que l'on fait tomber en recouvrement en *A*, & que l'on cloue l'une contre
l'autre en les repliant dans leurs jointures, l'une en deffous, l'autre en deffus;
de telle forte que les clous mordent quatre fois l'épaiffeur de chaque bande,
& par conféquent on doit obferver ici ce qui a été dit par rapport aux tables de
la Couverture des Terraffes en plomb.

On coupe enfuite deux plaques de plomb *E E*, dans la forme qu'on le voit
Fig. 4, pour emboîter la charpente qui eft au-deffus; cela fe fait en tirant une
ligne *F G* fur la table fur laquelle on veut les prendre; enfuite les lignes *HH*,
II, & puis les lignes collatérales *K L*: on les cloue l'une fur l'autre comme
les bandes *B*.

On prend de nouveau deux autres plaques de plomb *M M, Fig. 3 & 5*
pour couvrir l'extrémité de la charpente, & on les aboutit fur le lieu même

comme

comme on le voit en *O* : on les y cloue également ; on y applique & on y cloue enfuite des feuillages *Q*, *Fig.* 6, comme on le voit en *P*, *Fig.* 3, que l'on fait fondre ainfi que nous l'avons dit plus haut. Pour rendre ces efpeces d'Amortiffe-ments plus folides, on cloue de petits colets *C C* de plomb entre les bandes *B* & les plaques *E E* : on en fait autant entre les feuillages, comme on le voit en *D D*.

Ordinairement on noie dans la maçonnerie les folives *S S*, qui forment le pied de ces fortes d'Amortiffements. Mais fi on vouloit les couvrir en plomb, il faudroit le faire en ardoifes, & s'y prendre comme nous l'avons dit par rapport aux Clochers, aux Tourelles, &c. ou tout fimplement les revêtir d'une table de plomb coulée, fi fa longueur fuffit, ou d'une table laminée, qui fupplée au défaut des premieres par la longueur qu'on peut lui donner avec le fecours des cylindres.

On eft dans l'ufage de placer au haut de ces Amortiffements une ferrure *R*, que l'on cloue en dehors ; pour cet effet il faut qu'elle ait la forme qu'a celle qui eft repréfentée *Fig.* 1 : ou on la fait entrer dans la charpente, comme on le voit en *O*, & on la furmonte enfuite d'une girouette *T*.

Comme les deux autres, *Fig.* 2 & 22, font à peu-près les mêmes que celui-ci, nous nous contenterons de ce que nous avons dit au fujet du premier. Il fera facile de concevoir comment on les fait, par le détail dans lequel nous venons d'entrer.

Ces fortes d'Amortiffements font tout ce que les Plombiers peuvent faire de mieux dans leur Art.

On peut compter une quatrieme efpece d'Amortiffement, qui ne demande pas tant de peine que les premiers.

§. VIII. *De quelques autres Amortiffements.*

O n fait des Amortiffements plus fimples de bien des façons différentes ; je me bornerai à en détailler un, *Fig.* 21, qui eft fans feuillages & fans découpures, qu'on ne laiffe pas d'employer affez fréquemment, parce qu'il exige peu de façon, & qu'il eft affez folide. Il eft formé de trois pieces *A*, *B*, *C*. On coupe le morceau *A*, qui eft de la moitié d'une table de plomb qui porte 7 pieds, & on le tient un peu moins large par le bout qui doit être en haut que par l'autre, afin qu'il prenne une forme un peu conique. On coupe enfuite deux morceaux *B C* en rond, comme fi l'on vouloit faire une fphere, excepté qu'on laiffe à chacun un rebord par le pied pour l'attacher au morceau *A* : on emboutit chacun de ces morceaux pour en former comme une calotte. On laiffe l'aiguille de la charpente un peu longue, & on la taille comme il convient pour recevoir l'Amortiffement ; car le plomb doit être modelé fur la charpente même. On coupe le bas du morceau *A* en trois parties *E*, *F*, *G*, pour les clouer fur le faîte & les arêtiers ; & afin que ces bandes de plomb emboîtent bien les bois fur lefquels on les pofe, on les cloue par les deux bords.

Mais avant d'arrêter ces bandes de plomb, on enveloppe avec le morceau *A* l'aiguille, en le roulant & le frappant avec la batte fur l'aiguille, dont elle doit prendre la forme, & on l'y attache du haut en bas avec des clous, ayant attention que cette ceinture ne foit pas du côté de la face du bâtiment; enfuite on rabat les parties *E, F, G,* qu'on cloue fur le faîte & les arêtiers, comme nous l'avons dit.

Les deux morceaux *B C* fe pofent fur le premier *A* ; on les attache d'abord enfemble par un rempli qu'on fait entre ces deux morceaux, & qu'on cloue à la charpente : on rabat enfuite les rebords fur le morceau *A*, qui a d'abord été mis en place, & on les attache avec des clous.

On peut dire en général, que tous les Amortiffements qu'on modele fur une piece de charpente, font très-aifés à faire.

ARTICLE QUATRIEME.

Du Blanchiment des Amortiffements.

LES Amortiffements & les Plates-bandes qui portent des moulures, fe mettent ordinairement en couleur, qu'on imprime à l'huile : quelquefois on les dore ; mais comme l'un coûte fort cher, & que l'autre eft de peu de durée, il arrive fouvent que les Plombiers leur donnent une croûte d'étain pour les blanchir, ainfi que nous l'avons dit par rapport aux tables & ardoifes des Couvertures. Nous nous difpenferions de répéter ici ce que nous avons dit par rapport à cet objet ; mais comme ce travail eft différent de l'autre en quelque chofe, quoique la matiere qu'on emploie foit la même, nous ne pouvons éviter d'entrer dans quelques petits détails à ce fujet. Nous parlerons d'abord des Globes.

§. I. *Du Blanchiment des Globes.*

ON commence par étamer la table de plomb d'où on doit les tirer, comme on fait les tables qu'on étame en entier ; mais on a foin de la couvrir d'une épaiffe couche d'étain : on en coupe deux moitiés de Globe ; enfuite on les bat au marteau, pour les emboutir, & on foude l'une à l'autre. Comme les coups de marteau qu'on donne pour les emboutir, & la terre graffe dont on les frotte pour les fouder, terniffent & endommagent l'étamage, pour le réparer, après avoir foudé le Globe, on le met fur du charbon allumé ; & quand on voit que l'étain eft prêt à fondre, on frotte la fuperficie de la boule avec de l'étoupe chargée de poix-réfine ; comme la couche d'étain eft épaiffe, on parvient à l'étendre : de forte qu'en continuant cette opération fur toute la fuperficie de la boule, on la rend claire comme de l'argent. Si l'on appercevoit le plomb en quelques endroits, on pourroit y verser quelques gouttes d'étain.

§. II. *Du Blanchiment des Amortissements fondus.*

Pour faire comprendre comment on doit blanchir les pieces d'ornements fondues & qui sont massives, je me bornerai à donner pour exemple les Coqs qu'on met sur les Clochets, & les Pigeons qu'on place au haut des Colombiers.

Il est sensible que toutes ces pieces qu'on fond massives, sont trop épaisses pour être blanchies de la même maniere que les tables; c'est pourquoi on s'y prend différemment; on les blanchit aussi-tôt qu'on les a tirées du moule en leur jettant de petites écailles d'étain. La chaleur du plomb qui sort du moule & qui est brûlant, jointe avec la poix-résine qu'on y mêle, le rend assez coulant pour qu'il puisse s'étendre sur les parties en relief, comme dans les creux. On frotte le Coq dans toutes ses parties avec l'étoupe enduite de poix résine, pour faire attacher l'étain par-tout également. On en fait autant aux Pigeons, ainsi qu'aux feuillages; mais cette premiere opération leur suffit: au lieu qu'il faut y revenir deux fois par rapport aux Coqs; parce que comme ils sont fondus en deux fois, & soudés après être blanchis, ainsi que les Globes, il faut en retirer la terre grasse qu'on emploie toujours dans la soudure, en outre la soudure inutile; ensuite recouvrir l'endroit de la soudure même, d'une nouvelle croûte d'étain que l'on y jette en gouttes; & étant en fusion, ce nouvel étain se prend avec l'autre: par ce moyen le Coq semble n'avoir jamais été soudé.

Il est utile, pour les étamages, d'avoir des réchauds en réverbere, où le feu est contenu dans une grille qui est au centre d'une plaque. Comme ces sortes de réchauds, quand on les présente à une surface verticale, y portent une grande chaleur, cela peut être très-avantageux pour réparer certaines parties qui auroient manqué aux opérations que nous venons de rapporter.

C'est-là le plus grand éclat que les Plombiers puissent donner aux Amortissements dont ils couronnent leurs ouvrages, & qu'on voit dans les Couvertures, principalement au haut des Pavillons. Quand on en veut de plus majestueux, on a recours aux Sculpteurs, comme on le voit dans les dix Pavillons que l'on compte dans le Château de Versailles. Les deux premiers qui forment la grande Ecurie, sont couronnés par deux frontons, dans lesquels on voit deux enfants assis sur des trophées. Les deux autres Pavillons qui forment la petite Ecurie, sont dans le même genre, c'est-à-dire, couronnés par des enfants également assis sur des trophées.

Mais ceux, parmi tous les autres, qui sont le mieux décorés, sont ceux qui flanquent les deux aîles du Château: ils offrent deux balcons, dont celui qui est à main droite présente six statues; savoir, Iris avec son voile, Junon avec son paon, Zéphire avec de petites aîles qui figurent l'Air, & trois autres: Vulcain au milieu de deux Cyclopes, qui représentent le Feu.

Le balcon qui eſt à gauche offre, de même que celui qui eſt à droite, ſix ſtatues ; ſavoir, Cérès, Pomone & Flore, qui repréſentent la Terre ; & trois autres, Neptune, Thétis & Galathée, qui repréſentent l'Eau. Ce ſont des chefs-d'œuvre où le ciſeau des Arcis, des Drouilly, &c. a épuiſé toute la délicateſſe de l'Art. A proprement parler, ce ſont ces ſortes d'ouvrages que l'on peut appeller de vrais Amortiſſements : ceux que nous venons de décrire, à peine en méritent-ils le nom ; mais j'en ai parlé parce qu'ils entroient dans le plan que je me ſuis propoſé.

Voyons la maniere d'enlever la croûte d'étain que l'on peut donner au plomb qui entre dans les Couvertures, quand cela eſt néceſſaire : ce ſera la matiere du Chapitre ſuivant.

CHAPITRE NEUVIEME.

De la maniere de déblanchir le Plomb étamé, & d'en tirer parti.

ON entend par *déblanchir le plomb*, comme nous venons de le dire, la maniere d'en tirer la croûte d'étain qu'il a reçu dans le blanchiment.

Les Plombiers font non-ſeulement différents ouvrages qu'ils mettent en place, ainſi que je viens de l'expliquer, mais encore ils achettent les vieux plombs de démolition, ou bien ils les prennent en diminution de celui qu'ils fourniſſent. Beaucoup de ces ouvrages ne ſont bons qu'à mettre en pieces, pour être enſuite fondus. Parmi ces ſortes de plombs, il s'en trouve qui ont été ou étamés ou ſoudés, dont il faut retirer l'étain par pluſieurs motifs.

1°. Parce que l'étain eſt plus cher que le plomb. Cette raiſon doit engager les Plombiers à enlever le plus qu'ils peuvent, celui qui ſe trouve dans les vieux plombs avant de les fondre.

2°. Ils doivent faire en ſorte que les vieux plombs qu'ils mettent en fuſion, & qu'ils emploient enſuite, ne ſoient pas plus aigres que les plombs neufs ; il eſt conſtant que l'étain, quoique fort ductile, aigrit le plomb dans lequel il ſe trouve : cela eſt prouvé par l'expérience ; car la ſoudure, qui eſt un alliage de plomb & d'étain, eſt plus aigre & plus caſſante que le plomb ou l'étain pur. Un plomb où il y auroit de l'étain, ſeroit ſujet à rompre ſous la batte. La ſonde dont on ſe ſert pour dégorger les tuyaux des Fontaines, ou les eaux forcées, feroit aiſément crever ceux où il en ſeroit entré.

Tout concourt donc à engager les Plombiers à retirer celui qui peut être dans leurs vieux plombs avant de les mettre en fonte, en uſant de la maniere dont il faut s'y prendre pour y réuſſir : c'eſt ce qui a donné lieu à ce Chapitre pure-ment œconomique.

Nous

Nous le diviferons en quatre Articles ; dans le premier, on verra la maniere de détamer les Tables; dans le fecond, celle d'enlever la foudure des Tuyaux & des Cuvettes ; dans le troifieme, celle de retirer l'étain des Amortiffements ; dans le quatrieme, celle de tirer parti des vieux Plombs après cette opération faite.

ARTICLE PREMIER.

De la maniere de détamer les Tables étamées.

Il faut d'abord remarquer que les Plombiers ont très-rarement de ces fortes de Tables , par la raifon que nous avons rapportée plus haut, qu'on n'étoit prefque plus en ufage d'en faire ; mais ce n'eft point une raifon pour paffer fous filence ce que j'ai à en dire.

Quoiqu'il convienne d'employer différents moyens pour féparer l'étain d'avec le plomb; tous font fondés fur ce principe : que l'étain eft bien plus aifé à fondre que le plomb; de forte qu'un degré de chaleur qui fait fondre l'étain , n'eft pas fuffifant pour la fufion du plomb : de-là vient que la foudure fond plus aifément que le plomb pur ; & quoique ces différents degrés de chaleur ne foient pas confidérables , les Plombiers favent profiter de cette propriété de l'étain pour le retirer du plomb, en le faifant, comme ils difent, *reffuer*. Ces généralités ne fuffifent pas ; entrons dans des détails.

Pour retirer l'étain des tables de plomb qui ont été blanchies avec ce métal, il faut commencer par dérouler une partie de ces tables ; on fupporte une portion de la table *A , Fig.* 3 *, Pl. XVI ,* fur des treteaux *B C* : on met fous cette table un fourneau *D ,* avec de la braife allumée, en ménageant bien la chaleur , pour ne point fondre le plomb : il devient cependant affez chaud pour fondre l'étain dont il eft couvert, au point qu'en faifant à la partie la plus baffe, une petite gouttiere *E,* l'étain s'y rend, & on le reçoit dans une cuiller *F.* On peut le conduire encore en cet endroit avec un tampon de filaffe frotté d'un peu de poix-réfine en poudre. Il faut avoir le foin de changer de place le réchaud où eft la braife , pour que l'étain fonde dans toute l'étendue de la table qui eft foutenue fur les treteaux *B C.* Quand on a retiré tout l'étain d'une partie , on doit rouler cette partie détamée du côté *G ,* & dérouler la partie qui n'eft point encore détamée qui eft en *H ,* pour la faire reffuer comme nous venons de l'expliquer. Il faut également avoir le foin de faire un nouveau bec ou gouttiere *E ,* à chaque partie de table dont on aura fondu l'étain ; afin de le faire tomber dans la cuiller.

A l'égard de cet étain, on le ramaffe & on le conferve pour l'employer à l'ufage que nous dirons dans le quatrieme Article de ce Chapitre.

Il arrive quelquefois que la table fe perce, & que l'étain dégoutte dans la braife qui eft deffous : il faut l'en retirer, s'il y eft en affez grande quantité pour que cela puiffe fe faire, ou on le ramaffe avec les charbons pour le joindre aux cendrées.

ARTICLE SECOND.

De la façon de retirer la foudure des Tuyaux roulés & des Cuvettes.

COMME les Cuvettes fuivent les Tuyaux, nous parlerons dans cet Article des uns & des autres, pour faire voir comment on s'y prend pour en tirer la foudure.

§. I. *De la façon de le faire aux Tuyaux.*

ON peut d'abord emporter avec un couteau & à coups de marteau, l'endroit du tuyau *A*, *Fig.* 4, où eft la foudure ; par ce moyen on aura une bande *B* qui renfermera la foudure & une partie du tuyau de plomb où elle étoit attachée ; on mettra cet alliage de plomb & de foudure dans la chaudiere, les jours que l'on fait de la foudure, en y ajoutant de l'étain dans la quantité fuffifante, afin de faire un alliage convenable pour former un bon corps de foudure. Pour arriver à peu-près à ce point, on pefe les rognures *B* dont nous venons de parler ; & fuppofant qu'elles contiennent un fixieme d'étain, on y ajoute un fixieme d'étain neuf, afin que l'alliage foit d'un tiers d'étain fur deux tiers de plomb.

Lorfqu'on a befoin de faire beaucoup de foudure, on met dans la chaudiere au lieu de plomb neuf, des bouts de tuyaux foudés, ce qui difpenfe d'y ajouter une auffi grande quantité d'étain.

§. II. *D'une autre maniere d'enlever la foudure des Tuyaux.*

LES Plombiers s'y prennent encore d'une autre façon pour retirer la foudure de leurs tuyaux ; c'eft en les faifant reffuer : ils les pofent pour cet effet fur de la cendre chaude, comme nous le dirons des petites pieces d'amortiffement qu'on veut détamer ; ou bien on pofe le tuyau fur des treteaux, & on préfente deffous des réchauds remplis de charbons allumés. Dans l'un & l'autre cas la foudure dégoutte dans la cendre ou dans la braife, d'où on la retire ; mais il faut tâcher de ne faire fondre que la foudure.

§. III. *De la maniere de tirer la foudure des Cuvettes.*

A l'égard des Cuvettes, il eft plus difficile de les faire reffuer, d'autant qu'il n'eft pas aifé de les foutenir fur le réchaud ; & fouvent le plus court moyen eft de couper la foudure, comme nous avons dit qu'on le faifoit pour les tuyaux.

Il eft bon d'avertir que lorfqu'on fait reffuer foit des Cuvettes, foit des Tuyaux, pour que la foudure ne s'attache pas de nouveau au plomb qui devient brûlant par cette opération à mesure qu'on la fait fondre, il faut les salir de la même maniere que si on vouloit les souder; par ce moyen la soudure qui, en fondant, coule toujours de côté & d'autre, n'y reste pas attachée.

ARTICLE TROISIEME.

De la maniere d'enlever l'étain & la soudure des Amortissements.

Nous avons dit qu'on pouvoit en compter de trois especes; savoir, ceux qui sont travaillés sous la batte, ceux qui sont fondus, & ceux qui sont composés des deux premiers. Il faut s'y prendre différemment.

§. I. *De la façon de le faire aux Globes.*

Les Amortissements qui sont en forme de Globes, comme ils sont creux, doivent être coupés tout autour de l'endroit où ils ont été soudés : on y enfonce d'abord la pointe de la serpette qui perce le plomb; quand cette premiere entaille est faite, on continue tout autour du Globe, en le faisant rouler à mesure qu'on le coupe, jusqu'à ce que les deux hémispheres soient séparées; ensuite il faudra retirer la bande de soudure avec le plomb sur lequel elle a été mise, de l'hémisphere où elle est encore attachée.

Il reste à ôter la croûte d'étain qui est sur la surface de chaque hémisphere. Pour cet effet on prend un réchaud de braise qu'on couvre avec une de ces moitiés de Globe, qui étant concave, l'embrasse; il faut qu'elle soit supportée sur quelque chose, afin de donner de l'air au feu pour qu'il ne s'éteigne pas. On en fait autant de la seconde.

L'étain réchauffé par le plomb s'en sépare & tombe à terre tout autour de chaque hémisphere, d'où ensuite on le ramasse.

§. II. *De la façon de tirer l'étain des Amortissements fondus, & de ceux qui sont moitié découpés & moitié fondus.*

Pour les Amortissements qui sont coulés dans des moules, comme les moulures qu'ils y prennent sont fort épaisses en de certains endroits, & très-minces en d'autres, on ne peut se servir du réchaud pour échauffer le plomb; il faut les mettre sur de la cendre chaude, comme nous l'avons dit par rapport aux Tuyaux, & qu'elle le soit assez pour faire fondre l'étain, sans faire fondre le plomb qui en est revêtu; l'étain coulera dans la braise, où on le ramassera du mieux qu'il sera possible : on portera le reste aux cendrées.

Quant aux Amortissements mixtes, il faut en détacher les feuillages, & en tirer l'étain, comme nous venons de le dire.

Si ce qui eſt découpé forme des tables aſſez larges pour être miſes commodément ſur le réchaud, il faudra s'en ſervir ; ſinon on doit les mettre ſur la braiſe ; ainſi que les feuillages.

Ce que nous avons dit au ſujet de ces Amortiſſements, doit s'entendre de tous les autres ; l'intelligence de l'Ouvrier ſur-tout, doit ſuppléer à tout ce que nous n'avons pas dit.

ARTICLE QUATRIEME.

Du parti que l'on peut tirer des vieux Plombs après que la ſoudure ou l'étain en ont été enlevés.

Il faut obſerver qu'après cette opération le Plombier ſe trouve avoir deux choſes dont il doit faire différents uſages ; ſavoir, l'étain, & le plomb dont il a été tiré. En outre, parmi ces vieux plombs, il ſe trouve des tables, des Tuyaux, des Cuvettes, &c. dont on peut tirer parti de la façon que nous allons le dire.

§. I. *De l'uſage qu'on doit faire de l'Étain & des Soudures.*

Les Plombiers n'emploient leur étain qu'à un ſeul uſage : c'eſt à faire de la ſoudure. Celui qu'ils font venir des mines, ainſi que celui qu'ils tirent des vieux plombs, leur ſert à cet uſage : ils le mettent indifféremment fondre ; mais ce dernier eſt plus ou moins pur, ſelon qu'il y eſt entré plus ou moins de plomb. Il faut y avoir égard quand on le met dans la chaudiere, mais encore davantage par rapport aux ſoudures qu'on fait reſſuer ; car, outre qu'elles entraînent toujours un peu de plomb, c'eſt qu'elles-mêmes ne font qu'un alliage, en ſorte qu'elles ne contiennent qu'une très-petite quantité d'étain. Le plomb y domineroit trop ſi on n'y ajoutoit de l'étain neuf : cela arrive toutes les fois qu'on le met en fuſion.

Il y a encore plus de plomb dans les ſoudures que l'on coupe, puiſqu'on enleve celui auquel elle s'étoit attachée ; elles exigent par conſéquent plus d'étain.

§. II. *De l'uſage des Tables qui ont ſervi aux Couvertures.*

Quant à ce qui regarde les Tables, lorſqu'une fois toutes celles qu'on peut avoir ſont détamées, il faut en retrancher, ainſi que des tables ordinaires, ce qui eſt défectueux ; le reſte peut ſervir à faire des doſſiers de Cuvettes, des bouts de Tuyaux, des ardoiſes, &c. On ſuppoſe ici qu'elles ne ſont pas entiérement mauvaiſes : car ſi au contraire, parmi toutes ces tables, il n'y avoit rien qui pût ſervir, il faudroit ſimplement les briſer, & les faire fondre pour en tirer de nouvelles.

§. III.

§. III. *Du parti que l'on peut tirer des Tuyaux.*

Ou la foudure en a été enlevée, où elle y eft encore. Dans le premier cas, on peut en faire des fonds de Noues, de petits Chaîneaux, en fuppofant qu'ils foient encore bons dans la plus grande partie de leur longueur, finon il faudroit les brifer & les faire fondre comme les mauvaifes tables.

S'ils ne font pas encore défoudés, on pourra en prendre les meilleurs bouts en les coupant tout autour : il eft quantité d'endroits où ils peuvent être employés. Ils feront très-bons, par exemple, pour mettre au bas des Cuvettes, à l'extrémité des Chaîneaux, c'eft-à-dire, à l'endroit où ils tranfmettent l'eau aux Tuyaux de defcente. On pourra en faire ufage à quantité d'autres endroits.

§. IV. *Du parti que l'on peut tirer des Cuvettes & des Amortiffements.*

Comme parmi toutes les Cuvettes, ainfi que parmi les Amortiffements que l'on enleve des bâtiments dans les démolitions, il fe trouve quelques pieces qui peuvent encore fervir en entier ; il faudra les conferver. Un Plombier qui eft un peu occupé, à chaque inftant trouve occafion de s'en défaire, fur-tout des Cuvettes : car elles font fi utiles & fi commodes, qu'on ne peut s'en paffer. Ce que le temps n'aura pas épargné, & qui ne fera plus d'ufage, doit être fondu. On en dit autant par rapport à tous les autres plombs.

On a expliqué dans les Chapitres précédents, comment il falloit s'y prendre pour mettre les bâtiments à l'abri des eaux du ciel. Voyons dans les Chapitres fuivants, ce que l'on doit faire pour y introduire & y conferver celles qui font à notre ufage, & que l'on appelle proprement *domeftiques*. Paffons pour cet effet aux Réfervoirs.

CHAPITRE DIXIEME.

Des Réservoirs.

On entend par *Réservoir*, un dépôt d'eau plus ou moins considérable.

On en distingue de plusieurs sortes : les uns sont sur charpente ; la caisse qui forme alors le Réservoir est toujours garnie en plomb ; les autres sont en pierres, qui sont également garnies en plomb, ou dont les joints sont simplement cimentés, soit en plomb ou en ciment ordinaire. Parmi ces Réservoirs, il y en a qu'on appelle *Domestiques*, parce qu'ils sont dans les maisons. Les autres, qu'on voit dans les enclos, & qui servent à garder du poisson, quelquefois à porter de petits bateaux pour s'y promener, sont connus sous le nom de *Pieces d'eau*, ou de *Poissonnieres*. Nous les nommerons ainsi pour les distinguer des premiers.

Les Réservoirs sur charpente, au contraire, sont toujours domestiques, parce qu'ils ne sont placés que dans les maisons. Mais parmi ces Réservoirs on en distingue également de plusieurs sortes : les uns se nomment *Réservoirs de concession*, les autres de *simples Réservoirs*.

Parmi les Réservoirs de concession mêmes, il y en a de plusieurs especes ; mais tous servent à la même fin, c'est-à-dire, qu'ils sont faits pour donner aux Propriétaires la facilité de vendre & commercer la quantité d'eau qu'ils ont de trop ; il n'y a que leur forme qui differe l'une de l'autre.

Pour avoir occasion de parler des uns & des autres, nous diviserons ce Chapitre en quatre Articles ; dans le premier, nous parlerons des Réservoirs de concession ; dans le second, des simples Réservoirs sur charpente ; dans le troisieme, des Réservoirs sur pierre ; dans le quatrieme, des Pieces d'eau ou *Poissonnieres*.

ARTICLE PREMIER.

Des Réservoirs de concession.

Nous commençons par les Réservoirs de concession, parce que les autres sont ordinairement une suite de ceux-ci. Les Particuliers qui ont de l'eau chez eux, la tirent presque toujours de-là : il est très-rare même que les plus grands Seigneurs, sur-tout dans cette ville, n'en ayent une source propre.

On entend par *Réservoir de concession*, ainsi que le terme l'indique assez, des Réservoirs qui passent la quantité d'eau dont on a besoin, de maniere qu'on peut en vendre & aliéner une partie aux différents Particuliers qui fe préfentent, jufques & à concurrence de ce voiume excédent d'eau.

Nous donnerons d'abord une idée de celui de la Pompe du Pont Notre-Dame, comme étant un des plus grands & des plus curieux qu'il foit poffible de voir.

§. I. *Du Réfervoir de conceffion du Pont Notre-Dame.*

Voici de quelle maniere il eft conftruit : il eft d'abord à l'étage le plus élevé, qui eft de niveau aux quartiers les plus hauts de Paris ; il forme une caiffe, qui eft adoffée à hauteur d'appui contre trois murs voifins l'un de l'autre. Cette caiffe qui regne autour de ces trois murs, à toute leur longueur, qui peut aller à 36 pieds, un pied & demi de profondeur, & environ 40 à 48 pouces de large ; enforte qu'elle s'avance en deçà de chaque mur de 4 pieds à peu-près : de tous les côtés, en étendant le bras, on peut toucher le mur ; par conféquent le milieu de l'endroit où elle eft, eft vuide : cela a été fait exprès, afin qu'on pût plus aifément y faire les réparations qu'un ouvrage fi confidérable doit nécef-fairement demander de temps à autre.

Cette caiffe eft faite de trois bandes foudées l'une à l'autre dans leur jointure, & faites d'un plomb extrêmement épais & le plus fort qu'il foit poffible de cou-ler ; favoir, 1°. d'une premiere bande qui eft adoffée au dos des trois murs, & qui étant foudée aux deux angles qui font dans les trois murs, en fait elle-même trois ; 2°. d'une feconde plaque de plomb qui forme le fond de la caiffe, & qui étant auffi foudée en deux endroits, en forme par conféquent trois autres ; 3°. d'une troifieme bande qui eft faite, ainfi que les premieres, de trois autres plaques de plomb foudées enfemble, & qui forme le devant de la caiffe. Le tout eft porté fur une forte grille de fer qui prend dans le mur & emboîte toute la caiffe ; le haut de la bande du devant de la caiffe eft rabattu fur une barre de fer qui regne tout autour du Réfervoir, & qui eft foutenue par des montants qui prennent dans la charpente du plancher. Le deffous de la caiffe eft tout à jour, pour donner paffage aux tuyaux.

Dans le dedans de cette caiffe, il y a une feconde bande de plomb qui eft rebrouffée, & qui va d'un bout du Réfervoir à l'autre : elle a un pied & demi de haut ; elle eft à un pied environ du dos du Réfervoir, qui eft appuyé contre chaque mur. Elle eft foudée, ainfi que les premieres, en deux endroits dans fa longueur, en outre en-bas & par les deux bouts : c'eft elle qui reçoit la pre-miere l'eau que rendent les tuyaux de la Pompe.

Il y a en outre, dans le dedans de la caiffe du Réfervoir, deux autres bandes auffi longues que celle-ci ; mais qui font de cuivre : elles font foudées dans les mêmes endroits que la premiere, mais il y a moins de diftance entr'elles, qu'il n'y en a de la premiere de plomb au dos du Réfervoir. Elles font plus preffées les unes contre les autres : il n'y a qu'un pied de la derniere bande de cuivre à la plaque de plomb, par conféquent il n'y a à peu-près que 6 pouces entr'elles : elles font également moins hautes à proportion.

Les deux bandes qui font en cuivre, font foutenues entr'elles par des clous de fer qui les traverfent & qui font rivés aux deux bouts. La plus élevée, qui eft en plomb, eft foutenuë par de femblables clous, & par une barre de fer qui fait tout le tour du Réfervoir, & qu'elle enveloppe fous un large bourrelet qu'on lui a fait en la retrouffant. Cette barre de fer, & ces attaches qui font entre les bandes de plomb & de cuivre, dont l'intérieur du Réfervoir eft garni, font employées pour empêcher que l'eau qui eft introduite entre ces différentes féparations avec force, ne les abatte.

L'efpace qu'il y a entre les deux bandes de cuivre & le devant de la caiffe, forme une quatrieme cafe qui eft auffi longue & prefqu'auffi large que toutes les autres enfemble ; c'eft dans cet endroit que font placées de diftance en diftance quatre cuvettes de conceffion, & les tuyaux du trop plein.

§. II. *De la maniere dont monte l'eau.*

Il y a fix tuyaux montants pour cet effet, qui font établis de diftance en diftance dans l'épaiffeur des trois murs auxquels tout le Réfervoir eft adoffé. De ces fix tuyaux, il y en a quatre qui vont fans ceffe ; les autres ne font faits que pour fuppléer à ceux-ci, quand quelqu'un d'eux a befoin de quelque réparation. Ils ont au moins 8 pouces de diametre chacun ; le bas eft en plomb ; le haut, au contraire, eft en potin fondu dans les forges. Ces tuyaux de potin font courts & ajointés les uns avec les autres par le moyen de quatre vis & d'autant d'écrous ; l'orifice de ces tuyaux qui jette l'eau, eft plus large que les tuyaux, & forme une ouverture d'environ 13 à 14 pouces de large, fur 18 de haut. Au bas de chaque orifice qui eft en plomb, il y a une bavette également en plomb, & fur laquelle l'eau qui monte de la riviere, coule & fe répand dans le Réfervoir.

Ces tuyaux jouent par le moyen de plufieurs corps de pompes, tant foulantes qu'afpirantes, que le courant de la riviere met en mouvement, & qui élevent l'eau jufqu'à cent cinq pieds dans le temps des baffes eaux.

L'équipage de ces pompes qui occafionne un grand bruit, comme on peut le préfumer, eft fi bien imaginé, qu'il ne rifque rien dans les eaux les plus fortes. On l'a fait de telle forte, qu'on peut l'enlever tout entier au premier étage, & le mettre à couvert des inondations, en laiffant libre paffage aux eaux. Cette belle machine eft trop connue, pour que j'entreprenne de la décrire plus au long. Je me contenterai de dire, qu'en général, c'eft une chofe fort curieufe, & qui mérite bien qu'on faffe quelques pas pour l'aller voir.

§. III.

§. III. *De la maniere dont l'eau se communique d'une casé dans l'autre.*

N o u s avons dit que les bandes qui formoient ces casés, étoient soudées dans le bas, ainsi que par les côtés ; l'eau doit, par conséquent, s'y trouver enfermée. En effet, elle y est retenue jusqu'à une certaine hauteur, au-dessus de laquelle il y a, savoir : à la premiere bande qui est en plomb, des ouvertures de distance en distance, larges de 2 pouces, sur 6 de long ; & aux deux autres qui sont en cuivre, un cordon de petits trous qui regne à la même hauteur dans toute leur longueur : ils ont chacun un pouce de diametre.

L'eau étant donc montée, s'étant répandue dans la premiere casé, & l'ayant remplie jusqu'à la hauteur où l'on a formé ces ouvertures dont nous avons parlé, s'échappe à travers ces mêmes ouvertures dans la seconde casé, & de-là dans la troisieme, par le moyen de ces cordons de trous qu'on y a pratiqués d'un bout à l'autre. Elle tombe ensuite dans quatre cuvettes qui sont en cuivre, & qui ont tout autour de semblables trous, & de-là dans les tuyaux qui leur répondent en passant à travers d'une crapaudine de cuivre qui est dans le milieu de chaque cuvette : elle est faite comme une forme de chapeau, mais creuse & toute persillée ; elle s'ouvre en deux quand on veut.

La communication de l'eau qui se fait de la premiere casé à la seconde, n'est pas visible ; mais les deux autres forment autant de jets dont le coup d'œil est très-agréable. La communication qui se fait de la quatrieme casé aux cuvettes, ne l'est pas moins ; chaque cuvette forme une corbeille de jets qui récréent autant la vue que les premiers.

Toute l'eau du Réservoir du Pont Notre-Dame, est partagée en trois parties, qui fournissent les trois principaux quartiers de Paris ; savoir, le quartier du Fauxbourg Saint-Germain, celui de Louis-le-Grand, & celui du Marais ; c'est pourquoi il y a trois cuvettes. La premiere cuvette est celle du Fauxbourg Saint-Germain, qui distribue l'eau dans tous les Réservoirs & les Fontaines qui en dépendent. La seconde est celle de Louis-le-Grand, qui distribue également l'eau dans tous les Réservoirs & les Fontaines de sa dépendance. La troisieme est celle du Marais, dont ce quartier, ainsi que le Fauxbourg Saint-Antoine, toutes ses eaux.

On peut compter une quatrieme cuvette plus petite que les trois autres, qui est pour l'Hôtel-Dieu, & qui ne conduit l'eau qu'à ce seul endroit.

Les trois autres premieres, au contraire, fournissent de l'eau à 44 endroits différents ; savoir, à la Fontaine de la croix de l'Apport-Paris, à celle des Innocents, de Saint-Leu, de la Reine, du Ponceau, de la porte Saint-Denis, de la tour Saint-Martin, de Montmartre, des petits Peres, de Colbert, de Louis-le-Grand, des Capucins, de Saint-Florentin, des Capucines, de la butte Saint-Roch, de Richelieu, de la Halle, de la Halle neuve, Maubué, Sainte-Avoye,

PLOMBIER. E e

des Blancs-Manteaux , du Cimetiere Saint-Jean , de Sainte-Catherine , des Tour-
nelles , de Trogneux , de l'Abbaye Saint-Antoine , de Basfroid , de Saint-Louis ,
de l'Echaudé , Boucherat , de Vendôme , près le Temple , des Audriettes , de
Saint-Benoît , de la Place Maubert , des Fossés Saint-Bernard , de Saint-Victor ,
du Palais , de Saint-Severin , de Saint-Côme , des Cordeliers , de l'Abbaye Saint-
Germain , de la Charité & de Grenelle.

C'est ainsi que par le moyen de quatre cuvettes , & d'autant de tuyaux de descente , l'eau , que l'on fait monter au haut de la Pompe Notre-Dame , se distribue
dans tous les quartiers de Paris par le moyen de 44 tuyaux de conduite , qui sont
embranchés les uns dans les autres , & couverts par le pavé des rues.

§. IV. *De l'utilité des Crapaudines qui sont dans les Cuvettes.*

QUELQUE grande que soit la quantité d'eau qui monte dans le Réservoir
dans les crues d'eau qui arrivent pendant la fonte des neiges ou les fortes pluies ,
les trois quartiers dont nous venons de parler n'en reçoivent pas davantage. Les
cuvettes , il est vrai , dans ces cas-là , se remplissent jusqu'au bord ; mais les
Crapaudines qui sont dans le milieu ne laissent passer toujours qu'une mesure
d'eau ordinaire ; & par conséquent les tuyaux qui la reçoivent , n'en conduisent
pas une plus grande quantité dans un temps que dans un autre , quoique l'eau
quelquefois surabonde : c'est en quoi consiste leur premiere utilité. Les eaux
superflues que les crapaudines refusent , prennent leur cours à travers d'un tuyau
qu'on nomme le *trop plein* , qui est à côté de chaque cuvette , & dont l'orifice
est en forme d'entonnoir dont le diametre a 6 pouces environ. Ces différents
tuyaux les rendent dans la riviere.

La seconde utilité de ces crapaudines , est d'empêcher que les feuilles qu'entraîne l'eau qui passe par les tuyaux montants , pendant la saison où elles tombent
& couvrent la riviere , ne se glissent dans les tuyaux de descente , & ne les
engorgent : l'obstacle qu'elles leur présentent les arrête donc dans la cuvette ,
d'où , ceux qui sont chargés d'y veiller , ont soin de les retirer.

§. V. *De l'utilité des différentes séparations qui sont faites dans ce Réservoir.*

LA fin pour laquelle on a imaginé de faire ces différentes séparations que nous
avons nommées *cases* , est de purifier l'eau de la riviere qu'on y fait monter , qui
en a un très-grand besoin , sur-tout dans les pluies , où elle devient extrêmement
épaisse ; en effet , étant transmise de l'une dans l'autre , elle fait autant de dépôts
qu'il y a de case. Ces dépôts font une matiere gluante qui ressemble à de la
terre grasse : ils sont si considérables , qu'il faut les enlever au moins tous les trois
mois. Voici de quelle maniere cela se fait.

§. VI. *De la maniere d'enlever les dépôts que l'eau laiſſe dans les differentes caſes du Réſervoir.*

Il eſt à propos d'arrêter les pompes dans ces cas-là , afin que l'eau ne monte pas dans le Réſervoir. L'eau étant ainſi arrêtée, il eſt queſtion de retirer celle qui eſt dans les caſes , qui ne peut plus ſortir hors d'une certaine hauteur, & qui, par conſéquent, eſt forcée d'y ſéjourner. Pour cet effet on leve les ſoupapes du Réſervoir: il y en a une dans le fond de chaque caſe, qui lui eſt ſoudée ; nous dirons ailleurs de quelle façon cela ſe fait ; mais avant tout, on retire d'abord ou avec une truelle, ou avec une petite pelle de fer, une partie de la terre graſſe qui y eſt dépoſée, & autant qu'il eſt poſſible de le faire, de peur qu'en ſortant en trop grande quantité, elle ne s'arrêtât dans quelqu'endroit des tuyaux, & ne les engorgeât.

Quand on a eu cette premiere attention , alors on prend la ſoupape de la premiere caſe par ſon anneau, & on donne aux eaux un libre cours ; on fait en ſorte , avec un balai, qu'il n'y reſte rien du dépôt qui s'y étoit formé : on en fait autant à toutes les autres. On rebouche enſuite l'ouverture de chaque caſe par la ſoupape qui lui eſt propre. On fait enſuite aller les pompes qui font monter une nouvelle eau dans le Réſervoir: elle coule bientôt d'une caſe dans l'autre. Ordinairement on emploie cette ſeconde eau pour les laver entiérement , c'eſt-à-dire, qu'on les balaye bien , & qu'on en releve les ſoupapes ; après quoi les choſes ſont rétablies comme auparavant.

Il faut que cette opération ſe faſſe vîte, ainſi qu'on le conçoit bien, afin que le cours des fontaines ne ſoit preſque point interrompu. Ordinairement, comme elle eſt faite par des Ouvriers qui en ont l'habitude , l'interruption, quand il y en a , n'eſt preſque pas ſenſible.

Comme les Particuliers ne font venir leur eau, qu'ils achettent, que des Réſervoirs des Fontaines de la ville , parce qu'il ne ſeroit pas commode de la prendre au Pont Notre-Dame , par les frais de conduite que cela occaſionneroit , nous pouvons en donner une petite deſcription , d'autant mieux qu'ils entrent, à proprement parler , plus particuliérement dans l'eſpece des Réſervoirs de conceſſion dont nous traitons dans cet Article, parce qu'ils ſont environnés de cuvettes de conceſſion qui n'attendent que des Acquéreurs.

§. VII. *Des Réſervoirs des Fontaines de Paris , qui proviennent de la Pompe du Pont Notre-Dame.*

Les quarante-quatre Fontaines de Paris, que nous avons nommées plus haut, ont chacune un Réſervoir *A, Fig.* 1 , *Pl. XVIII* , d'où l'eau ne coule que lorſque les Porteurs-d'eau la font ſortir ; cela ſe fait en pouſſant dans le mur un petit

bouton de cuivre qui fait faillie , & qu'on voit en *T*, au-deffus du jet de la Fontaine. Ce petit bouton preffe lui-même la partie de la ferrure *V*, qui eft en dedans de la Fontaine à laquelle il tient , & qui eft faite en forme de demi-potence
elle eft attachée à la muraille en *X* ; cette branche de ferrure , par cette preffion,
fait hauffer l'autre branche *Y* qui lui eft oppofée : elle attire elle-même un pifton
qui lui eft attaché , qui bouche , dans fa pofition naturelle, le tuyau de la Fontaine , & qui alors donne paffage à l'eau qui fe répand dans la rue. On retire
enfuite le bouton de cuivre à foi , & l'eau eft auffi-tôt arrêtée.

Ces Réfervoirs *A*, *Fig.* 1 & 2, *Pl. XVII*, & *Fig.* 1, *Pl. XVIII*, forment auffi plufieurs cafes, ainfi que celui du Pont Notre-Dame ; mais ils font faits
de différentes façons, quelquefois quarrés, d'autres fois angulaires, felon que
les endroits où ils font le permettent. Ils ont aux deux bouts en *Z*, *Fig.* 3 & 4,
Pl. XVII, des cuvettes de conceffion, (tel eft celui de Notre-Dame) quelquefois
tout autour , comme on le voit auffi en *Z* , *Fig.* 1 & 2 , où l'eau ne fe communique pas , & qu'on n'y fait entrer , ainfi que nous le dirons dans l'Article
fuivant , que lorfqu'elles font vendues.

Ces cuvettes *Z* font différentes de celles du Réfervoir de Notre-Dame ; les
premieres font en cuivre , au lieu que celles-ci font en plomb.

§. VIII. *De la conftruction de la Caiffe de ces fortes de Réfervoirs.*

QUAND on a la facilité de la faire quarrée , telle qu'eft celle du Réfervoir
de Notre-Dame , on lui donne ordinairement cette forme. On prend une plaque
de plomb plus ou moins grande , à laquelle on foude un pourtour à qui l'on
donne fa forme. Dans le milieu de la caiffe , on foude des bandes de différentes
hauteurs, qui doivent être également percées à différentes hauteurs , pour que
l'eau fe communique d'une cafe dans l'autre , *Fig.* 3. Celle du milieu du Réfervoir doit être en plomb ; la fuivante peut être en cuivre ou en plomb , indifféremment. La troifieme doit être toujours en plomb , & doit former les petites
cuvettes de conceffion *Z* , par le moyen d'autres petites plaques de plomb que
l'on croife & que l'on foude entre cette bande & le pourtour du Réfervoir. Au
milieu de chaque cuvette on fait un trou, pour lui fouder un tuyau de trop plein
de la même groffeur. On foude également dans le milieu du Réfervoir , un
tuyau montant que l'on bride de la maniere qui fuit , quand ils font confidérables & trop gros pour être joints par des nœuds de foudure.

§. IX. *De la maniere de fe fervir des Brides.*

ON entend par *Brides*, une double couronne de fer ou de cuivre, qui étant
écrouées & taraudées aux quatre coins, peuvent être appliquées l'une contre
l'autre , & fermées par des vis , pour comprimer un corps que l'on met entre
elles.

elles. On s’en fert pour les tuyaux montants, afin de les joindre les unes avec les autres, foit qu’ils foient en potin, foit qu’ils foient en plomb, parce qu’elles les fortifient beaucoup. La différence qu’il y a, eft que les tuyaux de potin les portent avec eux, parce qu’ils font fondus enfemble; au lieu qu’il faut les adapter aux tuyaux de plomb, à qui elles font tout-à-fait étrangeres.

Il y en a de différentes formes; les unes *B, Fig.* 11 & 12, *Pl.* XVIII, font quarrées, & écrouies en quatre endroits *C, D, E, F,* où entrent quatre vis *G, H, I, K, Fig.* 12. Les autres *A, Fig.* 10, font toutes rondes, & ne font écrouées qu’à deux endroits *L, M.*

Pour s’en fervir, il faut d’abord apprêter fes tuyaux : cela confifte à en retrouffer chaque extrémité en dehors environ d’un pouce, comme on le voit en *G, Fig.* 8, pour donner prife à la bride, & pour que les tuyaux s’appliquent mieux l’un fur l’autre : on ne doit pas paffer un pouce, parce qu’autrement on boucheroit les écrous de la bride, & les vis ne pourroient pas y mordre.

Il faut en faire autant au tuyau *H,* qui doit lui être joint, & à tous les tuyaux qui doivent former le tuyau montant, après avoir mefuré l’efpace qu’il y a de l’endroit d’où l’on veut faire venir fon eau, au Réfervoir qui doit la recevoir. On fait cette opération avant que de fortir de l’attelier ; on porte enfuite ces tuyaux ainfi préparés, aux lieux où ils doivent être pofés, afin de n’avoir plus qu’à les ajointer enfemble.

On foude le premier tuyau montant *H, Fig.* 8 & 14, à l’ouverture de la pompe qui doit fournir l’eau ; enfuite on a une couronne de cuir *I, Fig.* 13, qu’on coupe fur la rondeur du bout de tuyau replié en *F* ainfi qu’en *H:* on met cette couronne de cuir *I,* entre ces deux tuyaux, ainfi qu’on le voit *Fig.* 8; on ajointe le tout enfemble, & on le ferme par le moyen des deux brides qu’on apperçoit en *G K, Fig.* 8, & des quatre vis *G, H, I, K, Fig.* 12, comme nous l’avons dit plus haut, afin que le tout forme une jointure femblable à celle qui eft repréfentée en *L, Fig.* 14.

Cette couronne de cuir *I,* qu’on met entre les deux tuyaux, eft faite pour fe prêter à la compreffion des brides, & pour que les tuyaux, par ce moyen, fe joignent fi bien, que l’eau ne puiffe pas paffer à travers. Outre que ces brides fortifient étonnemment les tuyaux montants, c’eft qu’encore elles les rendent très-aifés à réparer, parce qu’on n’a qu’à les déviffer. On fe fert également de ces brides pour les tuyaux qui paffent fous terre, lorfqu’ils font gros.

On conduira le tout jufqu’au haut du Réfervoir, en faifant paffer ce tuyau montant par l’ouverture qui eft faite dans le dedans du Réfervoir, & qu’on voit en *a, Fig.* 2, *Pl.* XVII. On fera en forte qu’il puiffe verfer l’eau dans le Réfervoir fans baver : on le recourbera un peu ; fi l’on veut, on pourra mettre dans cette partie-là un robinet tel que ceux qu’on a repréfentés en *c, Fig.* 1 & 3 ; l’eau fe répandra fur la furface du premier Réfervoir, d’où elle fe communiquera à ceux qui l’environnent, & de-là aux cuvettes de conceffion, qui font ouvertes.

ARTICLE SECOND.

Des simples Réservoirs sur charpente.

CEUX-CI font différents de ceux que nous venons de décrire. Nous les appellons *simples*, parce qu'ils ne forment qu'un feul lit, au lieu que les autres en compofent plufieurs. La conftruction de ces fortes de Réfervoirs, confifte 1°. à pofer fes tables felon la forme & la mefure d'une caiffe de charpente qui doit être préalablement faite ; 2°. à les y fouder.

Il faudra donc, avant que le Plombier puiffe pofer aucune table, que le Charpentier établiffe, dans l'endroit que le Particulier, qui veut faire faire le Réfervoir, lui indiquera, la caiffe qui doit le recevoir & le foutenir.

L'Art que je traite n'étant pas celui du Charpentier, je pourrois me difpenfer de décrire de quelle maniere la charpente deftinée à fupporter un Réfervoir, doit être faite. Cependant pour plus grande clarté, il me paroît néceffaire d'en dire au moins quelque chofe.

§. I. De *la conftruction de la charpente*.

ON fuppofe qu'on ait à faire un Réfervoir de Particulier, pour y dépofer une eau qu'il a achetée de la Ville : on mefure d'abord la hauteur du Réfervoir de la Ville *A*, *Fig.* 1, *Pl.* XVIII, d'où elle doit venir ; s'il a 20 pieds de haut, on n'en donnera que 18 à celui du Particulier repréfenté en *B*, *Fig.* 2, parce que l'eau perd toujours un peu de fa fource, à raifon de la friction qu'elle éprouve en chemin.

La charpente *A*, *Fig.* 3, fur laquelle doit être affis le Réfervoir en plomb, doit être faite de plufieurs traverfes *B*, en-haut & en-bas, qui feront foutenues par des montants *C*, afin de recevoir d'eux la hauteur convenable pour donner au Réfervoir la profondeur qu'il doit avoir. Pour rendre cette charpente plus folide, on met des traverfes *D* en forme de croix de Saint-André, qu'on emmor-taife dans les montants ; on attache en outre aux quatre coins de la charpente, des bandes de fer *E* en-haut & en-bas. Il faut que toute cette charpente foit planchéïée en dedans avant que d'y mettre les tables de plomb, qui, fans cet appui, pourroient céder au poids du volume d'eau qui entre ordinairement dans ces efpeces de Réfervoirs, & caufer un grand dommage ; il ne faut laiffer que trois trous, un pour le trop plein, l'autre pour la diftribution, & le troifieme pour donner paffage aux eaux quand on voudra vuider le Réfervoir pour le né-toyer, ainfi qu'on le voit par la petite ouverture *F*, qui fe trouve fous les pieds de l'Ouvrier qui releve la foudure. La caiffe du Réfervoir doit être portée fur fix piliers de charpente *G*, ou d'un plus grand nombre fi le Réfervoir le demande : ils doivent être à la hauteur qu'il convient, & affis fur autant de pieds de maçon-nerie, *H*.

§. II. *De la pofé des Tables.*

QUAND toute la charpente eft dans cet état, l'Ouvrier mefure la longueur & la largeur que doivent avoir fes tables. On fuppofe que le Réfervoir que l'on veut faire, a 12 pieds de large, 18 de long, & 5 pieds 10 pouces de haut ; il faut prendre trois tables de 4 pieds de large, & les couper en fix tables de 6 pieds de long, qui feront les deux côtés de la largeur du Réfervoir. On doit donner à chaque table 6 pieds de haut, quoique la caiffe de la charpente ne porte que 5 pieds 10 pouces ; parce qu'il faut que chaque table recouvre en dehors la charpente d'environ 2 pouces, & qu'elle lui foit clouée. On coupera enfuite fur de nouvelles tables, de quoi faire les deux côtés de la longueur du Réfervoir. Comme nous avons 18 pieds à couvrir dans la longueur du Réfervoir, & que l'on doit, autant qu'il fe peut, rendre les tables égales, on prendra fix tables de 3 pieds de large, au lieu de quatre, qu'on coupera en douze tables de 6 pieds de haut pour leur donner la même hauteur que les premieres, qui porteront, jointes l'une contre l'autre, 36 pieds de large : on en mettra 18 pieds d'un côté, c'eft-à-dire, fix tables, & autant de l'autre ; on coupera pour le fond qui porte 18 pieds de long fur 12 de large, la même quantité de tables de la même longueur & largeur. On pofera d'abord les tables du fond du Réfervoir, enfuite celles des coins ; on finira par celles du pourtour. Il ne faut pas oublier dans cet ouvrage, ainfi que dans tous les autres, de tourner en dehors chaque table du côté le plus propre, comme on l'a déja dit, & de cacher le côté du fable en l'appliquant au dos de la charpente ; enfuite on les foude de la façon qui fuit.

§. III. *Du foudage des Tables.*

COMME il feroit impoffible de fouder des tables mobiles, on commence par tenir les deux premieres tables qu'il faut fouder, en les appuyant contre la charpente avec la batte plate, après les avoir ajointées l'une contre l'autre ; enfuite on les écaille avec le marteau & le cifeau d'un bout à l'autre à l'endroit où elles fe joignent ; en outre on les falit, pour la même raifon que nous l'avons dit plus haut. On commence par fouder les côtés ; cette opération eft fort difficile, parce qu'il faut retenir en l'air la foudure, pour qu'elle ait le temps de prendre. Pour cet effet on a une artelle ou gouttiere : c'eft un morceau de bois de chêne rond & concave, à peu-près fait comme ces poignées de bois avec lefquelles on prend le manche du fer à fouder, comme on le voit *Fig.* 4, & dont on fe fert même au défaut d'artelle. On appliquera cette artelle ou gouttiere au haut de la jointure de chaque table ; on y verfera de la foudure : elle fe répandra fur le plomb à travers la concavité de l'artelle, qui la dirigera à l'endroit où l'on veut qu'elle prenne. Pour rallentir fa chûte, & la faire féjourner plus long-temps aux endroits où il faut qu'elle s'attache, on la recevra avec un morceau de coutil. Celui dont se servent les Plombiers, a au moins une demi-aune de long : on le replie en quatre, ainsi qu'on l'a dit dans le Chapitre des Cuvettes ; quand elle sera caillée, on la frottera avec de la poix-résine, & on y passera le fer à souder, après l'avoir fait rougir dans le feu pour écarter la soudure, l'amincir & la polir.

§. IV. *De la maniere de souder les coins de chaque Réservoir.*

L a façon de souder les coins de tous les Réservoirs en général, est un peu différente de celle de les souder dans leurs autres parties : le travail n'en est cependant pas plus difficile ; mais il demande un peu plus de temps : voici de quelle maniere il faut s'y prendre.

En soudant les coins de chaque Réservoir, on fera en sorte qu'il s'y attache plus de soudure ; pour cette raison on ne l'y ménagera pas, on la versera égale-ment à travers l'artelle ou gouttiere, & on la relevera de même par le moyen du coutil, ainsi que nous venons de le dire ; mais on ne se servira pas du même fer à souder ; il faut en avoir un autre dont la tête *A* soit plus large que le premier, & qui soit faite en cul-de-poire, comme on le voit *Fig.* 5 : c'est, à proprement parler, le fer des Réservoirs & des Cercueils ; il ne sert que très-rarement à autre chose. On le fera rougir comme le premier, & on le passera sur la sou-dure, après qu'on l'aura versée & frottée de poix-résine, pour empêcher que ce fer à souder ne s'étame. Comme sa tête est fort large, il laissera environ 3 pou-ces d'épaisseur de soudure dans l'angle de chaque coin du Réservoir ; cette quan-tité de soudure se trouvant dans les endroits où le Réservoir a le plus de poids à soutenir, & où il seroit le plus foible sans elle, le consolidera. On fera la même chose aux quatre coins & à chaque côté du bas du Réservoir, pour le fortifier également dans ces parties, qui seroient trop foibles pour résister au poids de l'eau.

Après avoir soudé les côtés & les coins du Réservoir, on soudera le milieu ; cette opération n'est pas si difficile que les premieres ; mais aussi la situation des Ouvriers est plus pénible : on salit, on écaille toujours de la même maniere qu'on l'a dit, & on soude de même. Quand tout le Réservoir en plomb sera soudé, il faudra en détacher la soudure inutile ; on balaiera les écaillures & les petites gouttes de soudure qu'on mettra séparément pour en tirer parti de la maniere que nous l'expliquerons dans le Chapitre treizieme ; on fera ensuite à la table de plomb une ouverture semblable à celle de la charpente, pour donner passage aux eaux ; & afin d'empêcher que l'eau qui coulera dans le Réservoir ne s'échappe, on fermera cette ouverture par une soupape à boucle, qu'on enlevera par le moyen d'un crochet quand on voudra.

La soupape dont les Plombiers se servent, est ordinairement de cuivre : elle est faite de deux pieces ; l'une est un cercle *A*, comme on le voit *Fig.* 6, de

l'épaisseur

l'épaiſſeur d'un pouce & demi, & l'autre un bouchon *B, Fig.* 7, qui entre dans le cercle *A* ; le cercle *A* doit être immobile, & le bouchon *B* mobile, pour que l'on ait la facilité d'ouvrir & de fermer le paſſage à l'eau ; c'eſt pourquoi il eſt à boucle *C* : on la prend avec un crochet *D, Fig.* 8, pour la lever ; le tout ferme & ſe joint ſi bien, qu'il n'eſt pas poſſible qu'une ſeule goutte d'eau puiſſe y trouver paſſage.

§. V. *Du ſoudage des Soupapes.*

Il faut d'abord commencer par les étamer ; pour cet effet, il eſt néceſſaire d'avoir une lime. Celle qu'ont coutume d'employer les Plombiers, eſt à manche *A, Fig.* 9 : elle a environ un pied de long ; ſes dents *B* ſont un peu groſſes : elle eſt ſemblable à celle dont les Serruriers ſe ſervent pour leurs gros ouvrages. On *rape*, c'eſt le terme de l'Art, le cercle *A, Fig.* 6, de la ſoupape, pour en ôter la craſſe qui s'y dépoſe ; on la trempe enſuite dans la ſoudure, qui y prend & s'y attache comme celle qu'on met dans le dedans des caſſerolles. Lorſque le cercle *A* de la ſoupape ſera étamé, on en bouchera le trou qu'on doit avoir laiſſé à la table de plomb *E*, ainſi qu'on le voit dans la coupe, *Fig.* 8, & on la ſoudera tout autour à cette table de plomb, après l'avoir écaillée : ſans cet expédient, il ſeroit impoſſible que la ſoudure prît au cuivre : le tout s'attachera enſemble ; par ce moyen le cercle *A* deviendra immobile, & le bouchon *B* ſe levera & ſe rabaiſſera ainſi qu'on le jugera à propos. Comme il n'eſt pas aiſé d'accrocher l'anneau *C* quand le Réſervoir eſt plein, il me ſemble que j'aimerois mieux un gros robinet, qui, ſoudé en dehors au vuidange *F*, donneroit la facilité d'ouvrir & de fermer le Réſervoir tout de ſuite ſans prendre tant de peine ; peut-être n'y a-t-on pas ſongé, ou y a-t-on trouvé des inconvéniens.

§. VI. *De la poſe des Tuyaux.*

Les premiers tuyaux que l'on poſe après que la caiſſe du Réſervoir eſt faite & revêtue de plomb, ſont le *tuyau montant*, le *trop plein* & le *vuidange* ; enſuite on aſſied les tuyaux de conduite dont nous parlerons dans le Chapitre ſuivant.

On commence, ſi l'on veut, à mettre le tuyau montant en place ; mais avant de le faire, il faut ſavoir la quantité d'eau que l'on doit tranſmettre du Réſervoir de la Ville *A, Fig.* 1, *Pl. XVIII*, dans le Réſervoir *B* du Particulier, *Fig.* 2, & avoir un tuyau proportionné à ſon volume. Il eſt une regle invariable pour ne pas ſe tromper : un tuyau d'un pouce de diametre contient, plein, 144 lignes d'eau : d'après ce principe on prendra des tuyaux d'un diametre convenable à la conceſſion qui a été faite par la Ville.

Il faudra que le Plombier s'informe d'abord quelle eſt la cuvette de conceſfion, parmi toutes celles qu'on voit *Fig.* 1 & 3 , *Pl.* XVII, que la Ville a vendue au Particulier qui lui a commandé ce Réfervoir ; après s'en être inftruit, il foudera fon tuyau *C*, *Fig.* 1, *Pl.* XVIII, à l'extrémité du bout de tuyau qui eft attaché à chaque cuvette, comme on le voit *Fig.* 1 & 2, *Pl.* XVII.

Cet ajointement doit fe faire par un nœud de foudure *D*, *Fig.* 1, *Pl.* XVIII; il eft d'autant plus difficile, qu'il faut le faire en l'air, & dans une fituation peu commode pour l'Ouvrier. On falira d'abord fes tuyaux, & on les grattera ; après avoir appliqué fes tuyaux l'un contre l'autre, on y verfera de la foudure, qu'on retiendra par le porte-foudure ou morceau de coutil : on la fera prendre tout autour du tuyau qu'on attache ; on arrondira enfuite, avec le fer à fouder, ce nœud de foudure, frotté préalablement de poix-réfine. Comme un tuyau de 14 pieds, qu'ont ordinairement ceux qu'on fait fondre ou qu'on roule, ne fuffiroit pas pour conduire l'eau de conceffion du Réfervoir *A* de la Ville, *Fig.* 1, *Pl.* XVIII, au Réfervoir *B* du Particulier, *Fig.* 2, il faut joindre plufieurs tuyaux enfemble par des nœuds de foudure *E*, *F*, *G*, *H*, jufqu'à ce qu'on ait atteint le Réfervoir *B* du Particulier : ces nœuds fe font comme les premiers. Il faut auffi faire des foffés d'un bout à l'autre de la rue que les tuyaux doivent traverfer, comme on le voit entre la figure 1 & la figure 2.

Il ne faut pas oublier d'avoir l'attention de faire entrer le tuyau fupérieur, c'eft-à-dire, celui qui donne l'eau, dans l'inférieur, afin de ne point mettre d'obftacle à fon cours : c'eft une regle pour tous les autres tuyaux de conduite, comme pour ceux-ci

On fe trouve dans le cas de courber quelquefois ce tuyau, comme on le voit par le coude qui eft en *I*, *Fig.* 2, fans qu'on puiffe s'en difpenfer ; cela n'eft pas bien difficile à faire ; comme le plomb n'en eft pas bien fort, on ne fait que le prendre par les deux bouts, & on lui donne la forme qu'on veut fans qu'il fe caffe, fans même qu'il perde rien de fon diametre en aucune partie, parce que le plomb prête beaucoup.

Quand le tuyau montant fera arrivé au Réfervoir *B* du Particulier, on l'attachera à la charpente par un clou *L*, fait en crochet; enfuite on en recourbera l'extrémité qui doit verfer l'eau dans le Réfervoir, comme on le voit en *M*, afin qu'il ne bave pas.

Comme les cuvettes qui n'ont point encore été achetées, font fermées de tous les côtés, & qu'il eft impoffible que l'eau du Réfervoir y entre, auffi-tôt que le tuyau montant eft placé, on va la percer avec une vrille.

C'eft une opération où affifte toujours l'Architecte de la Ville, comme chargé, par ferment, de fes intérêts, afin de ne pas laiffer prendre plus d'eau qu'il n'en revient. La Ville lui a, pour cet effet, mis entre les mains une *jauge*, *Fig.* 5 , *Pl.* XVII, où les lignes, les demi-pouces & les pouces font marqués ; c'eft avec cet inftrument qu'il mefure le trou fait à la cuvette qu'on a achetée, en l'enfonçant plus ou moins, felon la quantité d'eau qui a été vendue. L'eau qui léche le derriere

de la cuvette, fort bientôt, comme le vin d'une piece que l'on met en perce, &
fe répand dans la cuvette, de-là dans le tuyau qui la conduit au Réfervoir du Particulier, qu'il faut avoir foin de boucher, jufqu'à ce que tous les autres tuyaux du
Réfervoir foient mis en place, parce que l'eau qui y entreroit empêcheroit de
le faire.

On pofe enfuite le trop plein *N*, *Fig.* 2, *Pl. XVIII* ; c'eft un tuyau qui eft
dans le dedans du Réfervoir : il eft nommé ainfi, parce qu'il donne paffage à
l'eau, qui, devenant furabondante, pafferoit par-deffus le Réfervoir, & caufe-
roit beaucoup de dommages en pourriffant la charpente fur laquelle le Réfervoir
eft affis, ou les fondements des murs où elle tomberoit ; c'eft pour cette raifon
qu'on le met à environ un pouce au-deffous des bords du Réfervoir, afin qu'il
empêche qu'il ne fe rempliffe tout-à-fait.

Comme il ne laiffe pas que de paffer de temps en temps une affez grande
quantité d'eau par ce tuyau, & qu'il feroit dommage de la perdre, on en peut
faire un abreuvoir *O* pour les chevaux ; on le conduit pour cet effet dans une
cour *P*, où l'on fait un baffin *Q* à la hauteur environ de deux pieds, pour la
commodité des chevaux. On le met ordinairement dans un coin ; on l'appuie
contre les côtés intérieurs du Réfervoir : du refte on le foude comme le tuyau
montant *C*.

Le vuidange *R*, *Fig.* 2, eft un tuyau qui eft pour recevoir l'eau qui paffe par
la foupape *S*, quand on la débouche pour nétoyer le Réfervoir. On le fait auffi
gros qu'on veut, afin que donnant paffage à beaucoup d'eau, elle refte moins
de temps à fe vuider : on le foude de la même maniere que les autres. On le
conduit ordinairement dans la rue, autant que cela fe peut. Quand ils font gros
on les bride, *Fig.* 8.

§. VII. *Des avantages que les Réfervoirs domeftiques, conftruits fur charpente,*
ont fur les Réfervoirs de même nature, conftruits fur maçonnerie.

JE découvre dans les Réfervoirs faits fur charpente, différentes commodités
que je n'apperçois pas dans ceux qui font affis fur maçonnerie.

Premiérement, il eft plus difficile de conftruire un Réfervoir fur maçonnerie
à telle ou telle hauteur, pour pouvoir conferver celle de l'eau qu'on fait venir ;
au lieu qu'on peut le faire très-aifément par le moyen d'une charpente folide.
De-là vient qu'on ne voit guere ou prefque jamais de Réfervoirs en plomb fur
maçonnerie, que dans la terre. J'en conclus qu'il eft de quelque maniere
très-difficile de pouvoir en faire ufage dans les cas dont nous venons de parler.

D'ailleurs, je vois d'autres avantages dans la nature de la conftruction des
Réfervoirs fur charpente, qui doivent les faire prévaloir fur les autres, autant
néanmoins que cela eft poffible ; c'eft qu'ils ne peuvent perdre une feule goutte
d'eau fans qu'on ait auffi-tôt la facilité d'appercevoir la quantité de celle qui s'en
va, l'endroit où elle fuit, & par conféquent le moyen de réparer cette perte

dans le même moment ; au lieu qu'il n'en eſt pas de même des autres. Si quelques-unes de leurs tables viennent à manquer & à ſe prêter au filtrage de l'eau, on ne l'apperçoit pas dans le moment , & on n'y met pas plus aiſément remede. Mais ſi les premiers l'emportent ſur les ſeconds , on n'eſt pas toujours dans la poſſibilité d'en faire. On en conſtruit toujours quelques-uns ſur maçonnerie : il faut donc en parler.

Article Troisieme.

Des Réſervoirs ſur maçonnerie.

Il faut d'abord que toutes les pierres de taille qu'on emploie dans ces cas-là , & qui doivent porter le plomb, ſoient aſſiſes, & que toute la maçonnerie ſoit faite avant qu'on puiſſe y poſer aucune table : cela fait, on s'y prend de la même maniere que nous l'avons dit par rapport aux Réſervoirs précédents : toute la différence qu'il y a , c'eſt qu'au lieu d'appuyer ſes tables contre de la charpente, on le fera contre de la maçonnerie ; d'ailleurs on ſoudera les tables comme les précédentes.

Il faudra y établir un tuyau de trop plein , un vuidange, & un tuyau de conduite , s'il en eſt néceſſaire ; je dis s'il en eſt néceſſaire, parce qu'il eſt des Réſervoirs ſur maçonnerie qui n'en ont point.

Un des plus beaux & des plus grands que nous connoiſſions de cette eſpece, eſt celui de Bicêtre. Puiſque cela vient à propos , nous allons le décrire tel qu'il eſt.

§. I. *Du Réſervoir de la maiſon de Bicêtre.*

Ce Réſervoir, qui eſt un des plus conſidérables qu'il y ait en Europe, a 64 pieds en quarré, & 9 pieds de profondeur : il contient quatre mille cinq cents muids ; il eſt fermé par une voûte conſtruite & aſſiſe ſur des piliers de maçonnerie. Les pieds de chaque pilier ſont noyés dans l'eau du Réſervoir ; mais pour qu'ils n'en ſoient point endommagés , ils ſont couverts en plomb à la hauteur de l'eau , ainſi que le pourtour & le fond du Réſervoir : le tout eſt environné d'un balcon de fer garni de fil d'archal , par le moyen duquel on peut faire tout le tour du Réſervoir. Il donne de l'eau à douze endroits différents ; ſavoir, à la Cuiſine , à Saint-Marc (*) , à Saint-Joſeph , à Saint-Luc , à la Miſéricorde , à Saint-Charles , à Saint-Louis , à la Buanderie , à la grande Fontaine , & à trois Jardins différents. C'eſt de ce dépôt d'eau , que la maiſon de Bicêtre tire toutes ſes eaux, ou preſque toutes , ſi l'on en excepte une petite ſource qu'elle a encore, qui en fournit à quelques endroits. Deux robinets & un ſeul aqueduc ſuffiſent pour diſtribuer cette grande quantité d'eau aux différents endroits que nous venons de nommer.

(*) Saint-Marc, Saint-Joſeph , Saint-Luc, &c. ſont des Dortoirs de Bicêtre.

§. II.

§. II. *De l'endroit d'où eſt tirée l'eau qui garnit ce Réſervoir.*

L'EAU qui eſt dans ce Réſervoir ne vient d'aucune riviere, en montant par des tuyaux, pour ſe répandre en forme de champignon, comme celle des Réſervoirs de la Ville; c'eſt d'un Puits, fameux par ſa profondeur, qu'on tire l'eau qu'il contient.

Ce Puits a été fait par M. de Bosfrand, Architecte du Roi, & qui a été Adminiſtrateur de cet Hôpital en 1733, 1734 & 1735: lui-même l'a fait conſtruire ſous ſes ordres. Ce Puits a 34 toiſes & demie de profondeur, 15 pieds de diametre, & 45 pieds de circonférence; la maçonnerie qui en eſt immenſe, a été élevée en onze jours & onze nuits.

La façon dont on en tire l'eau eſt fort curieuſe; c'eſt par le ſecours de pluſieurs chevaux: il y en a douze uniquement employés à cet ouvrage, dont quatre travaillent continuellement depuis 3 heures du matin juſqu'à 7 heures du ſoir, Fêtes & Dimanches, & qu'on releve tour à tour.

Les quatre chevaux qui travaillent, ſont attachés à quatre leviers qui reſſemblent à ceux de la machine du Laminoir, par le moyen deſquels ils font tourner un arbre vertical qui porte un treuil, auquel eſt attaché un gros cable, dont on fait paſſer les deux bouts dans deux poulies, qui, placées au-deſſus du Puits, les dirigent pour y deſcendre. Aux deux extrémités de ce cable, ſont deux ſeaux garnis de fer, dont chacun peſe vuide, douze cents, & plein 2784, & tient trois muids ou environ.

Ce ſont ces ſeaux qui vont chercher l'eau tour à tour au fond du Puits, & la verſent dans une coquille maſſive de plomb, qui eſt devant le Puits, en s'accrochant par leur anneau dans un crampon de fer qui fait pencher leur orifice à meſure que le cable, auquel ils ſont attachés, les attire en-haut.

Il faut obſerver 1°. que ces ſortes de Réſervoirs ne ſont pas toujours en tables de plomb, qu'on ſe contente ſouvent de boucher les joints des pierres de taille qu'on y emploie, avec du ciment qu'on y jette. S'il arrive que ce ſoit avec du plomb qu'on le faſſe, il faudra s'y prendre de la façon qu'on l'a ſpécifié par rapport aux Terraſſes cimentées de cette maniere.

2°. Que ſoit que ces Réſervoirs, qu'on peut appeller proprement des *Réſervoirs de diſtribution*, ſoient ſur maçonnerie ou ſur charpente; dès-lors qu'ils ſont faits pour contenir une eau qui eſt deſtinée pour boire, ou pour ſervir à quelqu'autre uſage de la vie, ils doivent être toujours à couvert, afin que l'eau du ciel n'y tombe pas, & ne trouble pas celle qu'ils contiennent.

Paſſons aux Pieces d'eau des enclos, qui, au contraire, ſont toujours à découvert.

ARTICLE QUATRIEME.

Des Pieces d'eau ou Poiſſonnieres que l'on voit dans les Enclos.

C ES Pieces d'eau conſidérables qui font un des principaux ornements des enclos, font de véritables Réſervoirs, parce qu'ils en ont la forme. Ils ne different des premiers qu'en ce qu'ils font découverts : auſſi ne font-ils pas pour le même objet. Les uns ſervent à conſerver une eau qui eſt pour l'uſage de la vie ; celle, au contraire, qui eſt en dépôt dans ceux-ci, ne fert qu'à tenir du poiſſon & le conſerver vivant. Ils procurent le plaiſir de la pêche ; on peut y jetter le filet pour ſe récréer. C'eſt ce qui fait qu'on leur donne ordinairement le nom de *Poiſſonnieres* ; mais ce nom convient ſur-tout aux petites Pieces d'eau, d'où l'on peut voir qu'il y en a de pluſieurs formes & de pluſieurs grandeurs. Celles qui font conſidérables, outre qu'elles contiennent preſque toujours une très-grande quantité de poiſſon, portent encore, pour l'ordinaire, un bateau pour s'y promener, comme je l'ai vu en pluſieurs endroits.

Soit qu'ils ſoient d'un volume d'eau médiocre ou conſidérable, dès-lors qu'ils font en plomb, ils font, en tout, faits comme les précédents, du moins quant à ceux qui ne contiennent qu'une petite quantité d'eau ; & les autres n'en different que par leurs ſoupapes, comme on va le voir.

§. I. *Des Soupapes des grandes Pieces d'eau.*

I L faut que tout ſoit proportionné ; les ſoupapes dont nous avons parlé par rapport aux Réſervoirs domeſtiques ordinaires, feroient trop petites pour de grandes Pieces d'eau. On doit donc en employer qui répondent au volume d'eau que ces Pieces d'eau contiennent : c'eſt ce qu'on eſt obligé de faire à chaque fois que l'on ſe trouve dans ces cas-là.

Celles dont on ſe fert ont la forme des premieres, à la vérité, & on les foude de même : mais le bouchon en eſt infiniment plus gros ; d'ailleurs, au lieu d'être à anneau, il tient à une forte barre de fer dont le haut eſt à vis, & reſſemble à une clef de preſſoir. Cette clef paſſe, à l'endroit où elle eſt taraudée, dans une large barre de fer écrouée & faite pour la recevoir ; cette derniere eſt ſupportée ſur deux autres qui font plombées dans la muraille.

§. II. *De l'endroit où on les place.*

Pour avoir la facilité de les fermer & de les ouvrir, afin de vuider quand on veut les Pieces d'eau qu'elles ferment, on doit chercher l'endroit où cela puisse se trouver sans faire aucun embarras; mais il n'est pas de lieu plus convenable pour les placer, que dans une des encoignures de la maçonnerie qui forme ces Pieces d'eau: c'est aussi là où on est dans l'usage de les mettre ordinairement. Il faut avoir le soin d'ouvrir un canal qui leur réponde; car il ne suffit pas qu'il y ait des soupapes, il faut encore des conduits souterrains qui en reçoivent l'eau, & la transmettent hors des Pieces d'eau, afin de les écurer, & d'en ôter tout le poisson quand on juge à propos.

§. III. *De la maniere de se servir de ces Soupapes.*

La clef, qui est la barre de fer posée dans le milieu, a un anneau, ainsi que les clefs des pressoirs, lequel est fait pour recevoir une pince de fer, afin qu'on puisse la faire tourner comme on le juge à propos. Quand on veut l'ouvrir, on y passe cette pince, & on fait ce que font ceux qui veulent desserrer un pressoir; par ce moyen la clef monte & attire à elle le bouchon de la soupape qui lui tient: il donne passage à l'eau, autant qu'il y en a dans la Piece d'eau; on en enleve ensuite le poisson, & on en cure le fond, où les eaux font toujours un dépôt, qui ne sert pas peu à engraisser le poisson; ensuite on l'écure, comme on l'a vu par rapport au Réservoir du Pont Notre-Dame. Ces Pieces d'eau tirent quelquefois leurs eaux du ciel, que l'on y laisse amasser; d'autres fois d'une source qu'on y conduit; enfin des Réservoirs domestiques mêmes; & de cette sorte ils peuvent être regardés comme une ébauche de la distribution de l'eau que les premiers contiennent.

Mais nous ne nous arrêterons pas là: la matiere que cette distribution présente, est trop étendue pour que nous ne la traitions pas en grand & dans toutes ses parties; c'est ce que nous allons faire dans le Chapitre suivant.

CHAPITRE ONZIEME.

De la distribution des Eaux.

LES Particuliers ne font conduire des sources chez eux, ou n'achetent de l'eau de la Ville, que pour se procurer la facilité d'avoir de l'eau en plusieurs endroits de leur maison pour leur commodité ; c'est en quelque maniere pour cet unique objet qu'ils font la dépense des Réservoirs domestiques qu'ils font faire, & qu'ils tiennent chez eux : ils ont coutume même de donner quelque chose à l'agréable, lorsque leur aisance peut le leur permettre. Les Seigneurs, par exemple, qui ont des Hôtels dans Paris, ne se contentent pas d'avoir quelques fontaines utiles, soit pour fournir de l'eau à la cuisine, à l'abreuvoir des chevaux, & quelques robinets pour les bains & les lieux d'aisances ; ils font encore bien aises de voir leurs jardins décorés de quelques pieces d'eau, non-seulement de celles dont il a été question dans le quatrieme Article du Chapitre précédent, mais encore d'un jet d'eau, d'une nappe d'eau, & autres choses semblables, selon que le volume d'eau qu'ils ont acheté, est plus ou moins considérable.

Après avoir donc donné la maniere de faire les Réservoirs, il paroît nécessaire de continuer cette opération, en disant de quelle maniere on peut faire la distribution des eaux qu'ils contiennent.

Cette distribution ne laisse pas que de demander de l'intelligence de la part des Plombiers ; mais elle en exigeroit beaucoup plus, s'il falloit qu'ils calculassent la pesanteur des liquides, la friction des parois des vases dans lesquels on les fait passer, & l'exacte quantité de pieds, de pouces, de lignes, qu'ils perdent en hauteur à mesure qu'ils s'éloignent de leur source ; mais on n'exige point d'eux ces recherches physiques. De mon côté je préviens que je n'irai pas au-delà de ce que me permet l'Art que je traite ; je me contenterai de renvoyer le Lecteur au Traité d'Architecture hydraulique de M. Bélidor, où cette matiere est amplement traitée. Je me bornerai au travail du Plombier, que je développerai en six Articles. Dans le premier, je parlerai de l'assiette des Tuyaux de conduite ; dans le second, des Robinets ; dans le troisieme, des Fontaines ; dans le quatrieme, des Jets-d'eau ; dans le cinquieme, des Nappes d'eau ; & dans le sixieme, des Cascades.

Article Premier.

De l'aſſiette des Tuyaux de conduite en général.

Nous avons déja parlé de quelques Tuyaux, mais qui ne regardoient point du tout l'opération que nous traitons dans ce Chapitre; il s'agit ici des Tuyaux de conduite.

On entend par *Tuyau de conduite*, un tuyau principal, auquel pluſieurs autres ſont joints, pour diſtribuer & conduire aux endroits qu'on juge à propos, l'eau contenue dans le Réſervoir. On commence par poſer le tuyau principal.

§. I. De la poſe du premier Tuyau de diſtribution.

Ce premier tuyau *B, Fig.* 1, *Pl.* XIX, doit entrer dans l'intérieur du Réſervoir *A*, par l'ouverture que nous avons dit de faire pour le recevoir, dans le Paragraphe qui traite de la conſtruction de la charpente; & il doit monter juſqu'au milieu du Réſervoir, à peu-près juſqu'en *A*: il faut l'attacher en dedans du Réſervoir, ainſi que le trop plein; mais on doit avoir le ſoin de ſouder les clous tout autour des trous qu'ils font aux tables dans leſquelles on les enfonce. On ſoude à ce premier tuyau d'autres tuyaux du même diametre, pour le conduire en tel endroit qu'on veut. On peut joindre à celui-ci d'autres tuyaux plus petits; cela ſe fait en les embranchant l'un dans l'autre.

§. II. De la maniere d'embrancher les petits Tuyaux de conduite dans les Tuyaux principaux.

Lorſqu'on veut embrancher de petits tuyaux aux tuyaux principaux, on fait une ouverture à ces derniers, proportionnée au diametre de ceux qu'on veut leur joindre, & on les attache enſuite par des nœuds de ſoudure, ainſi que cela eſt repréſenté en *D*. On aſſied enſuite ſes tuyaux ſur de la terre ou ſur des cordons de pierre qu'on nomme *gargouilles*.

Paſſons maintenant aux Robinets, qui entrent pour beaucoup dans les conduites.

Article Second.

Des Robinets.

On entend par *Robinet*, une clef faite pour donner ou fermer le paſſage à toutes ſortes de liquides, comme on le voit en *C*.

Tout Robinet eſt compoſé de deux pieces de cuivre *A, B, Fig.* 2, 3, 4, 6 & 7, qui entrent l'une dans l'autre. La partie *B* eſt immobile; la partie *A*,

PLOMBIER.   I i

au contraire, ou autrement le bouchon, eft mobile : on peut le faire tourner du côté que l'on veut. Ces deux pieces font percées à jour dans un ou plufieurs endroits de leur circonférence, en telle forte que les eaux trouvent un paffage, lorfque les deux trous des deux parties du Robinet fe rencontrent ou fe regardent ; & au contraire toute iffue leur eft bouchée, lorfqu'ils font tournés d'un fens oppofé.

On diftingue plufieurs fortes de Robinets ; les uns font à une eau, *Fig.* 2 ; les autres à deux, *Fig.* 3 ; les autres enfin à trois, &c. *Fig.* 4. Ceux qui font à deux eaux ont deux branches *C*, *D*, & le bouchon *A* n'a qu'un trou qui le traverfe, *Fig.* 2.

Ceux qui font à deux eaux, ont trois branches *E*, *F*, *G*, *Fig.* 3, & leur bouchon a trois trous.

Ceux qui font à trois eaux ont quatre branches *H*, *I*, *K*, *L*, & leur bouchon a quatre trous, *Fig.* 4.

Outre que ces Robinets font extrêmement effentiels pour arrêter les eaux quand on veut dégorger des tuyaux, comme nous le verrons dans le Chapitre fuivant, ils font encore très-néceffaires pour la diftribution des eaux. Il arrive d'ailleurs fouvent qu'on veut faire fervir la même eau à plufieurs chofes différentes ; par exemple, à donner de l'eau tantôt à une fontaine, tantôt à un jet-d'eau, tantôt à une nappe d'eau, &c. cela ne peut fe faire que par le moyen des Robinets qui bouchent le paffage à l'eau aux endroits où on ne la veut pas, & le lui ouvrent fucceffivement aux endroits où on defire qu'elle aille ; pour cet effet il faut qu'ils foient foudés aux tuyaux de conduite. Comme cela demande quelques explications, nous ne le renverrons pas plus loin.

§. I. *De la maniere de placer ces Robinets en général.*

Avant de fouder un Robinet quelconque, il faut d'abord s'affurer de deux chofes, 1°. s'il convient ; car on ne pourroit pas mettre un Robinet de deux eaux où il en faut un de trois, & pareillement un de trois où il en eft befoin d'un de quatre ; 2°. fi c'eft l'endroit le plus propre pour le placer, & où l'on ait le plus de commodité pour l'ouvrir ou le fermer.

§. II. *Des circonftances où l'on doit employer les Robinets à une eau.*

On doit employer les Robinets à une eau, ou autrement dit à deux branches *C*, *D*, *Fig.* 2, lorfqu'on ne veut faire aller l'eau qu'à un feul endroit, & qu'il n'y a par conféquent qu'un feul tuyau de conduite.

§. III. *Des cas où il faut se servir des Robinets à deux eaux.*

On doit se servir des Robinets à deux eaux, ou autrement dit à trois branches *E, F, G, Fig.* 3, lorsqu'on veut que l'eau aille dans deux endroits différents, & que, par conséquent, il y a deux tuyaux de conduite.

§. IV. *Des circonstances où il faut faire usage des Robinets à trois eaux.*

On doit faire usage des Robinets à trois eaux, ou autrement dit à quatre branches *H, I, K, L,* lorsqu'on veut que l'eau aille à trois endroits différents, & que par conséquent il y a trois tuyaux de conduite. Voyons à présent de quelle façon on les étame pour les souder.

§. V. *De l'étamage des Robinets.*

Tout Robinet avant d'être soudé, doit d'abord être étamé, c'est-à-dire, blanchi avec de l'étain, afin que la soudure puisse y prendre.

Puisque l'étamage est une chose essentielle dans la soudure des Robinets, il faut expliquer comment il se fait.

On a une lime ordinaire de Serrurier, avec laquelle on rape le bout de chaque branche de la partie *B, Fig.* 2, 3 & 4, pour en enlever la superficie; on y verse ensuite de l'étain qui s'attache au cuivre, & le met par ce moyen en état de prendre à toutes sortes de soudures.

§. VI. *Du soudage des Robinets.*

Lorsqu'une fois les Robinets, qu'on veut mettre dans une conduite, sont étamés, on prend la batte ronde, & on amincit le bout du tuyau qui doit donner l'eau au Robinet, pour le faire entrer dans une de ses branches; parce qu'il faut, autant qu'on le peut, ne point mettre d'obstacle au cours de l'eau, & que l'on en mettroit un très-grand, si la branche du Robinet entroit dans le tuyau supérieur. Il faut faire tout le contraire à l'autre bout du Robinet, par la même raison; il faut que la branche qui donnera l'eau, entre dans le tuyau inférieur. Pour cet effet on ouvre le bout de ce tuyau avec le tampon & le marteau; quand le tout est dans sa place, on fait un nœud de soudure à chaque côté du Robinet que l'on vient de placer; c'est-à-dire, si c'est un Robinet à deux branches *C, D, Fig.* 2, on en fera deux; si c'est un Robinet à trois branches *E, F, G, Fig.* 3, on en fera trois; si c'est un Robinet à quatre branches *H, I, K, L, Fig.* 4, on en fera quatre.

Il faut pourtant remarquer ici qu'on se sert quelquefois des Robinets à trois ou

quatre branches pour une feule eau : c'eft lorfqu'on veut la faire aller fucceffivement à plufieurs endroits différents ; alors les bouchons different de ceux dont
nous venons de parler : ils font faits de telle façon que le bouchon du Robinet à
deux eaux bouche le paffage à l'une en l'ouvrant à l'autre ; & que le bouchon du
Robinet à trois eaux, en donnant iffue à une eau, la bouche à deux autres, ce
qui fait qu'on peut compter cinq efpeces de Robinets. Nous avons vu la
maniere de faire ufage des uns & des autres : paffons aux Fontaines.

A R T I C L E T R O I S I E M E.

Des Fontaines.

LES Fontaines font ce qu'il y a de plus néceffaire dans une maifon : le refte
n'eft qu'agrément : c'eft auffi ce qu'on commence à faire de l'eau qu'on a achetée
& qu'on fait venir.

On en diftingue de plufieurs formes ; les unes font des Fontaines communes,
les autres font un peu plus recherchées ; il y entre des amortiffements que les
Fondeurs en cuivre jettent ordinairement, mais dont les Plombiers ne laiffent
pas que d'en faire quelques-uns. Cela n'arrive pas dans Paris, où on eft obligé de
diftinguer ce qui dépend de fon Art, de ce qui n'en eft pas, quand il s'agit toutefois de quelqu'ouvrage confidérable ; & fi on ne le faifoit pas, on pourroit y être
forcé par Juftice : telle eft la loi des Maîtrifes. Mais dans les Provinces, où l'on
n'eft pas menacé de procès, attendu qu'on ne connoît pas toutes ces Maîtrifes,
les Ouvriers étant moins nombreux, les Plombiers un peu induftrieux y font
fouvent Fondeurs, & réuniffent dans un feul ouvrage, ce qui dépend de plufieurs Arts.

§. I. *Des Fontaines ordinaires.*

ON entend par *Fontaines communes* ou *ordinaires*, celles qui font fans ornement. L'ouvrage qui concerne ici les Plombiers, fe réduit aux tuyaux de conduite
qui viennent en droiture du Réfervoir de diftribution, ou qu'ils embranchent à
un tuyau principal, comme on le voit en *D, Fig.* 1, *Pl.* XIX. Ils les foudent
comme nous l'avons dit plus haut ; ils les conduifent de cette forte dans une
cour ou un jardin, en un mot à l'endroit où doit être la Fontaine, en les allon-
geant par autant de tuyaux & de nœuds de foudure qu'il en faut pour y arriver :
là ils redreffent leur dernier tuyau de conduite, & l'élevent à proportion de la
hauteur qu'ils veulent donner à leur Fontaine, & que la vivacité de l'eau qui
vient du Réfervoir le permet, eu égard à la force que perdent les liquides par
la friction qu'ils éprouvent des parois des vafes qui les contiennent. Au bout de
ce tuyau de conduite, ils foudent quelquefois un bout de tuyau de fer ou de
cuivre, quelquefois un robinet, quand on ne veut pas que la Fontaine aille

toujours.

toujours. On en fait fur-tout beaucoup ufage dans les Fontaines des cuifines, où on n'en fait couler l'eau que lorfqu'on en a befoin, & pour la pure néceffité.

§. II. *Des Fontaines un peu plus recherchées.*

DANS les Fontaines un peu plus recherchées, ils ont coutume de jetter en moule * des placards qui repréfentent affez ordinairement une tête de lion, dans la gueule duquel ils mettent un petit tuyau de fonte pour former le jet. Ces Fontaines fe voient ordinairement dans l'angle d'une cour.

Pour celles qui font au milieu des cours, ils conduifent le jet au haut de la pyramide, & le font fortir en gerbe par le moyen d'un ajoutoir, ainfi qu'on le voit en *A*, *Fig*. 8, femblable à celui des jets dont il fera queftion dans l'Article fuivant; quelquefois ils enveloppent ce jet d'un globe de plomb ou de pierre de taille, qui eft en deux parties cimentées dans leur joint. Ils l'enferment hermétiquement & le rendent invifible: alors ils flanquent quatre petits tuyaux de fonte dans le globe, & en font fortir quatre jets. Ces Fontaines font affez communes dans les Provinces: c'eft un avantage qu'elles ont fur Paris. On en voit fur-tout de très-belles à Clermont-Ferrand, qui font fournies par l'eau admirable qui vient dans un très-gros corps de conduite, d'une montagne voifine qu'on nomme *Roya*.

Il eft quantité d'autres formes qu'on peut donner aux Fontaines, & qu'on ne peut pas rappeller toutes; nous nous contenterons de ce que nous en avons dit. Paffons aux Jets-d'eau.

ARTICLE QUATRIEME.

Des Jets-d'eau.

IL eft ordinaire qu'après avoir fongé à l'utile, on donne quelque chofe à l'agréable. Les Jets-d'eau feront une nouvelle partie de diftribution de l'eau que nous avons dans notre Réfervoir; cela nous donnera occafion d'expliquer ce qui concerne, dans ces ouvrages, l'Art du Plombier.

On entend par *Jet-d'eau*, un grand baffin de pierre ou de marbre, qui eft horifontal à la terre, & d'où il fort une gerbe d'eau plus ou moins forte, qui retombe dans ce même baffin.

Elle s'éleve à une hauteur plus ou moins grande, felon la hauteur de fa fource. Il y en a une quantité prodigieufe aux environs de Paris, dans les jardins & promenades publiques. Il y en a au Luxembourg, aux Tuileries, au Palais Royal, &c; mais on ne les fait jouer ordinairement que le jour de Saint Louis.

---

* Ces moules fe font ordinairement fur les lieux avec de la terre & des glaires d'œuf.

PLOMBIER.   K k

§. I. *De la maniere de faire les Jets-d'eau.*

Il faut que le Plombier ait avec lui un Maçon, & qu'il lui faffe, fous fes yeux, creufer un baffin *H*, *Fig.* 1, dans la terre, au milieu duquel on fait un petit foffé *I* où l'on pofe la petite boule d'où doit fortir le Jet ou la gerbe d'eau, & dans laquelle on doit déja avoir mis un bout de tuyau de conduite : on entend par-là qu'il faut que cette boule, qui eft ordinairement de pierre, foit creufe en dedans. On foude enfuite un autre tuyau au premier, pour le fortir hors du baffin. On pofe un autre tuyau avec foupape pour faire fortir les eaux du baffin quand on voudra le nétoyer. On pave enfuite le baffin, & on le cimente de telle maniere, que les eaux n'en puiffent point fortir.

§. II. *De la maniere de fouder l'ajoutoir du Jet-d'eau.*

On entend par *ajoutoir*, ce morceau de cuivre par où la gerbe d'eau paffe, & qui eft à l'extrémité du tuyau de conduite, *Fig.* 1 & 7.

On fuppofe qu'on veuille fouder l'ajoutoir *K*, *Fig.* 7, 8 & 9 ; on fait à ce fujet ce qu'on a fait par rapport aux robinets, c'eft-à-dire, on le lime & on l'étame de même : on y verfe enfuite la foudure, qui y prend ainfi que fur du plomb gratté, & l'attache au tuyau de conduite *D*, dans la forme qu'on le voit *Fig.* 7 & 8.

On remarquera ici que par rapport aux ajoutoirs, il ne faut pas obferver ce qu'on a dit à l'égard des Robinets ; il ne faut pas que le tuyau entre dans l'ajoutoir, comme cela devroit fe faire fi on ne vouloit pas gêner le cours de l'eau ; il faut, au contraire, faire entrer le bout de l'ajoutoir dans l'orifice du tuyau, par la raifon que plus l'eau trouve de difficulté à fortir d'un vafe où elle eft vivement preffée, plus elle jaillit avec force & rapidité. C'eft pour cette raifon qu'on fait l'orifice des ajoutoirs mêmes fi étroit.

§. III. *De la continuation du foudage des Tuyaux de conduite.*

On reprend la conduite au bas du baffin, c'eft-à-dire, on foude un tuyau à celui qu'on a déja pofé, toujours en faifant un nœud de foudure entre les deux, & faifant entrer le tuyau qui doit donner l'eau, dans celui qui la reçoit. On continue ainfi jufqu'à l'endroit où l'on veut prendre l'eau.

Cela peut fe faire de deux manieres, ou en conduifant le tuyau jufqu'au Réfervoir, en telle forte qu'il n'ait point de communication avec les autres conduites, & qu'il en foit féparé, ou en l'embranchant à la premiere conduite de la Fontaine dont nous avons parlé plus haut ; alors il faudra fe fervir d'un robinet à une eau, *Fig.* 7, l'embranchement des tuyaux en fera plus aifé.

A r t i c l e   C i n q u i e m e.

Des Nappes d'eau.

O n entend par *Nappes d'eau*, un jet ou plufieurs jets de fontaine, dont la chûte eft brifée. Il y en a de plufieurs façons, les unes forment un éventail, les autres tombent en forme ovale, comme on le voit *Fig. 8 & 9.*

On peut en former une troifieme partie de diftribution. Rien n'eft plus commun que les pieces d'eau dans les Parcs de Verfailles & de Marly : on peut prendre là les plus beaux & les plus riches modeles que l'on puiffe imaginer.

Le travail eft le même que celui des Fontaines ordinaires & des Jets-d'eau, quant à ce qui regarde la pofe des tuyaux ; toute la différence qu'il y a, c'eft qu'on fait tomber le jet ou la gerbe d'eau fur un baffin peu profond & prefque plat, qu'on voit en *L*, *Fig. 8 & 9*, que les Plombiers jettent quelquefois en moule, lorfqu'il n'y a perfonne pour les faire dans l'endroit, & qu'ils font en plomb ; ils les font faire quand ils font fimplement en pierre ou en marbre.

L'eau brifée par ce baffin, jaillit tout autour dans un baffin inférieur *M*, qui la rend dans un troifieme baffin *N*, par deux endroits *O*, *P*. Ce troifieme baffin doit avoir un trop plein *Q*, qui, toujours ouvert, donne paffage à une quantité d'eau égale à celle qui tombe dans le baffin *N*.

§. I. *De l'avantage que les Baffins de plomb ont fur les Baffins de marbre.*

L'avantage que les baffins de plomb ont fur les derniers, c'eft qu'ils peuvent être bronzés & enrichis d'une croûte d'or qui leur donne un éclat infiniment fupérieur à celui du marbre : c'eft de cette façon que font travaillés quantité de baffins & de ftatues qui décorent le fuperbe Parc de Verfailles. Mais un mélange de l'un & de l'autre fait un très-bon effet ; c'eft pourquoi la magnificence qui regne à Verfailles, n'a pas fouffert qu'on le négligeât.

A r t i c l e   S i x i e m e.

Des Cafcades.

O n peut encore divifer fon eau en d'autres pieces d'eau qu'on nomme *Caf-cades*, qui ne laiffent pas que de faire un très-bel effet. Nous en dirons quelque chofe, pour décrire en quoi & de quelle maniere les Plombiers font employés à ces fortes de pieces d'eau pour les faire aller : elles formeront une quatrieme partie de diftribution.

On entend par *Cafcade*, une grande quantité d'eau qui defcend du haut d'une.

élévation un peu confidérable avec rapidité, & tombant fur plufieurs petits rochers ou efcaliers de maçonnerie, eft brifée en une infinité d'endroits. Les plus belles étoient à Marly. Il y en avoit une fur-tout qui furpaffoit toutes les autres, qui étoit derriere le Château : elle formoit une riviere entiere, qui, en fe précipitant de fort haut fur foixante-trois marches ou degrés de marbre, formoit des nappes d'eau d'une beauté que rien n'égaloit en ce genre là. Le temps & le féjour que Louis XV a fait à Paris pendant fa minorité, ayant été caufe du dépériffement de ce fuperbe morceau ; & les fommes qu'il auroit fallu pour le rétablir & pour l'entretenir étant trop confidérables, on prit le parti de le détruire : en place de cette Cafcade on y a mis, en 1728, un grand tapis de verdure.

Mais il y en refte encore de très-belles, telle que la Cafcade ruftique, qu'on nomme ainfi parce qu'elle eft dans un bofquet : elle tombe d'une fontaine rapide, au haut de laquelle il y a un grand baffin qui en porte un fecond de métal doré, foutenu par trois Tritons.

Au haut de la Cafcade, il y a un Fleuve & une Naïade de marbre blanc. Les deux tablettes de la rampe de cette Cafcade font ornées de fix ftatues de marbre blanc, pofées alternativement entre quatre vafes de métal doré.

Il y en a auffi à Verfailles qui ont leur mérite, telle que celle de l'allée d'eau.

Il feroit impoffible d'en faire d'auffi belles de la petite quantité d'eau qui eft contenue dans un Réfervoir de Particulier ; mais cela n'empêche pas qu'on n'en puiffe faire quelques-unes qui aient leur prix, & qui décorent auffi bien leurs jardins ou leurs cours, que celles dont nous venons de parler accompagnent les beautés de Marly ou de Verfailles, parce qu'ils font moins grands que les parcs de ces fuperbes Maifons Royales ; d'ailleurs il n'eft pas néceffaire qu'elles aillent toujours, & on peut quelquefois leur faire paffer une grande quantité d'eau, en leur réuniffant celle de tous les autres endroits.

§. I. *De la maniere de les faire.*

Il faut que le Plombier monte fes tuyaux à la hauteur du lieu où la Cafcade, qu'on veut faire, doit être établie ; enfuite il doit les couvrir par un baffin de marbre ou de plomb qu'il pourra jetter dans des moules faits exprès ; ce baffin doit être percé dans le milieu & plat, afin que l'eau fortant par le tuyau, fe répande de côté & d'autre fur des degrés de pierre de taille ou de marbre, & fuive la chûte qu'on lui prefcrit pour opérer l'effet dont nous venons de parler.

§. II. *De la maniere de faire jouer les Fontaines, les Jets-d'eau, les Nappes d'eau & les Cafcades*

Il faut favoir premiérement fi toutes ces pieces d'eau doivent aller à la fois, ou fi on ne veut en faire aller qu'une feule, & les autres tour-à-tour, quand on le juge à propos.

Si

Si on a une suffisante quantité d'eau pour qu'elles aillent toujours, il n'y aura rien à faire, sinon qu'à laisser couler l'eau qu'on a destinée à chacune d'elles.

Si, au contraire, on n'a qu'une eau, & qu'on veuille la faire aller tantôt à la Fontaine *A, Fig.* 8 *& 9*, tantôt aux Jets-d'eau *E, F, G, Fig.* 1, & tantôt à la Cascade, il faudra avoir recours à des robinets dont le bouchon soit fait de telle façon qu'il ferme le passage à l'eau d'un côté, & le lui ouvre en même temps de l'autre.

Quand on voudra l'eau à la Fontaine, on donnera l'eau au tuyau qui l'y conduit, en tournant le bouchon du robinet d'un certain sens, & de même par rapport aux Jets-d'eau & à la Cascade. On fera cette opération toutes les fois qu'on voudra changer le cours de son eau : c'est, sans contredit, le plus grand avantage que puissent procurer les robinets.

A présent que nous venons de voir de quelle façon se fait l'assiette des tuyaux de conduite dans la terre, qu'ils flanquent de différentes manieres, passons au dégorgement de ces mêmes tuyaux.

CHAPITRE DOUZIEME.

De la Réparation des Tuyaux des Rues, & autres Tuyaux de conduite.

QUELQUE ATTENTION qu'on apporte à réparer tous les défauts qu'on apperçoit aux Tuyaux avant de les mettre en place, il ne laisse pas d'arriver de temps en temps qu'il se fait des ouvertures par où l'eau s'échappe ; elles sont quelquefois occasionnées par la gelée, d'autres fois parce qu'il se trouve aux tables dont on fait les Tuyaux, ou à ceux qui sont jettés dans les moules, des parties minces qui ne peuvent supporter la charge de l'eau qui sort des Réservoirs fort élevés ; enfin il se rencontre des défauts de soudure & des engorgements de corps durs qui percent les Tuyaux.

Dans tous ces cas, on s'apperçoit que les Jets-d'eau & les Fontaines ne fournissent plus la quantité d'eau qu'ils donnoient auparavant ; on est alors obligé 1°. de visiter les conduits, pour découvrir où sont les fractures & les pertes d'eau, & y remédier ; 2°. d'y faire les réparations qui sont nécessaires pour les mettre en état. Nous traiterons ces deux opérations en deux Articles différents, qui partageront tout ce Chapitre.

ARTICLE PREMIER.

Des moyens de découvrir les endroits des pertes d'eau.

IL y a plusieurs moyens de le faire, soit par le secours des gargouilles, soit par les regards, soit par les fouilles.

§. I. *Premier moyen.*

ON nomme proprement *gargouilles*, des conduites de pierres de taille qu'on met au haut des bâtiments pour recevoir l'eau des grands combles ; mais les Plombiers ont encore donné ce nom à un cordon souterrain de pierre de taille, qui est creusé en forme de gouttiere, & cimenté dans ses joints, pour recevoir leurs tuyaux. Tous les tuyaux qui viennent de la pompe du Pont Notre-Dame, & qui entrent dans les différentes conduites des Fontaines de Paris, sont posés sur ces sortes de gargouilles, pour empêcher l'eau de percer dans les caves & la faire jaillir entre les pavés ; en effet, ne lui donnant aucun passage en dessous, elles l'obligent à monter, ce qui est très-propre à faire appercevoir les endroits des pertes d'eau, quand il arrive quelques fractures aux tuyaux. Le Plombier n'a besoin que de suivre & examiner avec attention le chemin ou les rues sous lesquelles les conduites passent, il trouve bientôt où elles sont en défaut ; alors il doit s'y arrêter & les réparer, comme nous le dirons dans la suite.

Mais il est plus difficile de découvrir le lieu de la fracture, lorsque l'eau pouvant couler dans l'intérieur de la terre, ne se manifeste pas à la superficie ; alors il faut avoir recours à un second expédient.

§. II. *Second moyen.*

QUAND on ne sauroit appercevoir les lieux où les tuyaux fuient, il faut visiter les Regards : c'est le second moyen qu'ont les Plombiers de découvrir les endroits du défaut de leurs tuyaux.

On commence par les ouvrir. Les Plombiers, quand ils vont faire ces sortes d'ouvrages, portent toujours avec eux plusieurs pinces de fer *A, B, Fig.* 1 *& 2, Pl.* XX, dont l'une est ordinairement plus crochue que l'autre ; ils soulevent avec celle-ci la trape du Regard *A, Fig.* 3 ; ensuite avec les pinces *A, B,* c'est-à-dire, avec les deux ensemble, on la fait glisser sur le pavé pour l'enlever entiérement de dessus le Regard.

Quand le Regard sera tout-à-fait ouvert, on mettra en décharge le robinet *B,* c'est-à-dire, on en retirera la clef ; & si le tuyau est bon jusqu'à cet endroit, l'eau sortira avec force ; alors on la remettra : on fermera ce premier Regard,

& on paffera à celui qui vient après, qu'on ouvrira comme le premier, pour y faire la même opération.

§. III. *De ce qu'il faut faire quand il n'y a point de Robinets dans les Regards.*

Il eft très-facile de mettre un tuyau en décharge lorfqu'il y a des robinets, pour favoir s'il eft bon jufques-là; mais comme il n'y en a pas toujours, il arrive fouvent qu'on ne peut point y avoir recours, & qu'on eft, par conféquent, forcé de fe fervir d'un autre expédient.

Lors donc qu'il n'y aura pas de robinet, il faudra, pour y fuppléer, faire une ouverture au conduit.

§. IV. *Ouvertures qu'on fait au défaut de Robinets.*

Elles fe font en enlevant une plaque de plomb de la largeur du diametre du tuyau, & d'environ 8 pouces de long, que l'on trace d'abord avec le tire-ligne, qui, preffé contre le tuyau, lui fait une premiere entaille; on finit enfuite de couper cette plaque de plomb avec le couteau & la batte; par ce moyen on met une partie du dedans du tuyau à découvert. Si le tuyau eft plein d'eau à cet endroit, & qu'elle y ait un libre cours, c'eft une preuve que le tuyau eft bon jufques-là. Il faudra paffer au troifieme Regard; mais il arrive fouvent qu'il n'y en a pas, & que la perte d'eau fe trouve dans cette partie de la conduite.

Il faudra encore recourir à un troifieme moyen, qui eft le dernier de tous, & dont on ne doit ufer que dans la derniere néceffité.

§. V. *D'un troifieme moyen de connoître où eft l'endroit des pertes d'eau.*

Lors qu'enfin il fera impoffible, par les expédients que nous avons donnés plus haut, de découvrir les endroits des pertes d'eau que les conduites éprouvent, il faudra en venir aux fouilles.

Ce que les Plombiers entendent par *fouilles*, ce font des foffés qu'ils font à l'endroit à peu-près où il eft poffible de préfumer que l'eau fuit. On voit par-là qu'il doit arriver fouvent de leur en voir faire beaucoup au hafard & de très-inutiles, parce qu'il eft impoffible que cela foit autrement, à moins d'avoir les yeux de l'Hydrofcope de nos jours, fur-tout quand les conduites font fans Regards, comme il y en a plufieurs, ou qu'il y a très-loin d'un Regard à l'autre.

§. VI. *Des fouilles ou des foffés qu'on doit ouvrir au défaut des Regards.*

Les fouilles ou les foffés qu'on fait ordinairement dans ces cas-là, font de 4 pieds de long, fur 2 pieds de large. On porte avec foi une bêche, pareille à celle dont on se sert pour labourer le sable du moule, comme nous l'avons dit dans le second Chapitre ; on porte en outre une pince, avec laquelle on enleve les pavés des rues ou les pierres. On creuse le fossé avec la pioche *A, Fig. 5*, & la bêche *A, Fig. 6*, jusqu'à l'endroit où l'on s'imagine qu'est à peu-près le tuyau. Il faut prendre garde de ne pas l'atteindre avec la bêche ou la pioche, crainte de le crever ; il faut, pour cet effet, fouiller aux environs pour tâcher de découvrir positivement où il est. Quand on l'a dégagé en entier, on l'ouvre comme nous venons de le dire. Quand on n'a pas, cette premiere fois, rencontré le défaut de la conduite, on recommence d'autres fossés de la même maniere, en aussi grande quantité qu'il en est nécessaire, jusqu'à ce qu'on ait trouvé l'endroit défectueux. Voyons à présent les réparations que les Plombiers doivent y faire.

ARTICLE SECOND.

Des opérations nécessaires pour mettre les Tuyaux en état.

LORSQU'UNE fois on a, par les moyens que nous avons indiqués ci-dessus, trouvé l'endroit de la fracture des tuyaux où il se fait des pertes d'eau, il faudra faire les réparations qui sont nécessaires pour les mettre en état de reservir & de reconduire l'eau où il en est besoin. Ces réparations consistent 1°. à tirer l'eau des fossés qu'on a ouverts ; 2°. à dégorger les tuyaux ; 3°. à les resouder dans l'endroit de leurs fractures ; 4°. à recombler les fossés qu'on a faits.

§. I. *De la façon de retirer l'eau des fossés.*

LES fractures qui se sont faites au tuyau que l'on veut réparer, laissent échapper beaucoup d'eau ; il est ordinaire que les fossés que l'on fait se remplissent d'eau à une certaine profondeur : cela arrive sur-tout lorsqu'on est dans la nécessité d'ouvrir le conduit, dont il sort presque toujours une eau assez considérable. Comme elle nuiroit à l'Ouvrier, il faut qu'il commence par l'en retirer, afin qu'elle n'empêche pas l'opération qu'on y croit nécessaire : il est une façon de le faire. On a ordinairement, ainsi qu'on le voit *Fig. 7*, un seau *A*, avec lequel on puisera l'eau qui s'est répandue dans le fossé *B* qu'on a fait, & on la retirera pour la jetter dans le ruisseau de la rue. Si alors le tuyau de conduite n'a besoin que d'être soudé en quelqu'endroit, n'ayant qu'une petite fracture, il n'y aura qu'à la boucher simplement avec de la soudure ; si, au contraire, outre cette fracture, le conduit avoit besoin d'être dégorgé, il faudra s'y prendre de la maniere qui suit.

❀

§. II.

§. II. *De la façon de dégorger le Tuyau.*

Comme ce qui cause l'interruption de l'eau, n'est pas toujours une fuite d'eau, & qu'elle provient quelquefois d'un engorgement de tuyau occasionné ou par des queues de renards, qui est une longue traînasse de racines, formée avec le temps dans la conduite, ou par le limon que l'eau y a déposé, il sera nécessaire d'employer, pour les dégorger, plusieurs instruments dont les Plombiers ont coutume de se servir. Nous commencerons par le tampon, puisque c'est le premier dont ils fassent usage.

§. III. *De l'emploi du Tampon.*

Ce que les Plombiers appellent *tampon*, est un bouchon de bois *A, Fig.* 4, plus ou moins gros, qu'ils adaptent à l'orifice du tuyau qu'ils veulent dégorger, & avec lequel ils le ferment hermétiquement. Il ressemble à peu-près à une clef de cuve un peu considérable: ils en ont un certain nombre; mais ils ne conviennent pas tous à tous les tuyaux: ils prennent celui qui y va le mieux; ensuite ils l'enveloppent de chanvre, & par-là ils ont la facilité d'augmenter ou de retrancher sa grosseur, selon que cela est nécessaire; quelquefois même ils l'entourent d'un torchon, quand le tuyau est d'un fort diametre. Après qu'ils l'ont ainsi disposé, ils l'enfoncent dans le tuyau avec la batte, pour qu'il le bouche tout-à-fait.

L'effet de cet instrument est de réunir une grande quantité d'eau dans le tuyau qu'on veut dégorger, en lui fermant tout passage, afin qu'en le retirant après un certain temps, les eaux, ainsi accumulées, sortent avec force & entraînent tout ce qui se rencontre sous leur passage; mais ce moyen ne leur réussit pas toujours: quand le tuyau est trop plein, & que l'eau n'a pas la facilité de s'y introduire, parce que tous les passages lui sont bouchés, elle n'acquiert jamais assez de vivacité pour opérer cet effet: de-là vient qu'on est obligé de recourir à un autre instrument, qui pénetre dans le dedans du tuyau, & qu'on nomme la *sonde.*

§. IV. *De l'emploi de la Sonde.*

Nous avons déja parlé de deux Sondes pour le dégorgement des tuyaux des maisons; mais la Sonde des Fontaines ne leur ressemble pas: elle est tout-à-fait différente. Celle-ci est faite de plusieurs baguettes de fer, grosses environ comme le petit doigt, *Fig.* 8, & unies l'une avec l'autre par deux anneaux *A*, qui entrent l'un dans l'autre. Au bout de cette Sonde est un tire-bourre *B*, pour arracher tout ce qui se trouve à son passage. Elle n'est point embarrassante, parce qu'on peut la plier fort aisément: on la met, quand on veut, sous le bras. On voit par-là qu'il eft très-facile de la porter d'un lieu à un autre , & par-tout où l'on peut en avoir befoin.

§. V. *De la façon de s'en fervir.*

QUAND il y a des robinets au-deffus des Regards ou des foffés qu'on a faits , comme on le voit en *B*, *Fig.* 3, on commence par les mettre en décharge, c'eft-à-dire , par détourner l'eau qui paffoit par le tuyau qu'on veut fonder , en lui donnant un autre chemin ; ou s'il n'y a point de robinet, il faudra boucher, avec le tampon ou autre chofe, l'entrée du tuyau, afin que l'eau n'y paffe pas, & ne gêne pas l'Ouvrier.

Quand donc le foffé fera affez vuidé pour qu'on puiffe y travailler, & qu'il n'y viendra plus d'eau, on fera entrer la Sonde dans le tuyau par fon tire-bourre *C*, *Fig.* 7, qu'on voit en *B*; cette opération demande de l'adreffe : on doit avoir l'attention de la tourner toujours du même côté quand on l'enfonce,& du côté contraire quand on la retire. On doit faire cela avec un peu de force , mais en même temps avoir grande attention de ne pas crever le tuyau avec le tire-bourre de la Sonde. Il faut que le poignet fente quand la direction qu'on lui donne eft droite ou fauffe; lorfqu'on s'appercevra qu'elle eft prife à la queue de renard ou au limon qui engorge le conduit, alors on la retirera à foi , pour entraîner avec elle ce qui bouchoit le paffage de l'eau : on y reviendra à plufieurs fois; après quoi on remettra la clef ou la poignée du robinet qu'on avoit enlevée pour le mettre en décharge; & l'on bouchera en outre , par le moyen du tampon *A* , *Fig.* 4, le dedans du tuyau du côté qu'il a été fondé : on laiffera remplir le tuyau ; on retirera enfuite le tampon ; le refte du limon, que la Sonde n'a pu emporter, étant chargé par l'eau, fortira par l'ouverture qu'on a faite au tuyau , en forme de longs boudins; & le tuyau étant entiérement dégorgé, l'eau reprendra fon cours. Si cela ne fuffit pas , il faudra ufer d'un troifieme inftrument qu'on nomme le *Siphon*, que tout le monde connoît pour précipiter le cours de l'eau, & forcer tous les obftacles qui fe rencontrent en fon chemin.

§. VI. *De l'emploi du Siphon.*

LE Siphon , *Fig.* 9, s'emploie auffi pour le dégorgement des tuyaux. Voici comment cela fe fait.

On fuppofe, par exemple, qu'on veut dégorger le tuyau d'une cuvette de conceffion; on plonge dans l'eau du Réfervoir les deux branches *C E* renverfées , c'eft-à-dire, de telle maniere que l'eau puiffe y entrer & en remplir la concavité ; on les redreffe enfuite en bouchant avec les deux pouces l'orifice *A*, *B*, de chacune de ces deux branches: on pofe la plus courte, c'eft-à-dire, la branche *E*, dans le Réfervoir , & l'autre dans le tuyau de la cuvette de conceffion en même temps, en retirant les doigts qui tenoient l'eau qui eft dans le Siphon : l'eau du Réfervoir, preffée par le poids de l'air, chaffe bientôt, en prenant fa place, la premiere eau qui eft entrée dans le Siphon, qui, ne trouvant point d'obftacle, & vivement pouffée en *D* par la colonne d'eau qui la fuit, fe précipite dans le tuyau ; ainfi de fuite.

Par le moyen de ces Siphons, on peut faire monter l'eau à 33 pieds : par-là on voit qu'il doit y avoir des Siphons de plufieurs grandeurs, qu'on emploie felon qu'on veut forcer une eau plus ou moins.

Les plus grands ne peuvent fe plonger dans le Réfervoir ; il faut les remplir d'eau d'une autre maniere, parce que cela eft abfolument néceffaire pour les faire jouer. On renverfe également la partie *D* dans ceux-ci comme dans les autres ; enfuite on a une cruche pleine d'eau, on la verfe dans ces Siphons jufqu'à ce qu'elle les ait remplis d'un orifice à l'autre ; le refte fe fait à la maniere ordinaire.

Quoi qu'il en foit, l'eau ainfi forcée, fort bientôt à l'autre bout du tuyau avec tant de précipitation, qu'il eft impoffible qu'aucun obftacle lui réfifte : elle entraîne tout avec elle, & le dedans du tuyau devient net comme la main. Il s'agit à préfent de refouder les ouvertures qui y ont été faites, & de remettre toutes chofes comme elles étoient auparavant.

§. VII. *Des Outils néceffaires au refoudage des Tuyaux.*

LES Plombiers ont coutume d'apporter avec eux un fac, *Fig.* 10, rempli de différents outils dont ils peuvent avoir befoin, parmi lefquels il y a un Grattoir, un Fer à fouder, un Porte-foudure, c'eft-à-dire, un quart de coutil qu'ils plient en quatre, & qu'ils attachent au cordon de leur fac, comme on le voit en *A*. Il leur faut encore un petit Fourneau, *Fig.* 11, une Marmite, *Fig.* 12, & un Polaftre, *Fig.* 13 ; le Fourneau eft d'une tôle forte : on y allume du charbon ; il eft échancré à trois endroits ; ces échancrures *A*, *B*, *C*, font pour foutenir le fer à fouder qu'on y fait chauffer : il a un anneau *D*, par lequel on le prend.

La Marmite eft de fonte de fer ; elle eft à trois jambes *A*, *B*, *C* : elle a une anfe *D* pour la prendre ; c'eft dans cette Marmite qu'on fait chauffer la foudure.

§. VIII. *Du Polaftre, & de fon utilité.*

LE Polaftre eft de fer ; ce font deux bandes *A*, *B*, *Fig.* 13, attachées avec deux clous, qui s'ouvrent & fe ferment de même. On l'applique fur le tuyau, qu'il embraffe : on le remplit de charbons allumés, pour fécher le dehors des tuyaux, afin que la foudure y prenne mieux. Voilà à quoi il fert.

§. IX. *De la façon de resouder l'ouverture faite aux Tuyaux.*

On commence à remplir de soudure la marmite *A*, *Fig.* **14**, & on la met sur le fourneau *B* : on en allume le charbon avec le soufflet *C* ; un autre Ouvrier descend dans le fossé *A*, *Fig.* **15**, avec l'échelle *B* ; il commence à écailler ou gratter le tuyau *C* tout autour de l'ouverture qu'on lui a faite : il coupe une plaque *D* de plomb de sa longueur & largeur, qu'il écaille également tout autour ; il l'applique ensuite à l'endroit qui lui est destiné. Il faut d'abord qu'il ait la précaution de faire sécher le tuyau avec le polastre, qu'il applique dessus, après l'avoir rempli de braise ; il l'enleve ensuite, & verse de la soudure sur le tuyau échauffé par le polastre, tout autour de l'endroit qu'il a écaillé, & de la plaque de plomb qu'il y a posée ; il retient, par le moyen de son coutil *E*, qu'il a dans une main, de la soudure qu'il y verse ; de l'autre main, il la frotte de poix-résine, & y passe enfin le fer à souder *F*, pour finir de rendre son ouvrage plus correct.

§. X. *Façon de recombler les Fossés.*

Lorsque l'eau a repris son cours, & que le tuyau est soudé, on enleve la soudure qui est inutile, qu'on remet dans la marmite à refondre avec celle qui y est restée. On met le fossé *A* à sec ; on place de la terre autour du tuyau *C* ; ensuite on acheve de combler le fossé, & les Paveurs réparent la rue.

On a soin qu'il ne se rencontre aucune pierre au-dessous ou autour du tuyau que l'on recouvre, afin de ne point l'endommager en achevant d'emplir le fossé *A*.

On a ensuite le soin d'aller remettre la clef ou la poignée du robinet *B*, *Fig.* **3**, afin de redonner le cours à l'eau, & l'on replace la trape du Regard *A*.

Ce seroit ici le lieu de détailler en grand la maniere de nétoyer les différentes especes de Réservoirs ou Pieces d'eau, dont nous avons fait mention dans le Chapitre précédent ; mais nous en avons déja dit quelque chose ; nous ne le répéterons pas. Il est vrai que ce détail auroit pu être utile, sur-tout pour les Fontaines compliquées, les Jets-d'eau, &c ; mais on est obligé d'omettre beaucoup de choses, pour ne pas faire un Ouvrage trop étendu ; d'ailleurs, il n'est pas d'Ouvrier, un peu versé dans son état, dont l'intelligence ne puisse suppléer aisément à tout le reste. Passons maintenant au Rafinage.

CHAPITRE

CHAPITRE TREIZIEME.

Du Rafinage des Cendrées de Plomb & de Soudure.

COMME le Rafinage a été imaginé pour révivifier toutes les parcelles de plomb que l'on a pu faire dans le courant d'une année, ainfi que tout ce qui s'eft décompofé dans les fontes qu'on en a faites, nous avons cru qu'il étoit à propos de remettre à parler de cette opération dans les derniers Chapitres de cet Ouvrage ; c'eft pourquoi nous nous fommes contentés d'avertir en plufieurs endroits qu'il falloit ramaffer les balayures de l'attelier, ainfi que les cendrées ou écumes qu'on retiroit des fontes du plomb par le moyen de l'écumoire : c'eft ici le lieu de décrire cette opération.

D'abord par *Rafinage*, on entend la façon de révivifier des parties de plomb décompofées, qui ont perdu leur phlogiftique, & font devenues en forme de chaux, ce que les Plombiers appellent proprement *craffes*. Ce travail confifte en quatre chofes principales ; 1o. à laver ces fortes de cendrées ; 2o. à les jetter dans le creufet ; 3o. à les recevoir à mefure qu'elles fondent ; 4o. à les couler dans des lingotieres ; car les Plombiers-rafineurs s'en fervent, comme nous le verrons à la fin de ce Chapitre. Après ces opérations, les cendrées de plomb révivifiées, dégagées de tous corps étrangers, & ayant repris le phlogiftique qu'elles avoient perdu, forment un nouveau plomb propre à être employé à toutes fortes d'ouvrages.

On en fait autant des cendrées qui proviennent des fontes de foudures ; mais nous n'en parlerons pas en particulier. Comme ce travail eft le même de part & d'autre, nous nous contenterons de donner la maniere de révivifier les premieres cendrées.

Nous diviferons ce Chapitre en quatre Articles, pour traiter féparément les quatre différentes opérations que nous venons de défigner à ce fujet.

ARTICLE PREMIER.

Du lavage des Cendrées.

NOUS allons détailler comment cela fe fait ; mais avant il convient de commencer par donner la defcription des outils qu'on doit fe procurer pour ce premier travail.

❧

§. I. *Des Uftenfiles néceffaires pour le lavage des Cendrées.*

I L faut quatre tonneaux *A*, *B*, *C*, *D*, *Fig.* 1, *Pl. XXI*, une fébille *E*, & une truelle *F*; trois de ces tonneaux ne doivent être défoncés que d'un côté, & le quatrieme doit l'être des deux côtés : il faut qu'ils foient tous à peu-près de la même grandeur ; on a coutume de les prendre de 3 pieds & demi de haut, & de 2 pieds de diametre. On commence par remplir les trois premiers *A*, *B*, *C*, d'eau que l'on va chercher à la riviere, ou qu'on tire d'un puits, ainfi qu'on le voit *Fig.* 2 : comme il faut beaucoup d'eau, il eft néceffaire d'avoir ou la riviere ou un puits à la portée de l'attelier. C'eft dans ces tonneaux que les Plombiers-rafineurs lavent leurs cendrées ; ils fe fervent de ces trois tonneaux pour les paffer par trois eaux différentes ; le quatrieme *D*, *Fig.* 1, qui eft défoncé des deux bouts, eft deftiné à recevoir & à égoutter les cendrées ; c'eft pourquoi doit faire en forte qu'il foit placé à côté d'un petit canal ou ruiffeau, par lequel les eaux que rendent les cendrées lavées, puiffent s'écouler.

§. II. *De la maniere de fe fervir de ces Uftenfiles.*

I L faut être quatre Ouvriers ; le premier amoncelle à côté de lui les cendrées qu'il veut laver, pour les avoir à fa portée ; enfuite prenant la fébille *E* ou jatte de bois qui a un manche perpendiculaire par lequel on la tient, *Fig.* 1 & 3, il la remplit à moitié de cendre, & la plonge dans le premier tonneau *A*, *Fig.* 1, où elle fe remplit d'eau : il remue le tout avec la truelle *F*, qui reffemble à celle des Maçons. Les charbons ou la terre qui fe trouvent mélangés avec les miettes de plomb qui reftent encore en nature, s'en féparent, ainfi que de celles qui ont été décompofées dans les fontes, & nagent fur la furface de l'eau qui eft dans la fébille : on les fait tomber dans le tonneau avec la truelle. Quand une fois ils en ont été enlevés, on penche la fébille fur un côté, & on en fait tomber l'eau même doucement : on trouve au fond le plomb qui s'y eft précipité, étant dégagé des corps étrangers plus légers que lui.

Le premier Ouvrier fait enfuite paffer cette fébille à celui qui eft à côté de lui ; il la prend & la plonge de nouveau dans l'eau du fecond tonneau *B*, qu'il a devant lui ; il la remue de même avec la truelle, & en ôte de nouveau les corps étrangers plus menus que les premiers, qui s'élevent pareillement fur la furface de l'eau qui eft dans la fébille, en les faifant tomber dans fon tonneau. Il donne enfuite fa fébille au troifieme, qui fait la même opération : il finit de laver les cendrées dans une eau nouvelle que contient le troifieme tonneau *C*, & de les purifier de toutes les matieres étrangeres. Il vuide fa fébille, comme nous l'avons déja dit, & il trouve au fond une cendre de plomb qui reffemble à du terreau ; il la donne à un quatrieme Ouvrier, qui fait tomber cette cendrée dans le quatrieme tonneau *D*, qui eft devant lui, & qui n'ayant point de fond, donne paffage à l'eau que fuent ces cendrées ; cette eau coule dans un ruiffeau qui la conduit dans la rue.

Le premier Ouvrier prend de nouvelles cendrées ; & après les avoir lavées, il les paffe aux autres Laveurs ; ce que l'on continue jufqu'à ce que toutes les cendrées foient lavées.

Comme ce lavage eft abfolument néceffaire avant que de les révivifier, on eft dans l'ufage d'employer un jour, ou plufieurs, lorfqu'un ne fuffit pas, à faire cette opération préliminaire.

On vuide les tonneaux quand l'eau eft trop fale ; & par cette raifon le premier tonneau doit être vuidé plus fouvent que les autres, parce que les matieres qu'on y lave font plus chargées d'ordures. On ne fait aucun ufage du charbon qui fe trouve au fond de ce premier tonneau ; on jette le tout dans une cour, où l'on en forme un tas pour l'enlever lorfqu'on en a une quantité, & le porter aux lieux où cela eft convenable.

Chaque fois qu'on vuide ces tonneaux, on a foin de les remplir d'une eau nouvelle, afin de les avoir tout prêts à recommencer l'opération que nous venons de décrire.

Les Plombiers doivent, comme nous l'avons dit, avoir grand foin de ne pas mélanger les écumes des foudures avec celles du plomb, pour ne pas perdre de l'étain en les mêlant avec du plomb, & ne pas aigrir le plomb qu'ils retirent de leurs cendrées, par l'alliage de l'étain. Le Plombier-rafineur doit pareillement, en fon particulier, avoir le foin de ne pas mélanger les cendrées de foudure, avec les cendrées qui proviennent du plomb.

Lorfque les Ouvriers ont lavé toutes leurs cendrées de plomb, & qu'elles ont affez fué, ils doivent les retirer du quatrieme tonneau *D*, où elles ont été jettées pour rendre leur eau, & en former un tas dans un coin de l'attelier, où ils foient à portée de les prendre pour les verfer dans le creufet, & procéder à l'opération du rafinage que nous décrirons dans l'Article fuivant.

Ils prennent enfuite les cendrées qui proviennent des fontes des foudures, où il y a les deux tiers d'étain, & ils les lavent comme celles de plomb, ainfi que nous venons de le dire ; ils les font également paffer par trois eaux : ils les mettent égoutter dans le quatrieme tonneau, & les en enlevent pour les travailler lorfqu'il en fera temps.

§. III. *D'une autre maniere de laver les Cendrées.*

Nous n'avons décrit qu'un lavage domeftique, & fait par le fecours de l'eau d'un puits ; on peut s'y prendre d'une autre maniere lorfqu'on a une riviere à fa portée. Ce lavage eft plus exact, diminue la main-d'œuvre, & par conféquent retranche une partie des frais. Il n'eft donc pas hors de propos d'en parler.

Il n'eſt beſoin dans ce cas que d'un baquet, *Fig.* 4, & d'une fébille ou panier *H*; alors trois Ouvriers peuvent faire plus d'ouvrage à eux ſeuls, que huit n'en ſauroient faire en s'y prenant comme nous venons de le dire. L'un commence par garnir un panier de cendrées, comme on le voit en *G*; un autre Ouvrier le prend, le plonge dans la riviere, & en fait ſortir toutes les matieres étrangeres avec ſa truelle; il le vuide & le remplit pluſieurs fois de l'eau de la riviere, qui emporte en *L*, dans ſon courant, les parties qui ſe trouvoient unies à la cendrée de plomb : cela ſe fait ſans qu'on ait beſoin de courir d'un tonneau à un autre, parce que l'eau de la riviere qui ſe renouvelle à chaque inſtant, entraîne l'eau qui ſe ſalit. L'autre Ouvrier écarte les terres lavées ſur un grand drap, qu'il étend au bord de la riviere, comme on le voit en *I*, *même figure*, pour les faire ſécher; quand elles le ſont ſuffiſamment, on les charge, ainſi qu'on l'a repréſenté en *K*, pour les tranſporter à l'attelier.

On choiſit pour ce travail des jours de ſoleil, parce qu'on a la facilité de faire ſécher ſes cendrées promptement : c'eſt le plus court expédient quand on le peut; mais il n'eſt pas toujours poſſible d'en uſer : on eſt ſouvent forcé de recourir à l'eau de puits, ſur-tout lorſque les eaux de la riviere ſont groſſes ou troubles : de-là vient que nous avons donné deux manieres différentes de laver les cendrées, afin qu'on ſe ſerve de l'une ou de l'autre, ſelon que les temps le permettront. Il nous reſte à préſent à expliquer la maniere de révivifier ces parties décompoſées de plomb ainſi lavées.

Article Second.

De la fonte des Cendrées.

Lorſqu'une fois les cendrées ſont lavées, & qu'on les a fait ſuer, on les paſſe au creuſet pour les révivifier par la fuſion.

§. I. *Deſcription du Creuſet.*

Ce que les Plombiers-rafineurs appellent leur *Creuſet*, eſt un fourneau *A*, *Fig.* 1 & 2, *Pl. XXII*, qu'ils font conſtruire ordinairement, & autant qu'ils le peuvent, en briques de Bourgogne : ils les préferent à toutes les autres, parce qu'elles ſont naturellement fort dures; elles ne ſont pas ſi ſujettes à fondre, & réſiſtent davantage à l'activité du feu qu'ils ſont obligés de faire dans leur creuſet pour mettre les chaux de plomb ou d'étain en fuſion, & les révivifier.

La forme de ce creuſet eſt quarrée, & a environ 4 pieds & demi de haut, & 3 pieds de large : il eſt tout maſſif; il n'y a dans le milieu qu'un petit canal, *Fig.* 2, qui eſt courbé & fait en pointe : il eſt large en *A*; il eſt un peu profond en *E*, où il fait un petit coude, & étroit par le bas, comme on le voit en

B.

B. Sa plus grande ouverture *A*, est placée sur la surface horizontale de la maçonnerie : elle a environ 4 pouces de long, sur 6 pouces de large ; c'est par cette ouverture qu'on charge le charbon & la cendrée du plomb qu'on veut rafiner ; c'est aussi par cet endroit que sortent la flamme & la fumée du charbon ; c'est, à proprement parler, le foyer du creuset ; l'autre bout *B*, de ce canal, qui n'a que 4 pouces en quarré, est l'endroit par lequel le plomb révivifié coule dans une chaudiere, que l'on a toujours soin de mettre au pied du creuset pour le recevoir ; c'est pour cet effet qu'on a donné à la partie *B* une pente de quelques pouces. L'ouverture est à deux pieds de terre, comme on le voit dans la Vignette en *B*, *Fig.* 1. Il y a en dedans de ce canal une plaque de fer *D*, *Fig.* 2 & 3, qui étant coudée, revêt le devant du canal, & une entrée *E* au fond, pour résister aux coups de pince qu'on donne pour briser le mâche-fer & en faire sortir le métal ; la plaque qui est en *B*, a au milieu une ouverture de 4 pouces, par où coule le plomb révivifié qui s'y rend par le canal *D*.

Dans le milieu du côté droit de ce creuset, on fait passer la tuyere d'un soufflet, *Fig.* 4, qui est semblable à ceux des Maréchaux ; ce tuyau ou cette tuyere doit répondre au coude que fait le creuset dans la conduite de décharge. On fait jouer le soufflet par le moyen d'une brinbale *F G*, dont le point d'appui est attaché au plancher de l'attelier en *H*.

Au-dessus du creuset, *Fig.* 1, est une cheminée pour en recevoir la fumée ; son manteau est de plâtre, & enveloppe tout le creuset. On doit le faire selon l'emplacement qu'on a. Celui que j'ai vu est établi à environ 3 pieds au-dessus du creuset : il a par le bas 4 pieds de large, & va en diminuant insensiblement, de sorte qu'il n'a qu'un pied & demi à l'endroit où il rend dans le tuyau qui conduit la fumée au-dessus du bâtiment. Ce manteau est soutenu & attaché au plancher de l'attelier avec des bandes de fer.

La construction de ce creuset est ce qui coûte le plus dans le Rafinage, parce qu'il faut le reconstruire plusieurs fois dans une année ; cela n'est pas étonnant : le feu qu'on est obligé d'y faire fond, au bout d'un certain temps, la brique, quelque dure qu'elle soit, sur-tout à l'endroit où est le soufflet, parce que son vent fait revenir la flamme avec vivacité sur la brique qui l'environne, & rien ne peut résister à son action ; une fois que la brique est fondue en plusieurs endroits, il faut reconstruire le creuset, parce qu'autrement le plomb se perdroit.

Quelques-uns de ces creusets sont faits de façon que la flamme sort par les deux bouts du canal, parce qu'ils sont moins resserrés en dedans que celui dont nous venons de parler, & ils ont de l'avantage sur les autres ; mais la flamme & la fumée se répandent dans l'attelier, faute d'autre issue ; & cette fumée cause de si violentes coliques aux Ouvriers, qu'on est forcé de préférer ceux que nous venons de décrire, quoique moins bons à plusieurs égards.

Pour que les briques résistent plus long-temps sans se fondre, on peut faire, à chaque fois que l'on conftruit un nouveau fourneau , un petit enduit avec le mâche-fer qu'on en tire ; pour cela on broie ce mâche-fer , & on en mêle une grande quantité avec le mortier qu'on y emploie : cela forme un ciment qui réfifte plus long-temps au feu que le mortier ordinaire.

§. II. *Du charbon qu'on emploie pour l'allumer.*

On fe fert ordinairement du charbon d'Yonne ; c'eft celui de tous ceux qu'on apporte à Paris , qui brûle le mieux & qui fe confume le moins vîte : il fonne comme du verre. Quelques-uns prétendent que le charbon qui provient des Châtaigniers d'Auvergne , lui feroit préférable ; mais on ne peut guere s'en procurer dans ces pays-ci.

§. III. *De la façon de l'allumer.*

On jette d'abord une pellée de braife dans le foyer ; elle tombe dans le coude que fait le creufet en dedans de la maçonnerie , c'eft-à-dire , entre *E* & *D* , à l'endroit où répond le tuyau du foufflet , afin que le vent la tienne bien allumée ; on met enfuite fur cette braife une pellée de charbon , dont on fait une premiere couche : on met enfuite une couche de cendrée. On continue de former ces couches alternativement , jufqu'à ce qu'on ait rempli le foyer , ce que les Rafineurs appellent *charger le creufet*. Pendant cette opération, on fait toujours agir le foufflet pour allumer le charbon , qui fait bientôt fondre la cendrée : elle fe révivifie au moyen du phlogiftique que le charbon lui communique. Après que le fourneau ou creufet eft chargé des premieres couches , & lorfqu'il eft bien allumé , il faudra mettre de la cendrée tout autour , comme en *A* , *Fig.* 1 , pour qu'elle acheve de fe fécher , afin qu'elle ne ralentiffe pas le feu lorfqu'on en fera couler dans le foyer , ce qu'on fait avec une petite pelle , à mefure que ce qui eft dans le creufet fe confomme. Il faut le remplacer ainfi par de nouvelles matieres pour la continuation de l'opération.

Le feu confumera une partie des corps étrangers qui environnoient la cendrée , & en calcinera une autre partie qui étoit mêlée avec le charbon ainfi qu'avec la brique , qui , fondant toujours un peu à chaque rafinage , forme des fcories qu'on appelle *le mâche-fer*.

Les flammes qui fortent de ce creufet font de toutes couleurs , mais ordinairement blanches : elles font agréables à l'œil ; l'Ouvrier qui les approche de plus près , doit prendre garde de ne pas refpirer la fumée qui fort de ce foyer , pour éviter les coliques qu'elle donne ordinairement , & qui font des plus dangereufes ; l'habitude n'y fait rien : elles n'épargnent pas plus ceux qui ont déja plufieurs années de travail , que ceux qui entrent dans l'attelier pour la premiere fois. Pour fe prémunir contre ces coliques , les Ouvriers ufent d'eau-de-vie , & prétendent , peut-être mal à propos , qu'ils y font alors moins fujets.

Le plus sûr moyen qu'on ait pour s'en préserver , est de faire la hotte de la cheminée large , & d'élever le creuset sous cette hotte , afin que la cheminée en pompe toute la fumée.

ARTICLE TROISIEME.

De la maniere de recevoir le Plomb qui coule du creuset.

IL faut avoir une chaudiere *C, Fig.* 1, de fonte, d'environ un pied de haut sur 2 pieds de large; la hauteur ne peut pas être augmentée, parce qu'il faut qu'il y ait quelque distance du canal par où le plomb coule, à la chaudiere. Mais il n'en est pas de même de la largeur ; plus la chaudiere sera grande, plus on aura de facilité à écumer le plomb qui doit y tomber. Il faudra qu'on place cette chaudiere au pied du creuset & sous l'endroit *B*, d'où doit couler le plomb , comme on l'a représenté dans la Vignette , afin qu'elle reçoive le plomb à mesure qu'il se révivifiera dans le creuset ; on doit avoir ce soin aussi-tôt qu'on allume le creuset : car le plomb ne tarde pas à s'ouvrir un passage, & bientôt on le voit filtrer & tomber dans la chaudiere étant rouge comme un charbon ardent.

On le laissera couler tant qu'il voudra, sans toucher au creuset, afin de ne pas boucher le passage qu'il s'est ouvert ; on ne touchera pas même au foyer : on n'y jettera plus rien ; mais quand on verra que le creuset ne rend plus de plomb , on se disposera à le vuider, afin d'en tirer le mâche-fer.

§. I. *Comment on tire le Mâche-fer du creuset.*

IL faut nécessairement avoir des pinces pour le briser ; cela est difficile , parce que le charbon, la brique & les matieres qui étoient mêlées avec le plomb, font un corps si solide , qu'il faut beaucoup de force pour le rompre ; cependant on ne peut s'en dispenser , pour que le creuset soit en état de recevoir de nouvelles cendres.

Les pinces dont se servent les Rafineurs, font de plusieurs grandeurs ; les unes ont 5 pieds & demi, ce font les plus grandes, *Fig.* 5 ; les autres 4 pieds, *Fig.* 6 ; d'autres 3 pieds seulement , *Fig.* 7 : ce font des barres de fer rondes : d'un côté elles ont un bouton ; c'est par où on les prend : de l'autre elles font taillantes. On emploie les unes ou les autres, selon l'endroit où le mâche-fer se trouve le plus calciné. Un Ouvrier brise d'abord le mâche-fer qui est au bord du creuset , avec une de ces pinces & la masse , *Fig.* 8. Un autre Ouvrier tient l'écumoire, *Fig.* 9 , sous le creuset : elle est faite comme celles dont se servent les Plombiers pour écumer leur plomb, ce qui nous dispense de répéter ce que nous en avons déja dit ; il reçoit ainsi le mâche-fer que le premier arrache du creuset : car il faut empêcher qu'il ne tombe dans la chaudiere. On continuera ainſi juſqu'à ce que le creuſet ſoit entiérement dégorgé ; enſuite on briſera le mâche-fer qui eſt dans le foyer du creuſet, avec une petite pince plus groſſe que les autres, *Fig.* 10, qu'on frappera également avec la maſſe. Pour cet effet, on monte ſur une chaiſe, afin d'en être plus à portée. Quand les ſcories ſont briſées, on les tire du creuſet avec un fourgon pareil à celui des Plombiers, toujours par l'endroit qui ſert à l'écoulement du plomb ; on reçoit ce nouveau mâche-fer dans l'écumoire : chaque fois on remuera cette écumoire comme on le fait d'une poële à marrons qu'on tient ſur le feu, afin que les petites parties de plomb qu'il peut y avoir, tombent dans la chaudiere : elles y deſcendront en petites étincelles de feu auſſi abondantes que celles qui s'élevent d'un braſier qu'on frappe avec la pincette.

Après cette opération, on renverſera tout ce qui eſt dans l'écumoire, à un endroit de l'attelier, pour enſuite le faire tranſporter hors de la ville. Si on voit que ces matieres n'ont pas rendu tout le plomb qu'elles auroient pu rendre, au lieu de les jetter, on les remet dans le foyer du creuſet ; mais avant il faut les piler dans un mortier, *Fig.* 11, parce qu'autrement elles engorgeroient le creuſet ; on doit même les mélanger avec de la cendrée, pour qu'elles ne ſoient pas ſitôt recalcinées.

On a éprouvé qu'il ſeroit poſſible de retirer de ces ſcories de l'argent & même de l'or ; mais ce ne ſeroit qu'une opération de curioſité, & qui ne paye-roit pas les frais qu'elle coûteroit : ainſi je ne conſeille pas aux Rafineurs de l'entreprendre.

§. II. *De la façon d'écumer le Plomb qui ſort du Creuſet.*

COMME il eſt impoſſible que dans les différents efforts que fait l'Ouvrier avec ſa pince ou ſon fourgon, pour briſer le mâche-fer dans le creuſet, & l'en arracher, il ne tombe quelques corps étrangers dans la chaudiere qui eſt immédiatement deſſous ; & que d'ailleurs le plomb, quoique révivifié, ne laiſſe pas que de jetter encore toujours une écume, on eſt obligé de l'enlever avant de le couler dans les lingotieres ; il faut donc prendre l'écumoire & la faire chauffer, pour qu'elle ne s'étame point : elle eſt bientôt chaude, en la poſant ſur le foyer du creuſet ; lorſ-qu'elle ſera brûlante, on la trempera dans le plomb fondu de la chaudiere, & on s'en ſervira pour enlever l'écume qu'on rejettera dans le creuſet, afin de la révivifier de nouveau : c'eſt la même opération pour les cendrées d'étain ; ainſi on ſe conformera à ce que l'on vient de dire, pour révivifier les cendrées de plomb.

Article Quatrieme.

De la maniere de couler le Plomb, ou Etain rafiné, dans les Lingotieres.

Comme ce n'eſt point ordinairement les Plombiers eux-mêmes qui rafinent leurs cendrées , ce ſont des Entrepreneurs qui s'occupent uniquement du Rafinage ; ils ſont obligés de rendre le plomb en ſaumons : ils le verſent pour cela dans des lingotieres, où il prend à peu-près la forme des ſaumons qu'on achette chez les Marchands ; alors les Plombiers peuvent les peſer , & ſavoir ce que les Rafineurs leur rendent, lorſque toutefois ils ne leur vendent pas leurs cendrées en gros , comme cela arrive quelquefois.

§. I. *De la forme de ces Lingotieres.*

Les Lingotieres, *Fig.* 12 , dans leſquelles les Rafineurs coulent le plomb qu'ils ont révivifié, ſont de potin, & ont environ 2 pieds de long, ſur 4 ou 5 pouces de large : elles ont 2 pouces de profondeur. Toutes ne ſont pas préciſément de cette forme ; car il y en a de plus grandes, & d'autres plus petites.

§. II. *De la façon d'y couler.*

On commence d'abord par les frotter en dedans avec de la graiſſe ; enſuite on y verſe le plomb avec une cuiller d'environ 6 pouces de diametre, ſur 2 pouces de profondeur, *Fig.* 9. Quand on a empli la Lingotiere , on attend que le plomb ſoit froid ; enſuite on la renverſe pour en retirer le lingot de plomb. On recommencera la même manœuvre.

On fait, en particulier, la même opération aux cendrées qui proviennent des ſoudures ; le travail eſt le même.

Lorſque les cendrées ſont bonnes, on en retire la moitié de plomb ; les Ouvriers font alors dix-huit à dix-neuf lingots par jour. Quand la cendrée n'eſt pas bonne , elle rend moins, & on fait moins de lingots.

CHAPITRE QUATORZIEME.

Des Cercueils ; des Cœurs découpés & fondus ; & de plufieurs autres petits Ouvrages.

LES Plombiers ne laiffent pas que d'employer une grande quantité de plomb aux Cercueils, parce qu'ils font fort en ufage parmi nous ; il n'eft guere de Grands, même de Riches, qu'on ne mette dans un Cercueil de plomb. Nous dirons dans ce Chapitre de quelle maniere ils fe travaillent.

On peut y joindre les Cœurs, que les Plombiers font pour renfermer les cœurs humains, puifqu'ils ont rapport eux-mêmes à l'inhumation ; en outre nous y inférerons quantité d'autres petits Ouvrages qui fe font dans des moules, dont nous n'avons point encore parlé. Il eft vrai que les Plombiers s'en fervent très-rarement ; cependant je crois qu'il convient d'en dire quelque chofe.

Nous diviferons donc ce Chapitre en fix Articles. Dans le premier, nous traiterons de la conftruction des Cercueils ; dans le fecond, des Cœurs foudés, fervant à renfermer les cœurs humains ; dans le troifieme, des Écritoires ; dans le quatrieme, des Gardes-papiers ; dans le cinquieme, des Plombs à niveau; dans le fixieme, des Cœurs fondus.

ARTICLE PREMIER.

De la conftruction des Cercueils.

CES fortes d'ouvrages fe découpent, & on ne les fond pas dans des moules. On commence 1°. par défigner les plaques de plomb qui doivent y entrer; 2°. on les foude ; 3°. on y pofe les Épitaphes que les parents des morts exigent qu'on y mette, pour avoir occafion de faire connoître leur rang, leur qualité & leur naiffance. Commençons par dire quelque chofe fur l'antiquité des Cercueils.

§. I. *De l'antiquité des Cercueils.*

L'USAGE des Cercueils eft très-ancien ; on ne fauroit dater l'époque du temps où on a commencé d'en faire. On a trouvé, il y a plufieurs années, en Auvergne, aux environs d'une petite ville nommée *le Pont-du-Château*, une mumie, que depuis on a expofée dans le Cabinet d'Hiftoire-Naturelle du Jardin du Roi de Paris : elle étoit enfermée dans un Cercueil de plomb. Le fentiment général a été de croire qu'elle paffoit, en ancienneté, les mumies d'Egypte. Le Cercueil dans lequel on l'a trouvée, que nous avons repréfenté *Fig.* 1, *Pl. XXIII*, eft une boîte ordinaire, qui eft moins travaillée que les Cercueils d'aujourd'hui, comme on peut le voir par la repréfentation : elle eft prefque brute ; c'eft en quoi nos Arts fe font perfectionnés. Mais fi l'Art que je traite a gagné quelque chofe, on prétend que celui des Embaumements a beaucoup perdu, & qu'on ne fait plus aujourd'hui les faire comme les Egyptiens les faifoient ; on ne connoît pas même le baume dont ils fe fervoient.

L'état dans lequel étoit la mumie d'Auvergne, a dû beaucoup furprendre ; car on a trouvé fa chair fi vive & fi naturelle, les langes qui l'enveloppoient fi frais, qu'on auroit dit qu'elle ne venoit que d'être embaumée ; cependant on n'a pu découvrir aucune incifion, au lieu que les mumies d'Egypte en ont une large fur la poitrine. C'eft ce qui a donné lieu à plufieurs de croire que celle d'Auvergne étoit plus ancienne.

Comme ces Embaumements me jetteroient hors de mon fujet, fi je voulois les décrire, je me contenterai de renvoyer le Lecteur aux Ouvrages de M. le Comte de Caylus, qui le fatisferont fur tout ce que les anciennetés qu'il a traitées, pourront avoir d'intéreffant à ce fujet.

Tout nous détermine donc à croire que l'invention des Cercueils a fuivi de près la découverte des mines, & que par conféquent elle fe perd dans l'antiquité, & nous dérobe fon époque certaine.

Quoi qu'il en foit, ils étoient devenus fi communs en France, qu'il y fut mis une impofition en 1695, de 6 liv. par Cercueil, qui fut augmentée dans la fuite.

§. II. *De l'utilité des Cercueils.*

Ils font très-propres à conferver les corps, parce qu'ils les tiennent, par eux-mêmes, dans une fraîcheur qui les garantit, jufqu'à un certain point, de la putréfaction ; d'ailleurs, fermés hermétiquement, ils empêchent l'air d'y entrer & retiennent les parfums & le baume dont on eft dans l'ufage de couvrir les corps de ceux qu'on met dans ces Cercueils. Leur grandeur ordinaire eft de 6 pieds ; on en fait de moins grands lorfque c'eft pour des enfants.

§. III. *De la maniere de faire les Cercueils.*

Il faut d'abord mettre fur une table le rouleau de plomb fur lequel on veut le prendre, & l'étendre comme on le voit *Fig.* 2. On commence par le deffous du Cercueil : on tire la ligne *A B* ; on prend 6 pieds fur cette ligne pour la longueur du Cercueil : on ouvre le compas de 4 pouces, & on trace le cercle *C*, pour faire la tête du Cercueil, dont la circonférence doit paffer fur le point qui termine les 6 pieds ; enfuite on tire la ligne d'équerre *D E*, qui paffe par le centre *M* : on tire la ligne *F G* fur la circonférence du cercle *C*, c'eft-à-dire, à

4 pouces de son centre , pour former le col du Cercueil ; on prendra 9 pouces ,
à compter du cercle *C*, & on tracera la ligne *H I*; on prendra en outre 6 pouces
sur cette ligne , à chaque côté de la ligne *A B*. On tirera deux lignes du centre
du cercle *C*, qui aboutiront à ces deux points , & formeront le triangle *K M L*;
c'est pour marquer la grosseur que le col du Cercueil doit avoir. On ouvrira le
compas de 4 pouces ; on en posera une pointe à l'extrémité de l'intersection des
lignes *M K*, *M L*; qu'on voit en *H I*; & des points *K* & *L*, qui serviront de centres, on décrira les cercles *n*, *o*, qui dans les parties qui ne sont pas ponctuées,
formeront les épaules du Cercueil. On prendra 2 pouces , à partir de la circonférence du cercle *C*, & on tracera les cercles *p*, *q*, pour former la longueur du
col. On tirera ensuite deux lignes du point central du cercle *C*, au centre des cercles *p*, *q*; & des cercles *p*, *q*, au centre des cercles *n*, *o*, pour marquer exactement de chaque côté l'endroit de la coupe du col du Cercueil. On fait ensuite
son pied ; pour cet effet on prend 4 pouces à l'autre bout de la ligne *A B*, &
l'on trace le cercle *R* : on tire la ligne *S T*, qu'on fait passer par son centre. On
finit par tracer les lignes *u x*, *y ʒ*, pour former la longueur du Cercueil, qui se
perdent dans la circonférence des trois cercles *n*, *o*, *R* : les deux lignes centrales
H I, *S T*, marqueront l'endroit de la coupe des épaules & du pied du Cercueil.

§. IV. *De la maniere de couper le dessus du Cercueil.*

LORSQU'UNE fois il est fini de tracer tout entier, on passe le tire-ligne sur les
endroits où il doit être coupé; on finit l'opération avec le couteau & la batteronde. Ce dessous de Cercueil, séparé de la plaque de plomb sur laquelle on l'a
pris, aura la forme de la figure 3. Quand une fois la premiere opération est
faite, il n'est pas besoin de recommencer de nouveau pour faire le dessus du Cercueil, on le dessine & on le coupe sur la forme du dessous, pour lui donner la
forme de la figure 4.

§. V. *De la maniere de couper les côtés, ou, en terme de l'Art,*
le pourtour de chaque Cercueil.

LA largeur des pourtours des Cercueils de 6 pieds, a ordinairement 8 pouces
de haut du côté de la tête, & 6 pouces du côté des pieds ; il faut donc prendre
d'abord cette largeur sur la table de plomb d'où l'on veut tirer le pourtour : on
tracera ensuite une ligne d'un bout de la table à l'autre, à la regle avec de la
craie, pour prendre la largeur qu'il doit avoir : il faut au moins 14 pieds, parce
qu'il en entre beaucoup dans les différents contours que fait le dessous du Cercueil ; on en prendra plutôt plus que moins, attendu qu'il vaut mieux en avoir de
reste que d'en manquer. Lorsqu'on aura tracé le pourtour comme on vient de le
dire, on le coupera avec le couteau & la masse.

§. VI.

§. VI. *De la nécessité de forger le dessous, le dessus & le pourtour.*
des Cercueils.

L E plomb qu'on emploie aux Cercueils, ainsi qu'aux Réservoirs ou aux Couvertures des toîts, doit être extrêmement comprimé pour être plus solide. Lorsque la table de plomb, sur laquelle on aura coupé les morceaux de plomb dont on a besoin, n'aura point été laminée, mais simplement coulée en table, on sera dans la nécessité de forger le plomb : & voici de quelle maniere on doit s'y prendre.

§. VII. *De la maniere de forger le Plomb non laminé.*

I L faut avoir une pierre de liais d'environ 6 pieds de long, sur 4 de large, que l'on tient dans un endroit de l'attelier commode à cette opération : elle doit être maçonnée dans le pavé de l'attelier ; on y étend le morceau de plomb que l'on veut forger : il faut appliquer le côté le plus propre de chaque morceau de plomb, du côté de la pierre de liais. Un Ouvrier prend ensuite à la main une masse ou batte plate, *Fig. 5*, avec laquelle il le frappe, comme on le voit dans la Vignette, *Fig. 6.* Il commence par battre à froid ou forger le dessous du Cercueil, ensuite son pourtour, & puis son dessus. Ce plomb ainsi frappé se durcit & est plus propre à ces sortes d'ouvrages ; cependant le plomb ne s'écrouit pas comme la plupart des autres métaux. On en fera autant aux tables qui seront employées aux Réservoirs ou aux toîts des Eglises. Si on se sert du plomb laminé, il ne sera pas nécessaire de le forger.

§. VIII. *De la façon de souder le tout ensemble.*

L A premiere chose qu'on puisse souder dans un Cercueil, c'est le pourtour qui doit être attaché à son fond, pour commencer à former la caisse. Il faut d'abord, comme pour toutes les soudures, salir tout le dessous du Cercueil, puis en gratter les bords environ dans la largeur d'un pouce tout autour ; on en fait autant aux côtés du pourtour qui doit lui être joint ; ensuite on le roule tout entier, pour qu'il soit moins embarrassant. On soude ensuite le tout ensemble ; pour cet effet on applique le pourtour du Cercueil à son dessous, du côté de l'endroit destiné à en faire le pied, comme on le voit *Fig. 7* : c'est toujours là qu'on doit commencer de le souder : le pourtour se tient d'un côté par lui-même, & l'on appuie de l'autre avec la main, en le déroulant environ de 2 pieds, comme on le voit dans la même figure : on y verse beaucoup de soudure. Rien ne demande tant de soin que le soudage des Cercueils, pour empêcher que l'odeur même du cadavre ne transpire, ce qu'il n'est pas agréable de réparer. Aucun ouvrage n'eſt auſſi plus ſolidement ſoudé que les Cercueils : on y laiſſe 3 pouces environ de ſoudure à chaque endroit du pourtour. On ne ſe ſert pas du fer à ſouder ordinaire ; on en emploie un qui eſt fait comme une poire : il a environ un pied de long ; il eſt d'une ſeule piece : c'eſt le même que celui des Réſervoirs. On le fait chauffer comme l'autre, & on le frotte également de poix-réſine avant que de l'y poſer, afin qu'il ne s'étame pas : comme ſa tête eſt extrêmement large, il reſte beaucoup de ſoudure dans les angles du Cercueil.

On ne ſoude pas le pourtour du Cercueil d'un ſeul coup, on le ſoude au contraire à pluſieurs repriſes : on laiſſe prendre la ſoudure ; alors on a bien plus de facilité à faire prendre au pourtour la forme du deſſous du Cercueil : on continue ainſi en déroulant le pourtour à meſure qu'on le ſoude, juſqu'à ce qu'on en ait fait le tour, & qu'on ſoit arrivé à l'autre extrémité du pourtour déja ſoudé : là on joint ces deux extrémités enſemble, en coupant le plomb qu'il peut y avoir de trop : il aura alors la forme que les figures 8 & 9 repréſentent ; on ſoudera cet endroit avec le fer ordinaire. On enleve enſuite la ſoudure inutile & qui a coulé ſur la terre graſſe dont on a ſali le deſſous du Cercueil ; la boîte du Cercueil ſe trouve faite par ce moyen.

§. IX. *De la façon de ſouder le deſſus du Cercueil.*

Comme on ne peut ſouder le deſſus des Cercueils que lorſqu'on y a mis les corps auxquels ils ſont deſtinés, on ne fait ſimplement que les diſpoſer à être ſoudés ſitôt qu'il le faudra ; on rebrouſſe en dehors le pourtour *A* du Cercueil, pour réduire la hauteur du pourtour à environ 8 pouces, ainſi qu'on le voit *Fig.* 8. Lorſqu'on y a mis le corps, on poſe le deſſus du Cercueil, *Fig.* 4, deſſus le pourtour, & on en replie les extrémités qui ont été rebrouſſées, ſur le deſſus du Cercueil, en telle façon qu'il l'encadre ; on ſalit & on gratte l'un & l'autre, & on ſoude ainſi le tout enſemble : il forme alors une caiſſe plate, ainſi qu'on le voit *Fig.* 10 & 11.

§. X. *De la maniere d'y attacher des Épitaphes.*

On ſe ſert de plaque de cuivre pour faire ces Épitaphes, ſur laquelle on fait graver les noms, les qualités, ſurnoms, &c. qui conviennent à celui à qui le Cercueil ſur lequel on doit l'attacher eſt deſtiné. La famille du mort a coutume de l'envoyer chez les Plombiers pour les en inſtruire, afin qu'ils la faſſent faire, ou de l'avoir toute prête lorſqu'il en eſt beſoin.

On commence par étamer cette plaque de cuivre ; pour cela on la lime, & enſuite on y verſe de la ſoudure : on gratte le deſſus du Cercueil aux quatre coins de cette plaque, & on fait quatre petits cachets de ſoudure, comme on le voit *mêmes Figures.*

§. XI. *De la maniere de réparer les Cercueils dans les Caveaux.*

CETTE opération n'eſt pas des plus agréables ; mais la profeſſion l'exige : on
ne peut ſe diſpenſer de fermer les endroits où il y a des ouvertures ; il faut examiner où ils ſont : ſi c'eſt par les côtés, on le retourne de façon à pouvoir y remédier commodément. Il faut gratter l'endroit de la fracture, enſuite allumer du
feu, apprêter de la ſoudure dans une petite marmite que les Plombiers portent
toujours avec eux, & que nous avons décrite au Chapitre de la réparation des
Tuyaux : on en verſe la quantité qu'il en faut pour réparer le défaut du Cercueil. S'il y avoit une ouverture un peu grande, il faudroit enlever la piece &
en mettre une autre, qu'il faudra gratter & ſouder, ainſi qu'on l'a déja dit.

Comme les Cercueils ne ſe font pas auſſi promptement qu'on le déſireroit, &
que quelquefois il ſeroit à propos de les avoir ſur l'heure même, ainſi que les
tranſports précipités, & quantité d'autres cas l'exigent, les Plombiers en ont
ſouvent de tout faits, qui ſont prêts à livrer quand l'occaſion ſe préſente. Ils
les font à peu-près ſuivant la meſure ordinaire des corps, & ils n'attendent pas
qu'on les commande. Quelquefois auſſi ils ſe trouvent trop petits, & on eſt
obligé de couper la tête des corps qu'on y met, quand on n'a pas le temps d'en
faire de nouveaux. Nous avons un trait dans l'Hiſtoire qui nous en fournira un
exemple. On fut obligé de le faire à Madame la Ducheſſe de M**, ainſi qu'on
le voit dans la vie du fameux Abbé de Rancé, qui donnoit alors dans la vanité
du ſiecle & l'erreur des femmes. C'eſt ce qui a donné occaſion à un Poëte con-
temporain de lui faire tenir le langage qui ſuit, dans une Lettre que l'Abbé de
Rancé écrit à ſon Ami, ſur ſa tragique hiſtoire.

> Mon Ami, c'en eſt fait ; tout eſt changé pour moi.....
> Ecoutes : tu connus cette jeune Beauté
> Qu'embelliſſoit l'eſprit, les graces, la gaieté ;...
> D'une illuſtre famille & l'orgueil & l'eſpoir,
> Eh bien ! mon cœur charmé, brûloit de la revoir....
> J'arrive : il étoit nuit. Tout palpitant de joie,
> Je retrouve dans l'ombre une ſecrette voie.
> J'entre ; tout ſe taiſoit : je la cherche de l'œil,
> Soudain, près de ſon lit, j'apperçois un cercueil !....
> Je m'arrête, j'y cours ; & d'un regard avide,
> Dieu ! je vois un corps pâle, inanimé, livide.
> Ce corps étoit ſans tête ; & mon œil égaré
> Ne trouve, en la cherchant, qu'un tronc défiguré.
> Tout-à-coup, ſur un marbre, une toile étendue,
> Nouvel objet d'horreur, ſe préſente à ma vue.
> Je quitte le cercueil, j'approche épouvanté ;
> Je ſouleve, en tremblant, ce voile enſanglanté :
> C'étoit ſa tête !........

C'eſt ce qui, en effet, arriva au fameux Abbé de Rancé ; mais ce déſeſpé-
rant & triſte ſpectacle lui eſt devenu une ſource éternelle de joie, parce qu'il a
fait d'un eſclave que les paſſions tyranniſoient ſous un joug impérieux, l'homme
le plus libre, le Religieux le plus auſtere, qui n'a plus connu que les douceurs
de l'amour divin, du ſilence & de la retraite. Une telle généroſité méritoit bien
le ſacrifice d'une femme, ſans doute criminelle. Il faut croire que ſi tant de
victimes inſenſées tombent, leurs fers aux pieds, dans la profondeur des
abymes, c'eſt qu'ils n'en ſont point capables.

A R T I C L E   S E C O N D.

Des Cœurs contournés ſous la batte.

Pour faire de ces ſortes de Cœurs, il faut d'abord les tracer. On a une table *A*,
de plomb, *Fig.* I, *Pl.* XXIV, ſur laquelle on fait les différentes opérations qu'on
voit ſur cette plaque de plomb, afin d'avoir un Cœur dans les plus juſtes proportions ; c'eſt-à-dire, on tire d'abord la ligne *B*, pour marquer le milieu du
Cœur ; enſuite la ligne *C*, ſur laquelle on tire deux cercles *D*, *E*, qu'on partage par les deux lignes *F*, *G* ; on en trace un troiſieme *H*, du point où ſe joignent
ces deux premiers cercles, qui les embraſſent, pour faire les côtés du Cœur. On
en fait enſuite la pointe en traçant les deux lignes *I*, *K*. On la ſéparera enſuite
de la table ſur laquelle on l'a tracée, comme on le voit *Fig.* 2. On coupera une
ſeconde plaque de plomb ſur le modele de cette premiere : il n'y aura plus qu'à
les arrondir en Cœur.

§. I. *De la façon dont il faut s'y prendre.*

Pour pouvoir aiſément contourner les plaques de plomb qui doivent former
le Cœur qu'on veut faire, il faut les prendre l'une après l'autre & les aboutir,
en les frappant dans le milieu avec l'inſtrument qui ſert à cet uſage, comme on
aboutit une partie de globe ; mais on fait de plus une petite ſéparation en rentrant
le milieu du Cœur, comme on le voit *Fig.* 3. On les rend de la ſorte un peu
convexes d'un côté & concaves de l'autre ; on preſſe enſuite les bords contre une
table, pour les égaliſer, comme on le voit *Fig.* 4, & pour les faire un peu
rentrer en dedans.

§. II. *De la façon dont on s'y prend pour les joindre enſemble.*

Quand une fois les deux plaques de plomb qui doivent ſervir à faire un
Cœur, ſont bien abouties & ſe rapportent parfaitement enſemble, alors on les
attache ſimplement par un ou deux petits nœuds de ſoudure ; car on ne doit les
ſouder

fouder entiérement que lorfque le cœur humain, pour lequel il eft fait, ou vendu, y eft renfermé.

§. III. *De la façon de les fouder.*

LORSQUE ces cas arrivent, on commence par faire partir les petits liens de foudure qu'on y a faits, ou avec le cifeau, ou bien en les faifant fondre.

Après qu'on l'a fali & gratté à l'ordinaire, on y renferme le cœur auquel il eft deftiné, qui eft prefque toujours embaumé ; on l'attache d'abord avec de nouveaux nœuds de foudure, pour avoir plus de facilité de le fouder, & on continue le refte ainfi qu'on a coutume de le faire.

Quelquefois on veut qu'ils foient blanchis, afin qu'ils foient plus propres. Il faut d'abord, quand ces cas fe rencontrent, blanchir tout entier le morceau de table d'où on veut les tirer : car il feroit impoffible de le faire quand ils renferment le cœur humain ; du refte il faut fuivre les regles de la coupe, que nous avons données à ce fujet.

§. IV. *De la maniere d'y attacher des Épitaphes.*

IL eft naturel qu'on faffe mettre fur cette efpece d'urne, les qualités de celui dont le cœur y eft renfermé ; il eft du moins très-rare que cela ne fe faffe pas.

Comme on ne peut pas graver fur le plomb, qui eft un corps trop mou pour foutenir long-temps l'impreffion des caracteres, on y attache, ainfi qu'aux Cercueils, une petite plaque de cuivre *A*, *Fig.* 5, où on les grave plus aifément.

La maniere de les attacher eft la même que celle dont nous avons parlé plus haut, c'eft-à-dire, qu'on lime aux quatre bouts le cuivre qu'on y applique pour l'étamer, afin que la foudure y prenne, dont on fait enfuite quatre feaux aux quatre coins de cette même plaque de cuivre. On envoie le tout, ainfi apprêté, aux endroits pour lefquels il a été deftiné.

ARTICLE TROISIEME.

Des Écritoires.

LE moule *A*, qui eft repréfenté *Fig.* 6, dans lequel on coule les Ecritoires, eft rond & ouvert par le haut : il eft compofé de deux pieces *B*, *C*, *Fig.* 6 & 7, qui roulent fur leur charniere *D* ; ainfi on a la facilité de l'ouvrir & de le fermer comme on veut, par le moyen d'une double charniere *E F*, dont l'une eft en-haut du moule, & l'autre en-bas, & qu'on arrête par deux clous *G*, *H* ; le dedans *g*, eft vuidé en forme d'Ecritoire, *Fig.* 6 : il y entre un noyau *K*, qui eft ce qui forme la boîte de l'Ecritoire.

PLOMBIER. R r

Le tout eſt de fonte de fer, & a une grandeur raiſonnable. C'eſt dans les moules de cette eſpece où l'on jette ces Ecritoires de plomb dont on ſe ſert communément dans les Bureaux & chez les Maîtres à écrire. Voici comme on les fait.

§. I. *De la façon dont on jette les Ecritoires en moule.*

ON commence par ouvrir le moule; on le graiſſe en dedans avec du ſuif: on le referme enſuite en replaçant dans ſes charnons *E*, *F*, les deux broches *G*, *H*, & les enfonçant avec le marteau pour qu'ils tiennent le moule exactement fermé; alors on prend une cuillerée de plomb, & on la verſe dans l'ouverture *K* du moule, qui eſt faite pour le recevoir. Il faut remarquer que l'Ecritoire eſt renverſée dans le moule; la boîte qui doit contenir l'encre eſt en deſſous: le pied qui doit la ſoutenir eſt en deſſus. Quand le moule eſt plein, on donne quelques petits coups de marteau au centre du moule, pour faire couler le plomb dans toutes ſes parties, & égaliſer ſa ſuperficie. On attend quelque temps pour que le plomb puiſſe prendre.

§. II. *Comment on doit retirer l'Ecritoire du moule.*

ON fait partir avec le marteau les deux broches *G*, *H*, & l'on rejette les deux parties du moule ſur leurs charnieres; alors on en retire l'Ecritoire *L*, que l'on voit *Fig.* 8. On la gratte avec le couteau tout autour de ſon pied, pour en ôter les bavures qui ſe forment du trop plein, ou du ſurplus de la matiere qu'on eſt obligé de mettre pour charger le plomb qui eſt dans le moule. On recommence la même opération autant de fois qu'on en a beſoin.

§. III. *De la commodité de ces ſortes d'Ecritoires.*

SI ces Ecritoires ne ſont pas bien brillantes, elles ſont très-commodes, & on les adopte communément dans les Cabinets; comme elles ſont fort peſantes, elles ſont moins ſuſceptibles que les autres à verſer l'encre ſur les papiers.

Elles ont un ſecond avantage, c'eſt qu'elles tiennent l'encre fraîche, & l'empêchent de ſécher, même dans les grandes chaleurs.

ARTICLE QUATRIEME.

Des Gardes-papiers.

LES Plombiers fondent quelquefois ce qu'on appelle des *Gardes-papiers* en plomb: on les nomme ainſi, parce qu'en effet on les applique ſur les papiers de Cabinet, & ils empêchent que le vent ne les faſſe voler de côté & d'autre.

Autrefois ces sortes de meubles en plomb étoient très-communs ; mais depuis que les Gardes-papiers de marbre ont été mis en mode, les premiers sont devenus plus rares ; cependant on en fait encore aujourd'hui. On ne trouvera pas hors de propos que je dise de quelle maniere on les fait.

§. I. *Du moûle des Gardes-papiers.*

On a un moule *A, Fig. 9*, qui est de la même matiere, & fait de la même façon que celui des Ecritoires dont nous venons de parler. Il est également ouvert par le haut ; on l'ouvre de même, en jettant les deux parties *B, C, Fig. 9 & 10*, dont il est composé, sur ses charnieres *D*, & on le ferme de même par le moyen de deux clous *E, F*, & de deux chappes *G, H*, dont l'une est en haut, & l'autre au bas du moule : la différence qu'il y a, c'est qu'au lieu d'être vuidé en forme d'Ecritoire, il est creusé en *j*, c'est-à-dire en dedans, en forme de petite trompette renversée, *Fig. 9*.

§. II. *De la maniere d'y verser le plomb.*

On apprête d'abord ce moule comme le premier, c'est-à-dire, qu'on l'ouvre pour le graisser, afin que le plomb coule plus aisément : on le referme ensuite comme nous l'avons dit de l'autre.

On verse ensuite le plomb par l'ouverture *K* ; le plomb étant un peu refroidi, on ouvre le moule, & on en retire le Garde-papier *L*, qu'on voit *Fig. 10*.

Son pied, ainsi que celui des Ecritoires, se trouve environné de bavures qu'il faut ôter avec le couteau, qui proviennent de la même cause que celles des Ecritoires, c'est-à-dire, de la nécessité où l'on est de charger un peu la quantité de plomb qu'il faut pour chaque fonte, afin qu'il fasse poids & se répande plus aisément dans toutes les parties du moule : il faut le faire le plus proprement qu'on peut, afin de ne point défigurer les moulures qui se trouvent à ces endroits.

ARTICLE CINQUIEME.

Des Plombs propres à faire des Niveaux.

Il y a en outre plusieurs sortes de petits ouvrages qui sortent de chez les Plombiers, qu'on nomme des *Plombs à niveaux* ; les uns sont ronds comme une petite boule, ainsi qu'on le voit *Fig. 11* ; les autres sont quarrés, comme le représente la *Fig. 12*. Les uns & les autres servent à la même chose, c'est-à-dire, à tendre, par leur petit poids, une corde *A, Fig. 11 & 12*, à laquelle on les suspend, & qui est elle-même attachée au haut d'une équerre, que traverse une bande de bois marquée d'une ligne droite qui la partage ; la tension de la corde *A*, mobile, en s'éloignant plus ou moins de la ligne *D* qui est tracée sur la bande qui traverse l'équerre, fait connoître combien la partie de gouttiere, de toît, de plancher, &c. qui répond à un pied de ce Niveau, est plus haute ou plus basse que la partie qui répond à l'autre jambe : on fait par ce moyen l'endroit qu'il faut élever ou rabaisser pour que le tout soit de niveau quand il le faut. De-là vient qu'on appelle ces outils mêmes, des *Niveaux*.

§. I. *Du moule des Plombs à Niveau.*

LES moules où l'on fait fondre les Plombs à Niveau, sont ronds, *Fig.* 13 ; mais le dedans en est différent, par la même raison que les Plombs qu'on y coule, & dont nous venons de parler, ne se ressemblent pas ; les uns sont vuidés en quarré, *Fig.* 14, les autres en rond. Dans le milieu de chaque moule il y a un petit boulon ou noyau *B*, qui le traverse ; c'est ce noyau qui forme le petit trou des Plombs des Niveaux où l'on fait passer la corde *A* : ils ont un jet C, *Fig.* 13 & 14, par lequel on y verse le plomb. Après les avoir fermés comme les moules à Ecritoires & à Gardes-papiers, il faut, en outre, placer dans chaque moule le noyau *B*.

§. II. *De la maniere de retirer les Plombs à Niveau de leurs moules.*

APRÈS qu'on aura jetté le plomb qu'il faut dans chaque moule, & qu'on l'aura laissé refroidir, on prendra de petites tenailles, & l'on arrachera le noyau *B*, de chaque moule, que l'on tiendra avec la main, pour qu'il résiste à ce petit effort. Cela fait, on fera partir les petits clous qui ferment & tiennent les chappes des deux moules, qu'on ouvrira avec le marteau pour ne pas se brûler. On en sortira les petits Plombs qu'on y a fondus, dans la forme qu'on le voit *Fig.* 11 & 12 ; il n'y aura plus qu'à les attacher quand on voudra s'en servir.

Comme les Plombiers ont beaucoup d'autres ouvrages plus considérables à faire, ils ne tiennent de ceux-ci que très-rarement & lorsqu'on leur en commande ; la plupart même n'ont pas de moules : ils tiennent plus souvent des Cœurs fondus, dont nous allons parler. Il n'est aucun temps où ils n'en ayent toujours quelques-uns de faits.

Article Sixieme.

Des Cœurs fondus.

Nous avons déja parlé des Cœurs contournés fous la batte ; mais il y a d'autre Cœurs qu'on fait qui font fondus.

On en diftingue encore de deux fortes parmi eux ; les uns font à anneau, comme on le voit *Fig.* 15 ; les autres, au contraire, n'ont point d'anneau, mais ils ont en place deux trous qui les traverfent d'un bout à l'autre , & qui tiennent lieu de l'anneau des premiers, *Fig.* 16 & 17.

Les uns & les autres fervent de contre-poids à différentes chofes. On fe fert des petits Cœurs pour fufpendre des cages d'oifeaux dans les maifons , & avoir la facilité de les monter & de les defcendre fans peine & fans aucun rifque.

Les Cœurs d'un plus gros volume font deftinés aux luftres & aux lampes d'Eglifes. Ils font également très-propres pour ces endroits ; on peut avec ces Cœurs, monter & defcendre les lampes & les luftres auffi doucement qu'on veut , quel que foit leur poids, fans qu'on rifque de les laiffer tomber ou d'en renverfer l'huile.

Les feconds Cœurs font plus en ufage que les premiers ; ils font auffi plus commodes : on ne fe fert de ceux-là qu'au défaut des autres.

§. I. *Des Cœurs à anneaux.*

On a un moule *A, Fig.* 18 & 19 , qui eft de fonte de fer ; il eft en deux parties, qui fe joignent & s'attachent par le moyen de quatre chappes *B*, & quatre clous *C* : le dedans *D* eft vuidé en forme de cœur ; on y jette le plomb par le moyen d'un jet *E* , qui eft à un bout du moule.

§. II. *De la maniere de fondre les Cœurs à anneau.*

On graiffe d'abord le moule dans lequel on veut les jetter , comme à l'ordinaire , & on le ferme avec fes chappes & clous ou crochets ; on y verfe le plomb autant qu'il en peut contenir. On frappe le moule par quelques coups de marteau , pour que le plomb defcende mieux. Après quelques inftants , on fait partir les quatre petits clous qui tiennent les chappes du moule , dont les deux parties fe féparent auffi-tôt & tombent fur la table : on trouve alors le Cœur fondu , qui a la forme qu'on voit *Fig.* 15.

§. III. *Des Cœurs percés.*

Le moule *A, Fig.* 20 & 21 , des Cœurs percés, eft différent de l'autre , en ce qu'il y a deux petits boulons ou noyaux *B, C*, qui le traverfent, comme on le voit dans la coupe du moule , *Fig.* 21 ; du refte il eft femblable à celui des

PLOMBIER.   S s

Cœurs à anneau : il forme également deux parties qui se joignent ensemble, & s'attachent par quatre chappes *D*, à clous ou crochets. Il est également vuidé en forme de cœur en dedans *E* : on y verse le plomb par un jet *F*, comme à l'autre.

§. IV. *De la maniere de fondre les Cœurs percés.*

Après que le moule où on coule les Cœurs percés est graissé & fermé, on y fait entrer les deux petits boulons *B*, *C* ; de même après que le plomb a été jetté dans ces sortes de moules, avant que de les ouvrir, on retire avec des tenailles les deux petits noyaux *B*, *C* dont nous venons de parler ; on fait partir ensuite les crochets des chappes ; le moule se sépare en deux comme le premier, & l'on trouve un Cœur dans la forme de celui que représentent les Figures 16 & 17 : on le retire du moule pour en couler de nouveaux.

Je crois avoir rempli le dessein que je me suis proposé, de parcourir toutes les opérations de l'Art du Plombier dans tout leur entier, afin de les rendre palpables. Je passe à l'explication des Planches.

EXPLICATION DES PLANCHES.

PLANCHE PREMIERE.

LA Figure premiere repréſente pluſieurs Saumons de plomb entaſſés l'un ſur l'autre, dont chacun a un pied & demi de long, ſur 8 pouces de large, & peſe environ 140 livres. Ils ſont gravés dans la forme qu'ils ont, lorſque les Plombiers les reçoivent des mines pour les mettre en œuvre : on leur voit différents chiffres dont les Mineurs les marquent, pour déſigner les mines dont ils ſortent.

La Figure 2 repréſente la Chaudiere dans laquelle les Plombiers mettent leur plomb ou leur ſoudure en fuſion. *A*, en eſt l'ouverture ; *B*, eſt le fourneau qui la porte, & dans la maçonnerie duquel elle eſt noyée. *F*, eſt la bouche du foyer, qu'on a fait au nivcau du plancher, pour y placer le bois plus aiſément. *G*, ſont des tuyaux de fer qui prennent du fourneau, & qui vont aboutir dans un tuyau de cheminée. *C*, eſt le manteau de cette cheminée, qui eſt établi 4 pieds au-deſſus du fourneau pour en recevoir la fumée, & l'empêcher de ſe répandre dans l'attelier.

La Figure 3 repréſente un Barreau de fer qui a 4 ou 5 pieds de longueur, qui eſt crochu par le bout, & que les Plombiers appellent *Fourgon*. Ils s'en ſervent pour attiſer le feu qu'ils font ſous leur chaudiere.

La Figure 4 repréſente une Poële percée comme une poële à marrons, qui ſert d'écumoire aux Plombiers, pour retirer de deſſus leur métal ce qu'ils appellent les *craſſes* ou *écumes*, ainſi que le charbon qu'ils y jettent pour révivifier les parties de plomb qui perdent, en fondant, leur phlogiſtique.

La Figure 5 eſt une Caiſſe de bois de chêne, établie ſur des pieds de charpente, qui a environ 16 à 18 pieds de long, ſur 4 à 5 pieds de large, & 8 pouces de profondeur, qui contient une couche de ſable d'environ 6 pouces, & qui eſt le moule ordinaire ſur lequel les Plombiers coulent leurs tables. *I*, eſt un treteau de charpente ſur lequel ils poſent la poële qui contient le plomb qu'ils verſent ſur leur moule.

La Figure 6 repréſente la Grille de fer qui enveloppe cette poële, & par le moyen de laquelle les Ouvriers la ſoulevent pour la renverſer ſur le moule.

La Figure 7 repréſente cette même Poële ſéparée de ſon grillage, & dans la forme qu'elle a. *B*, marque le bourrelet qui regne tout autour de cette Poële.

La Figure 8 repréſente l'Arroſoir dont les Plombiers ſe ſervent pour rafraîchir la couche de ſable qui eſt dans leur moule.

La Figure 9 repréſente le Labour que les Ouvriers emploient pour couper & bêcher leur couche de ſable après l'avoir arroſée. *E*, plaque de ſer tranchante comme une pelle.

La Figure 10 repréſente l'Inſtrument qui écraſe les mottes de terre dont le labour a hériſſé toute la ſurface du ſable qui eſt dans le moule, qui ſert auſſi au coulage des tables, & que les Plombiers appellent *Rable. F*, *F*, ſont deux entailles qui poſent ſur les rebords du moule, pour qu'on ait une plus grande facilité de faire gliſſer le Rable d'un bout à l'autre ſans ſe déranger.

La Figure 11 eſt une Plaque de cuivre, qui a environ un pied en quarré, polie ſur l'une de ſes ſurfaces, que les Plombiers appellent *Plane*, & qu'ils paſſent ſur leur ſable, après l'avoir fait chauffer, & enduite de graiſſe, pour le rendre uni. *G*, eſt la poignée avec laquelle on la prend.

La Figure 12 eſt une Truelle ſemblable à celles dont les Maçons ſe ſervent, & avec laquelle les Plombiers font les foſſés qu'ils ouvrent au bout de leur moule, pour recevoir le ſurplus du plomb qu'ils jettent en table.

La Figure 13 repréſente une Caſſerole de cuiſine, de 8 pouces de diametre, ſur 2 pouces de profondeur, qui ſert aux Ouvriers de cuiller pour tranſporter leur plomb de la chaudiere dans la poële qui eſt au bout du moule. *k*, eſt la queue avec laquelle on la prend, qui a environ 9 pouces de longueur.

PLANCHE II.

La Figure 1 repréſente une Serpette ſemblable à celle des Vignerons, dont les Plombiers ſe ſervent pour ſéparer leurs tables du ſurplus du plomb qui entre dans les foſſés auſſi-tôt qu'elles ſont coulées, afin que ce plomb, qui eſt ordinairement très-maſſif, ne les empêche pas de ſe retirer, & ne les faſſe pas caſſer en quelqu'endroit. *A*, eſt le manche avec lequel on la prend, qui a environ 4 pouces de long, ſur un pouce de diametre. *B*, eſt l'endroit par où on l'enfonce d'abord dans le plomb. *C*, eſt une petite élévation qui forme le dos de cette Ser-pette, ſur laquelle on frappe pour la faire entrer plus aiſément dans le plomb qu'on veut diviſer.

La Figure 2 eſt un morceau de bois rond, d'environ 6 pouces de long, que les Plombiers font paſſer dans leurs tables après les avoir roulées, & qui leur ſert de levier pour les enlever de deſſus le moule à chaque fois qu'ils en coulent, & avoir la facilité d'en faire de nouvelles. *A*, en eſt le milieu; *C*, *D*, forment deux poignées qui donnent priſe à la main des Ouvriers, & l'empêchent de gliſſer.

La Figure 3 repréſente la Batte ronde dont ſe ſervent les Ouvriers pour frap-per leurs tables & les replier ſur elles-mêmes en forme de rouleau.

La Figure 4 repréſente un Rouleau de table. *A*, *B*, ſont les vuides qu'on laiſſe dans le milieu de chaque Rouleau, pour y faire entrer le levier.

La

La Figure 5 repréfente un Rouleau de table enfilé par le levier *C D*, en *A B*, & la maniere dont on enleve le tout de deffus le moule.

La Figure 6 repréfente un des Rejets qui font formés du furplus du plomb dans le coulage des tables : il eft enfilé en *A* par un levier ; on le retire ainfi des foffés, & on le porte dans la chaudiere pour l'y faire fondre de nouveau.

La Figure 7 repréfente un Moule où fe fait un nouveau coulage. *C*, eft la poële que les Ouvriers levent ; *D*, le plomb qui coule fur le moule ; *E*, le fable fur lequel il eft jetté ; *F*, le rable qui le pouffe d'un bout du moule à l'autre ; *G*, *H*, les deux foffés qui font ouverts pour recevoir le furplus de ce qu'il faut de plomb pour faire chaque table.

La Figure 8 repréfente un nouveau Moule, de deffus lequel on veut enlever la table *A* qui y a été coulée ; pour cet effet on a commencé en *B*, à en rouler les deux extrémités *C*, *D*. Un Ouvrier la frappe d'un côté avec la batte ronde ; un autre Ouvrier monté en *o*, fur l'autre bord du Moule, & s'appuyant contre la muraille, s'entr'aident mutuellement à la replier fur elle-même, afin de la mettre en rouléau, & de l'enlever comme nous l'avons dit plus haut. On voit à l'extrémité du Moule deux rejets défignés par deux petits anneaux, & dans la forme qu'ils ont lorfqu'ils font encore dans les foffés. Entre ces deux rejets & la table qu'on roule, on voit une petite féparation, pour marquer que la table a été féparée en cet endroit, afin de lui donner la facilité de fe retirer. *E*, eft la poële renverfée & pofée dans fa fituation ordinaire. *F*, eft le rable que l'Ouvrier a pofé à terre après s'en être fervi.

PLANCHE III.

L A Figure 1 repréfente un Moule à toile à deux rebords *A*, *B* ; *C*, repréfente un rable qui eft porté fur ces deux bords, pour le faire couler d'un bout à l'autre.

La Figure 2 repréfente un nouveau Moule à table à un feul rebord *A* ; l'autre côté *B* eft plat. Ils font faits tous deux pour couler des tables minces, mais plus particuliérement le fecond.

La Figure 3 repréfente ce dernier Moule *A*, *B*, pofé fur fes treteaux, fur lequel on fait un coulage. L'Ouvrier qui tient la cuiller vient d'en répandre le plomb fur ce Moule. Deux autres Ouvriers tiennent un rable qu'ils font couler avec précipitation, pour que le plomb n'ait pas le temps de féjourner trop long-temps fur le moule. On voit au fond du Moule une lingotiere qui eft faite pour fuppléer aux foffés dont nous venons de parler, & recevoir de même le furplus du plomb.

La Figure 4 repréfente cette Lingotiere détachée du moule. On voit aux deux côtés les crochets par le moyen defquels elle y tient.

La Figure 5 repréfente la Cuiller dont on fe fert pour verfer le plomb fur le moule.

La Figure 6 repréfente une nouvelle forme de Rable, différente de celle qu'ont les Rables dont nous avons parlé plus haut, & qui eft fait exprès pour les moules à toile à un feul rebord. On le pofe fur un carton, & il reçoit d'abord le plomb avant qu'il fe répande fur le moule. *A*, eft le côté qu'on préfente à l'extrémité du moule, quand on y coule; *B*, *C*, font les deux côtés auxquels font attachés deux manches *D*, *E*, par lefquels on le prend; *F*, barre de bois pour tenir les deux côtés *B*, *C*, plus fermes.

La Figure 7 repréfente une Table enlevée du moule & roulée en moitié, pour faire voir qu'on s'y prend ici de la même maniere qu'on l'a dit plus haut, au fujet des tables coulées fur fable; avec cette différence, que les Ouvriers ne montent pas fur les rebords du moule, parce que ces moules étant légers, on les place où l'on veut, pour donner plus de facilité aux Ouvriers d'enlever les tables qu'on y jette.

PLANCHE IV.

L A Figure 1 repréfente la Chaudiere dont fe fervent les Entrepreneurs de la Manufacture du Laminage, vue en plan. *H*, eft un vafe qu'on nomme *Auge*, auffi vu en plan, qui eft deftiné à recevoir le plomb fondu qui fort de la Chaudiere. *a*, eft le robinet par lequel il paffe; *b*, eft la bavette fur laquelle il coule; *I*, eft le moule fur lequel on le verfe, qui eft auffi vu en plan.

La Figure 2 eft une Grüe, qui fert à tranfporter les tables de plomb du moule au Laminoir, également vue en plan.

La Figure 3 eft un plan de tout le Laminoir, & du manege qui le fait aller. *H*, font des leviers de 13 pieds de longueur, à l'extrémité defquels on attele les chevaux qui donnent le mouvement au Laminoir. *A*, eft l'arbre vertical qui eft attaché aux leviers. *B*, eft une roue de champ de foixante-dix-huit dents, qui eft portée par l'arbre vertical *A*. *E*, eft une lanterne de 39 fufeaux, qui engrene dans la roue de champ *B*. *C C*, eft un arbre horizontal, auquel eft affujétie la lanterne *E*, qui lui communique fon mouvement. *D*, eft un hériffon de 31 dents, qui lui eft également affujéti. *Æ*, eft une autre lanterne qui lui eft auffi fermement attachée, & par lequel elle eft mue, ainfi que le hériffon *D*. *K*, *L*, font deux cylindres de fonte, entre lefquels on fait paffer les tables qu'on veut laminer. *T*, *T*, font des rouleaux mobiles fur leurs axes, qui font faits pour foutenir les tables de plomb. *V V*, eft un chaffis de 50 pieds, fur lequel ils font portés.

PLANCHE V.

L A Figure 1 repréfente la machine du Laminoir vue en élévation. On y voit de quelle maniere la roue de champ *B* eft portée par l'arbre *A*, & engrene dans la lanterne *E*, ainfi que le hériffon *D*, & la lanterne *Æ*, dans les lanternes *F*, *f*. *e*, eft un arbre qui tient au cylindre *K*, & le fait mouvoir. *G*, petite

roüe ou étoile de cuivre qui eſt entre la lanterne *Æ* & la lanterne *f*, pour changer leur circonvolution, & par conſéquent celle de l'arbre *e*, ſelon le ſens dans
lequel on veut que le cylindre *K* tourne. *u*, eſt une boîte quarrée qui eſt à
l'extrémité du petit arbre *e*, & qui reçoit le cylindre *K*. *x*, *x*, cables qui ſont
attachés. *Z*, treuil ſur lequel ſe roulent ces deux tables, & qui eſt établi au-
deſſus du Laminoir. *O*, poids qui eſt placé en cet endroit pour ſoulever le
cylindre *L*, ainſi que toutes les pieces de la rainure du Régulateur.

Les Figures 2 & 3, ſont les plateaux des lanternes *F*, *f*. *a*, petits canons de
fer qui formant une ouverture au centre des plateaux, reçoivent le petit
arbre *e*, dans l'endroit où il eſt rond. *b b*, ſont des rainures garnies de fer, dans
leſquelles entrent les verrouils. *c c*, ſont des barres de fer qui font un peu
ſaillie ſur le plan des plateaux des lanternes.

La Figure 4 eſt une Boîte de fer fondu. *F*, *F*, deux pieces méplates qui ſont
poſées parallélement aux deux faces oppoſées *G*, *G*, de cette Boîte.

La Figure 5 eſt la même Boîte repréſentée en plan, pour faire voir ſa largeur. *E*, ouverture quarrée qui reçoit la partie quarrée *L L* du petit arbre *e*.
H, ſont des rayons qui ont des entailles pour ſervir de conducteurs aux verrouils.

La Figure 6 repréſente ces verrouils, qui peuvent ſe gliſſer dans les entailles
H, & ſe porter vers la droite ou vers la gauche, pour attacher l'une ou l'autre
lanterne *F* ou *f*, à l'arbre *e*. *I I*, *K K*, ſont deux verrouils; *l*, eſt un anneau qui
les reçoit à ſes deux extrémités.

La Figure 7 repréſente ce même anneau *l*, ſéparé des verrouils. *I*, *K*, marquent les deux ouvertures dans leſquelles entrent les deux verrouils.

La Figure 8. repréſente encore ce même anneau avec ſes verrouils *I*, *K*.
F, ſont les deux pieces méplates de la boîte de fer qui reçoit le petit arbre *e*,
ſur leſquelles les verrouils ſont portés en *I* & en *K*.

P L A N C H E   V I.

La Figure 1 repréſente toutes les pieces qui compoſent le Régulateur, jointes
enſemble. *A*, eſt un fort ſommier ſur lequel ſont établis les cylindres & tout ce
qui en dépend. *B*, *B*, ſont des colonnes de fer qui entrent dans le ſommier *A*.
a, *a*, ſont les repos qui appuient ſur le ſommier. *e*, *f*, ſont deux écrous qui reçoivent l'extrémité de chaque colonne. *A*, *B*, *D*, eſt un étrier de fer qu'il y a aux
côtés du Régulateur, & qui porte un collet qui peut ſe lever ou s'abaiſſer, deſtiné à ſoutenir le cylindre *L*. *F*, eſt une gorge qui en reçoit les tourillons.
e, *e*, collets ſur leſquels repoſent les extrémités du cylindre inférieur *K*.
b, *b*, autres collets qui recouvrent les tourillons du cylindre ſupérieur *L*.

La Figure 2 repréſente une coupe tranſverſale de ce ſommier. Les lignes
ponctuées *a a*, marquent les endroits qui reçoivent les colonnes de fer *B*,*B*.

La Figure 3 repréſente ces mêmes colonnes de fer *B B*, ſéparées du reſte de l'armure du Régulateur. *a, a*, repos qui portent fur le fommier. *b b, c c*, vis qui excedent le fommier en deffous, & font reçues dans les deux écrous dont nous venons de parler. *l*, pignon; *o*, roue qui eft attachée au même arbre.

La Figure 4 repréfente les deux écrous *e, f*, féparés des colonnes de fer *B,B*, pour en faire voir la forme.

La Figure 5 repréfente les pieces de fer qui font au haut des colonnes de fer *B, B. g*, entre-toifes; *h*, écrous qui fervent à affermir les colonnes de fer dans le haut.

La Figure 6 repréfente le collet du cylindre inférieur, vu par le côté qui regarde le dedans du Laminoir. *D*, eft l'endroit qui eft fait pour recevoir le palier de cuivre qu'on voit en deffus. *i, k*, oreillons que traverfent les colonnes de fer *B, B*.

La Figure 7 repréfente le collet du cylindre fupérieur, vu en perfpective, & du côté de la face qui regarde l'intérieur du Laminoir. Au-deffous eft fon palier de cuivre hors de place, qui eft fait pour être placé dans la partie du collet qui eft vuidée en *F*.

La Figure 8 repréfente le collet du cylindre inférieur. *A*, eft fon plan vu par-deffous. *C*, eft fon palier de cuivre, qui en eft féparé. *d, d*, font les trous par lefquels paffent les colonnes de fer *B, B*.

La Figure 9 repréfente le collet fupérieur du cylindre *L*, vu du côté extérieur. *B*, eft fon palier de cuivre qu'on voit en deffous, & qui doit entrer dans la partie du collet qui eft vuidée en *A*.

Les Figures 10 & 11 repréfentent les écrous *f*, ainfi que la roue de fer horizontale *P*, qui leur eft jointe, lefquels furmontent les colonnes de fer *B, B*, & les reçoivent dans l'endroit où elles font taraudées, féparées de ces mêmes colonnes, pour faire mieux fentir leur forme.

La Figure 12 eft l'étrier *A, B, D*, fur lequel portent les cylindres, vu féparément & détaché du refte de l'armure du Régulateur. *F*, en eft le collet. *C, E*, entre-toifes qui traverfent l'étrier. Comme il eft fait pour porter le cylindte *L*, il en reçoit les tourillons en *F*.

La Figure 13 repréfente la vis fans fin, qui eft taraudée à fes deux extrémités, vue féparément & détachée de tout le refte de l'armure du Régulateur. *S*, clef par le moyen de laquelle on met cette vis fans fin en mouvement.

La Figure 14 eft un plan de l'armure qui eft au-deffus des colonnes, qui eft compofée de la vis fans fin *R*, de la clef *S*, & des quatre écrous *f*, qui furmontent les quatre colonnes de fer *B*, pour donner une idée de leur arrangement fur les lieux.

La Figure 15 eft une piece de fer qui fert à conduire la vis fans fin, qui, elle-même, la fait tourner par le moyen de fes branches. *b*, eft l'endroit où elle lui eft attachée.

PLANCHE

PLANCHE VII.

L A Figure 1 repréſente tous les Uſtenſiles qui concernent la fonte du Laminage, vus en élévation. *A*, eſt la chaudiere. *B*, les degrés que l'on monte pour aller à la chaudiere. *C*, eſt le palier de cet eſcalier. *F*, la porte du foyer du fourneau ſur lequel la chaudiere eſt aſſiſe. *D*, robinet de la chaudiere. *E*, en eſt le bouchon. *H*, eſt l'auge dans laquelle coule d'abord le plomb. *I*, eſt le moule ſur lequel l'auge le verſe. *V, U*, ſont deux leviers. *a, X*, ſont deux poulies qui ſont à l'extrémité de ces leviers. *T*, eſt l'axe ſur lequel elles tournent. *c, c*, chaînes qui ſont attachées aux poulies en *d*, d'un côté, & à l'autre extrémité, à l'auge *H. e, e*, baſcules qui ſervent à faire baiſſer les leviers *V, U*, & par conſéquent à lever l'auge, quand on veut la verſer ſur le moule.

La Figure 2 eſt une coupe du fourneau, de l'auge & du moule, où l'on voit de quelle façon les flammes enveloppent & léchent le deſſous de la chaudiere. *A*, eſt la chaudiere. *D*, le robinet. *E*, le bouchon du robinet. *K*, eſt le chevalet qui tient le bouchon du robinet ferme, afin qu'il ne fuie pas ; il ſert auſſi à ſoutenir la gouttiere de tôle qui tranſmet le plomb de la chaudiere à l'auge. *m, o*, ſont ſes pieds qui entrent dans la terre. *G*, eſt le foyer du fourneau. *H*, l'auge. *I*, le moule.

La Figure 3 repréſente une Table *A*, que l'on tire du moule. *B*, eſt le cable qui la tire. *C*, eſt un anneau qu'on fait à chaque table qu'on fond. *D*, eſt le crochet qu'on y fait entrer, & qui s'attache au cable & à la table. *E*, eſt l'extrémité du moule, par laquelle on la fait paſſer. *F, G*, ſont des rouleaux qu'on abaiſſe, & ſur leſquels on fait gliſſer la table *A*, pour avoir plus de facilité à la deſcendre.

La Figure 4 repréſente l'auge détachée du moule, pour faire voir de quelle façon elle eſt faite. *a, b*, ſont les crochets dans leſquels entrent les chaînes qui la levent.

La Figure 5 repréſente la même auge dans le ſens contraire. *f, g, h*, ſont les crochets qui s'appuient ſur le moule quand on leve l'auge.

La Figure 6 repréſente un Labour avec lequel on remue le ſable du moule.

La Figure 7 repréſente un Rateau avec lequel on émiette les glebes que le labour hériſſe ſur la ſurface du ſable.

Les Figures 8 & 9 repréſentent deux Rables différents de ceux des Plombiers, avec leſquels les Ouvriers, qui ſont employés au laminage, uniſſent leur ſable. *A, B, C, D*, ſont les endroits par leſquels on les prend.

La Figure 10 repréſente la Plane qu'on paſſe ſur le ſable avant d'y couler.

La Figure 11 repréſente le Tuyau de tôle qui tranſmet le plomb fondu de la chaudiere dans l'auge.

La Figure 12 repréſente le Chevalet qui eſt devant la chaudiere. *l, m, n, o*,

PLOMBIER. V v

font quatre crampons qui entrent dans la terre, pour que ce chevalet soit plus solide. *p*, *q*, font deux écrous faits pour ferrer le haut du chevalet. *r*, *s*, marquent de quelle maniere ils entrent dans les vis qui tiennent au chevalet.

La Figure 13 marque le Tampon du robinet de la chaudiere, détaché de ce même robinet. *E*, eft l'endroit par lequel on le prend.

Les Figures 14 & 15 repréfentent deux autres Rables différents des premiers qu'on voit *Fig.* 8 & 9, & qui ne reffemblent pas non plus à ceux des Plombiers. Ils font faits pour rabler le plomb dans le moule.

La Figure 16 repréfente la Grüe vue en élévation, que deux hommes font jouer. *B*, eft le cable qui fe roule fur le treuil qu'ils font tourner au moyen de la double manivelle qu'ils ont dans les mains. *C*, eft un anneau qui eft à l'extrémité d'une table *A*, qu'ils tirent. *D*, eft le crochet qui la tire.

La Figure 17 repréfente le même crochet fait en forme d'une *S*, féparé de la table & du cable auquel il tient, *Fig.* 3 & 16.

PLANCHE VIII.

Les Figures 1 & 2 repréfentent toute la Machine du laminage, vue dans tout fon enfemble & en travail. On voit en *H* de quelle façon les chevaux la mettent en mouvement. *A*, table roulée que l'on enleve de deffus le Laminoir : on voit par-là de quelle façon cela doit fe faire.

La Figure 3 repréfente les deux cylindres vus féparément, & déchargés du refte de la machine du Laminoir. *P*, eft l'extrémité du cylindre fupérieur *L*, qui eft portée par le double collet que portent les fourchettes de Régulateur. *Q*, eft l'extrémité du cylindre inférieur *K*, qui entre dans la boîte qui eft à l'extrémité de l'arbre *e*.

La Figure 4 repréfente de quelle façon eft fait le petit arbre *e*. *M*, *N*, font les tourillons ou les axes fur lefquels tourne ce petit arbre. Les parties *K*, *K*, qui font arrondies, marquent les endroits où font placées les lanternes *F*, *f*. *L L*, eft le milieu de cet arbre, qui eft quarré & deftiné à recevoir la piece qui porte les verrouils, dont l'ouverture eft également quarrée, & par conféquent les rend adhérents à cet arbre. *u*, boîte quarrée qui reçoit l'extrémité du cylindre inférieur *K*.

La Figure 5 repréfente les Broffes dont on fe fert pour ébarber chaque table qu'on veut laminer.

La Figure 6 repréfente les Leviers, par le moyen defquels on tranfporte le verrouil pour faire changer la direction des tables qu'on lamine.

La Figure 7 repréfente les Tenailles qui fervent à caffer les laifes des tables qu'on lamine, à mefure qu'elles s'applatiffent.

La Figure 8 repréfente deux Marteaux qui fervent à couper les tables.

La Figure 9 eft une nouvelle repréfentation du Verrouil. *A*, *B*, eſſieu qui tient à l'anneau des Verrouils. *C*, *D*, font deux montants que porte cet eſſieu.

E F, entre-toife qui fert à affermir ces montants. *I K*, levier qui tient à l'effieu *A B*, & qui le fait tourner quand on juge à propos.

La Figure 10 eft encore le même Verrouil vu dans un autre fens. *A*, *B*, eft l'effieu dont nous venons de parler. *C*, *D*, les deux montants. *E F*, l'entre-toife. *G H*, font deux pannetons qui portent les deux montants, & qui entrent dans la gorge qui eft creufée dans l'épaiffeur de l'anneau tracé ici par deux cercles ponctués.

La Figure 11 repréfente deux Rouleaux vus féparément & détachés de leurs chaffis, pour en faire voir la forme, & pour faire entendre que, quoique toujours dans la même place, ils roulent fur eux-mêmes au moyen de deux axes qu'ils ont à leur extrémité.

La Figure 12 repréfente une Batte ronde, pour frapper les tables & les replier en rouleau pour les enlever de deffus le chaffis.

La Figure 13 eft une Batte plate, qu'on emploie au même ufage.

P L A N C H E IX.

La Figure 1 repréfente le Moule dans lequel les Plombiers fondent leurs tuyaux, qui eft ouvert par les deux bouts, & fait en forme de cylindre creux : le tout eft en cuivre. *A*, repréfente un entonnoir que l'on appelle *Jet*, par lequel on verfe le plomb. *B*, *C*, font deux éminences ou deux goujons qui fervent à l'affermir. *D*, *D*, font des évents ou ventoufes, pour laiffer échapper l'air quand on verfe le métal dans le moule. *K*, *L*, font les deux extrémités de ce moule qui font à jour.

La Figure 2 eft une coupe de ce Moule, pour faire voir de quelle façon le noyau ou boulon qui entre dans ce moule y eft placé, ainfi que la plume & la portée.

La Figure 3 repréfente cette piece de cuivre qu'on nomme *Portée*, féparée du moule : elle eft percée comme on le voit dans fon milieu *G*, pour recevoir le mandrin ou boulon de fer qui entre dans le moule.

La Figure 4 eft la piece de fonte qu'on nomme *Plume*, qui eft également percée dans fon milieu, ainfi que la partie *G*, pour recevoir le même mandrin ou boulon à l'autre bout.

Les Figures 5 & 6 repréfentent des Brides à charnieres qui ferment les côtieres du moule. *a*, font des ouvertures dans lefquelles entrent les deux goujons *B*, *C*, *Fig*. 1. *b*, font des pannetons qui les tiennent fermes, qui entrent dans les ouvertures qui font vis-à-vis, dans lefquelles on fait paffer une clavette.

La Figure 7 repréfente cette clavette féparée de tout le refte.

La Figure 8 repréfente tout cet ajuftement en place, où l'on voit qu'au moyen de ces brides à charnieres, le moule eft auffi folide que s'il étoit d'une feule piece.

La Figure 9 repréſente le Boulon ou Noyau cylindrique de fer, qui entre dans le moule, & qui forme le diametre des tuyaux qu'on y fond : il eſt arrondi en *Q* juſqu'à *R*, méplat depuis *Q* juſqu'à *S*.

La Figure 10 repréſente une longue Table de chêne, que les Plombiers appellent le *Madrier*, qui a 16 à 18 pieds de longueur, ſur 20 pouces de largeur, & 4 pouces & demi d'épaiſſeur. Ce madrier eſt porté par de forts pieds de charpente. *T*, eſt une grande ouverture en forme de mortaiſe, qui a 3 pieds de longueur, & 6 pouces de largeur, au droit de laquelle eſt poſé le moule ſur deux fortes traverſes qui ſont arrêtées avec des boulons, & fermement attachées au madrier. *U*, ſont des planches de chêne qui ſont clouées au bord du madrier & qui tombent juſqu'à terre, pour empêcher que le plomb, rejailliſſant par les ventouſes du moule, ne brûle les jambes des Ouvriers. *X*, eſt un cric qui eſt fait pour tirer le boulon du moule. On voit en *A*, de quelle façon on verſe le plomb. *e*, eſt le tuyau que l'on ſort du moule à meſure qu'on le fond. *f*, ſont les rejets qui ſe forment dans l'entonnoir.

La Figure 11 repréſente une partie du Cric iſolé & ſéparé du madrier. *a b*, eſt un arbre de fer qui tient au moulinet. *c*, eſt une lanterne.

La Figure 12 repréſente le Moulinet ſeul.

La Figure 13 repréſente un Ciſeau avec lequel on coupe le jet qui ſe forme dans l'entonnoir du moule.

La Figure 14 repréſente le Fourneau & la Chaudiere, dans laquelle on puiſe le plomb pour le jetter dans le moule.

La Figure 15 repréſente une Roue iſolée du cric, qui engrene dans la lanterne *c*, & qui eſt enarbrée avec la lanterne *g*, ſur l'eſſieu *e f*.

La Figure 16 repréſente un Ouvrier qui coupe les rejets qui s'élevent ſur le tuyau *e*, à meſure qu'on le fond.

La Figure 17 marque de quelle façon on tire ou l'on fait entrer le boulon dans le moule. *A*, *B*, ſont les branches du moulinet, qu'un Ouvrier prend dans ſes mains pour faire jouer le cric.

PLANCHE X.

La Figure 1 repréſente une Table, ſur laquelle on voit comment les Ouvriers arrondiſſent ſous la batte les tuyaux qui ne ſont pas fondus, & qu'il faut, par conſéquent, former ſous la main pour les ſouder enſuite.

La Figure 2 eſt une longue Regle dont ſe ſervent les Plombiers, pour les déſigner ſur les tables de plomb dont ils veulent les tirer.

La Figure 3 eſt le Compas avec lequel ils meſurent la largeur des plaques de plomb, qui doit faire le diametre des tuyaux.

La Figure 4 repréſente le Tire-ligne qu'ils paſſent ſur la craie, & par le moyen duquel ils font une premiere entaille dans le plomb, pour avoir plus de facilité à le couper.

La

La Figure 5 repréfente deux Couteaux, dont les Ouvriers fe fervent indifféremment pour continuer l'opération du tire-ligne, c'eft-à-dire, pour finir de
couper leur plomb.

La Figure 6 eft la Batte dont ils fe fervent pour frapper ces Couteaux & les
faire mieux entrer.

La Figure 7 en eft une autre d'une autre efpece.

La Figure 8 repréfente une Table qui porte plufieurs tuyaux: on y voit trois
différentes opérations. Il y a un Ouvrier qui gratte les tuyaux pour les mettre
en état d'être foudés. Le fecond les foude. Le troifieme lui porte la foudure.
a, chevalets fur lefquels les tuyaux font portés, pour qu'ils ne touchent pas la
table.

Les Figures 9 & 10 repréfentent plufieurs fortes de Grattoirs, dont les Ouvriers fe fervent pour gratter le plomb à l'endroit où ils veulent le fouder, afin
de l'aviver, & que la foudure s'y attache mieux.

La Figure 11 repréfente un Tuyau que l'on foude, féparé de la table où on
a coutume de les mettre, pour faire mieux fentir cette opération. *A*, repréfente
la maniere dont on doit d'abord les falir avec de la terre graffe. *C*, repréfente la
façon de les gratter ou aviver. *B*, la maniere d'y verfer la foudure. *D*, la façon
d'applatir la foudure fur le tuyau, & de l'y attacher par le moyen du fer à
fouder, qu'il faut avoir la précaution de frotter auparavant avec de la poix-réfine,
afin qu'il ne s'étame pas.

Les Figures 12 & 13 repréfentent la forme des Fers dont les Plombiers fe
fervent pour fouder leurs tuyaux. *A*, en eft le manche. *B*, la partie qu'on pofe
fur la foudure. *C,C*, font deux morceaux de bois creux, avec lefquels les
Ouvriers retirent leurs fers du feu pour ne pas fe brûler, & les tiennent pendant
le temps de la foudure.

La Figure 14 repréfente plufieurs Tuyaux amoncelés les uns fur les autres,
qui ont déja été foudés.

La Figure 15 repréfente un nouveau Tuyau dans toute fa longueur, pour faire
voir comment la foudure, qui eft marquée à fon extrémité fupérieure par plufieurs lignes, lui eft attachée.

La Figure 16 repréfente une Equerre, dont quelquefois les Plombiers fe
fervent pour deffiner & couper leurs tuyaux.

PLANCHE XI.

La Figure 1 repréfente une Cuvette, deffinée, coupée, foudée, & prête à
mettre en place. *A A*, en eft le doffier, qui eft fait pour s'appliquer contre le
mur. *B*, en eft le devant, qui eft furmonté par un bourrelet qui regne tout
autour de fa partie fupérieure pour lui donner plus de grace. *C*, marque, par
la ligne ponctuée qu'on y voit, l'endroit du dedans de la cuvette où eft pofé ce

qu'on appelle la *Crapaudine*. *D*, eſt le bout de tuyau qu'on eſt dans l'uſage de joindre à l'extrémité de chaque cuvette, pour avoir plus de facilité à les mettre en place. *E*, eſt le nœud de ſoudure que l'on fait entre la cuvette & le tuyau, & qui les attache enſemble.

La Figure 2 eſt une coupe de cette même Cuvette, où les mêmes choſes ſont déſignées par les mêmes lettres.

La Figure 3 repréſente une Table ſur laquelle un Ouvrier commence par en deſſiner le doſſier. *A*, eſt la table de plomb dont il le tire.

La Figure 4 repréſente la même Table de plomb, avec les différentes lignes qu'il faut tracer, pour que la coupe ſoit plus correcte.

La Figure 5 repréſente ce même Doſſier ſéparé de la table de plomb d'où il a été tiré. *A*, en eſt le haut. *B*, en eſt le bas, que l'on arrondit pour attacher au bout de tuyau *D*, *Fig*. 1. *O*, *Q*, marquent les endroits où on les cloue au mur. *u*, *x*, *y*, *z*, marquent les petites oreilles qu'on leur laiſſe en les coupant, pour ſervir de premieres attaches, afin de les ſouder plus aiſément.

La Figure 6 repréſente le devant de la Cuvette, avec les différentes lignes qu'il faut tracer pour le couper plus exactement.

La Figure 7 eſt une eſpece de Batte un peu différente de celles dont nous avons déja parlé, que les Ouvriers emploient, ainſi que les premieres, pour frapper ſur le couteau avec lequel ils veulent diviſer leur plomb, mais plus ordinairement pour arrondir leurs cuvettes.

La Figure 8 repréſente le devant de la Cuvette, ſéparé & détaché de la table de plomb dont il a été tiré. *B*, eſt le bourrelet qu'on eſt en uſage de leur faire. *u*, *x*, *y*, *z*, ſont les oreilles qu'on leur laiſſe, ainſi qu'au doſſier, pour les attacher d'abord enſemble.

La Figure 9 repréſente de quelle façon on travaille ce devant de Cuvette, pour le mettre en état d'être ſoudé au doſſier, c'eſt-à-dire, pour lui donner la forme qu'il a dans la figure ci-deſſus.

La Figure 10 repréſente de quelle maniere on ſoude ce devant de Cuvette à ſon doſſier.

La Figure 11 repréſente la Crapaudine qu'on met dans le dedans de la Cuvette en *C*, *Fig*. 1, qui eſt à jour.

La Figure 12 eſt l'Outil avec lequel on la travaille, qu'on nomme *Emporte-piece*. *A*, en eſt le manche, ſur lequel on frappe avec la batte, pour le faire mieux entrer dans le plomb. *B*, eſt un fer rond & tranchant à l'extrémité, qui entre dans le plomb & le coupe par morceaux pour le mettre à jour.

La Figure 13 repréſente un Ouvrier qui tient une autre crapaudine, pour faire voir de quelle façon elles ſe travaillent.

La Figure 14 repréſente une Cuvette ronde. *A*, en eſt le fond. *B*, le pour-tour. *C*, marque le bourrelet qu'on leur fait ainſi qu'aux cuvettes à hotte. *D*, déſigne l'endroit où doit être poſée la crapaudine. *D*, le bout de tuyau qu'on leur attache, ainſi qu'aux premieres cuvettes.

La Figure 15 repréſente cette même Cuvette imparfaite, pour faire voir de quelle façon on modele ſon pourtour ſur ſon fond pour l'y ſouder.

La Figure 16 repréſente une autre Cuvette ronde, faite d'une autre façon. *A*, en forme le doſſier, que l'on cloue ordinairement ſur une fenêtre ; au bas eſt un bout de tuyau comme aux précédentes, qu'on recouvre également par une crapaudine en dedans de la cuvette.

La Figure 17 marque une Cuvette quarrée. *A*, en eſt le fond. *B*, en eſt le pourtour : elle a également un bout de tuyau, & eſt travaillée & ſoudée comme les autres.

PLANCHE XII.

L A Figure 1 repréſente un pan de Toît. *A B*, devant d'un chaîneau qui s'éleve verticalement. *C*, côté du chaîneau qui eſt cloué au dos de la charpente. *D*, crochets qui ſupportent le devant du chaîneau. *E*, gouttiere ſaillante. *F*, *G*, *I*, bourrelets de cette gouttiere. *H*, ouverture par laquelle l'eau du chaîneau ſe communique à la gouttiere, pour enſuite tomber dans la rue. *K*, barres de fer ſur leſquelles ces ſortes de gouttieres ſont portées. *L*, eſt l'aſſiſe des chaîneaux, qui doit d'abord être faite ou en plâtre par le Maçon, ou en bois par le Charpentier. *M*, fond du chaîneau. *N O*, ſabliere de la charpente, à laquelle le derriere du chaîneau eſt cloué.

La Figure 2 marque la forme des Crochets ſur leſquels on aſſied le devant des chaîneaux.

La Figure 3 repréſente la Corde nouée dont on ſe ſert pour monter ſur les toîts, quand on ne peut point y placer l'échelle, ou qu'on ne le veut pas.

Les Figures 4 & 5 repréſentent les Etriers qu'on attache aux nœuds de cette corde, & ſur leſquels l'Ouvrier appuie ſes pieds. *A*, *B*, *C*, *D*, ſont quatre jarretieres dans leſquelles il ſe ſerre les jambes. *E*, *E*, ſont les crochets avec leſquels il attache ces étriers à la corde.

La Figure 6 repréſente la Sellette ſur laquelle l'Ouvrier s'aſſied. *A*, *B*, *C*, *D*, eſt une planche vuidée par le devant pour recevoir ſes jambes : elle a quatre anneaux, dans leſquels entrent quatre courroies qui ſe ſerrent par des boucles *E*, *F*, ſelon qu'on veut que la ſellette ait plus ou moins de fond. *G*, eſt un crochet ſemblable à celui des étriers, qui tient les courroies de la ſellette, & s'accroche également à la corde nouée.

La Figure 7 eſt une Gâche avec laquelle on attache les tuyaux des maiſons. *a*, *b*, ſont les extrémités de cette gâche, qui ſont crochues & qu'on noie dans le mur avec du plâtre.

La Figure 8 repréſente la petite Auge qui contient le plâtre, & que les Ouvriers portent toujours avec eux lorſqu'ils travaillent à ces ſortes d'ouvrages.

La Figure 9 eſt un Jonc, qui eſt la premiere ſonde avec laquelle les Plombiers dégorgent leurs tuyaux.

La Figure 10 repréfente une autre Sonde, que les Plombiers emploient pour les grands engorgements. *A*, eft un plomb qu'on fait defcendre dans le dedans des tuyaux. *B*, eft la corde à laquelle il eft fufpendu.

La Figure 11 repréfente le devant d'un Bâtiment. *A*, *B*, eft le devant du toît fur lequel on pofe un chaîneau qui répond à un tuyau de defcente, auquel on attache une cuvette. *C*, eft la corde nouée fur laquelle eft porté l'Ouvrier qui l'y place. *M*, eft un faîtage de plomb, que deux Ouvriers pofent au haut du toît du bâtiment. *N*, repréfente la forme des crochets fur lefquels on l'affied. *O*, *P*, arêtiers couverts en plomb. *Q*, *R*, panes de brifés qu'on met aux toîts faits en forme de manfarde.

La Figure 12 repréfente deux combles *A*, *B*, qui rendent leurs eaux au même endroit. *C*, gouttiere de plomb qui eft au bas de ces deux combles, & qui en reçoit les eaux.

La Figure 13 repréfente deux Murs qui fe joignent & rendent leurs eaux au même endroit. *A B*, noue qui les reçoit. *C*, *D*, font deux gouttieres qui font égoutter l'eau dans la noue.

La Figure 14 repréfente un Niveau, qui fert à mefurer la pente qu'on veut donner, foit aux chaîneaux, foit aux gouttieres qu'on pofe fur les toîts.

La Figure 15 eft une Truelle pour plâtrer les gâches qui fufpendent les tuyaux des maifons.

PLANCHE XIII.

La Figure 1 repréfente la façon de couvrir les Eglifes. *A*, *B*, font les chevrons. *c*, *d*, *e*, *f*, *g*, *h*, font les voliges qu'on met entre les chevrons pour en garnir l'efpace. *I*, eft une table de plomb qui eft attachée au droit des chevrons par des crochets, & qui en recouvre une premiere. *k*, *l*, *m*, font les extrémités de ces crochets qui foutiennent les tables.

La Figure 2 repréfente le haut d'une Couverture entiere d'Eglife, où l'on voit faire la pofe des tables. En *A*, un Ouvrier pofe les crochets. *B*, eft une table que deux Ouvriers defcendent par la fenêtre du clocher. *C*, eft une autre table que deux autres Ouvriers placent fur les crochets déja pofés. *D*, repréfente une partie de cette couverture déja faite. *E*, eft un faîtage de plomb dont deux Ouvriers recouvrent le haut du toît, ainfi que les tables qui recouvrent fes deux faces. *F*, marque les bourrelets ou baguettes perpendiculaires qu'on voit du haut du toît en bas, & qui fe forment par un repli qu'on fait dans les jointures collatérales des tables, & qu'on arrondit enfuite entre deux battes. *H*, eft une double échelle, par laquelle les Ouvriers montent & defcendent, qui eft foulevée par des couffins de paille, pour que le pied de l'Ouvrier ait plus de prife. *I*, eft le haut du clocher, qui eft furmonté par une boule de plomb & une croix. *K*, eft la corde nouée par laquelle un Ouvrier eft defcendu pour aller recouvrir un œil de bœuf. *L*, marque la partie du clocher qui eft déja couverte en ardoifes.

La

La Figure 3 marque la forme des Crochets fur lefquels on affied les tables des couvertures. *a*, eft l'endroit où on les attache. *b*, eft ce qui retient les tables.

La Figure 4 repréfente deux Tables de couverture jointes enfemble. *A*, fait voir la maniere de replier les tables dans leurs jointures, pour faire ces baguettes qu'on voit entre les tables de la couverture de Notre-Dame.

La Figure 5 repréfente deux autres Tables également jointes enfemble en *B*, mais mifes en place fur des crochets. Les petits trous qu'on voit en-haut font les endroits où on les attache en outre avec des clous d'un bout à l'autre.

Les Figures 6, 7, 8 & 9, repréfentent plufieurs fortes d'ardoifes de plomb, pour faire voir de quelle façon les Plombiers coupent celles qu'ils emploient aux couvertures.

La Figure 10 repréfente un pan de Clocher, où l'on voit plufieurs ardoifes attachées aux voliges, pour donner un exemple de la maniere dont cela fe fait. *A*, *B*, *C*, *D*, *E*, font les ardoifes qu'on pofe les premieres ; auffi font-elles un peu plus grandes que les fecondes. Les ardoifes *F*, *G*, *H*, *I*, le font moins que les fecondes ; les fecondes recouvrent les premieres ; les troifiemes, les fecondes, ainfi de fuite.

La Figure 11 repréfente un Œil de bœuf détaché du clocher. *g*, eft une plaque de plomb clouée tout autour.

La Figure 12, mal-à-propos cotée 13, eft le Marteau avec lequel les Ouvriers frappent les clous dont ils fe fervent pour attacher leurs tables ou leurs ardoifes.

PLANCHE XIV.

L A Figure 1 repréfente un Pavillon, dont la charpente eft à découvert, pour faire voir en quel état elle doit être pour qu'on puiffe la couvrir. *A*, *B*, *C*, *D*, font quatre folives emmortaifées l'une dans l'autre, & affifes fur la maçonnerie. *E*, *F*, *G*, *H*, font quatre arêtiers qui font dreffés aux quatre coins, également emmortaifés à chacune de leurs extrémités. **I**, faîtieres. **K**, font des chevrons que l'on pofe de pied en pied, & que l'on emmortaife également aux deux extrémités. *L*, font des voliges qu'on pofe au droit des arêtiers & des chevrons, & fur lefquelles on attache les ardoifes de plomb. *M*, fer d'amortiffement. *N*, petites folives auxquelles il tient.

La Figure 2 repréfente le même Pavillon couvert d'ardoifes de plomb. *A*, chaîneau de plomb qui regne tout autour de l'entablement.

La Figure 3 repréfente une Tourelle couverte d'un chapeau d'ardoifes en plomb.

La Figure 4 repréfente un Dôme. *A*, champs ou entre-deux garnis en ardoifes de plomb. *B*, côtes ou arêtes du Dôme, qui font placées à des diftances égales, & couvertes en tables de plomb. *C*, feftòn de plomb. *D*, bandes de plomb. *c*, feuillets de plomb taillés en forme d'écailles de poiffon. *E*, champ ou entre-deux. *F*, bandeau de plomb qui tombe en recouvrement fur les ardoifes du champ *E. G*, fenêtres du dôme. *H*, bandes de plomb qui recouvrent le dedans de ces fenêtres. *i i*, moulure de plomb faite en forme de corniche. *K K*, calotte de plomb qui tombe en recouvrement fur cette moulure ou corniche. *L*, globe du Dôme, porté fur une ferrure d'amortiffement. *M*, folive à laquelle le fer d'amortiffement eft attaché. *N*, coq. *O*, œil de bœuf.

La Figure 4 repréfente l'Œil de bœuf du Dôme, *Fig.* 3, féparé de ce même Dôme, & recouvert en ardoifes de plomb faites en forme d'écailles de poiffon.

La Figure 5 repréfente une Lucarne Flamande.

La Figure 6 repréfente encore l'Œil de bœuf ci-deffus, pour faire voir de quelle maniere il fe recouvre. *a b*, plaque de plomb qui forme la face de l'œil de bœuf. *c, d, e, f*, font des plaques de plomb qui en forment les côtés. *g, h, i, k, l*, table de plomb qui fait une petite faillie fur les premieres plaques de plomb. *m n*, bavette pour rejetter l'eau fur le toît.

La Figure 7 repréfente une Lucarne *demoifelle*.

La Figure 8 repréfente les petites ouvertures qu'on fait dans les toîts qu'on nomme *Lunettes*, & qui font un diminutif des Lucarnes.

La Figure 9 repréfente une Lucarne à la *capucine*.

La Figure 10 repréfente une Terraffe en pierre de taille. *A*, entailles qui font entre les joints des pierres, & qui font faites pour recevoir le plomb ou le ciment qu'on y jette pour fermer tout paffage à l'eau.

La Figure 11 repréfente une Terraffe couverte en plomb.

La Figure 12 repréfente une Plate-forme qui eft coupée par petits combles, *A, B, C, D*, font quatre groffes pierres de taille taillées en pointe par le haut, qui fe joignent enfemble & font un petit comble, lequel eft furmonté d'une petite boule taillée dans la pierre même. *E*, chapeau de plomb qui couvre la petite boule du comble qu'on modele à l'endroit même à coups de batte. *F*, bandes de plomb travaillées en forme de canal renverfé, qui recouvrent les joints des pierres de taille.

La Figure 13 repréfente un pan de Mur de charpente. *A*, table de plomb clouée à ce mur, qu'on met dans les endroits où la charpente feroit expofée à l'eau du ciel, afin de l'en garantir.

PLANCHE XV.

La Figure 1 repréfente un Fer d'amortiffement. *A*, eft l'endroit où on le cloue à la charpente. *B*, en eft l'aiguille.

La Figure 2 repréfente un Amortiffement. *a*, en eft le bas : les petits joints qu'on y voit, marquent à quels endroits les clous doivent être pofés. *b*, font des feuillages fondus qu'on y a attachés. *c, d, e*, font trois plaques de plomb différentes, contournées & modelées fur la charpente, ainfi que la premiere plaque de plomb *a*.

La Figure 3 repréſente un autre Amortiſſement. *A*, eſt un égout qui tombe en recouvrement ſur le mur. *B*, ſont des plaques de plomb attachées les unes à côté des autres ſur la charpente qu'elles recouvrent. *C*, bande de plomb qui les ferme par le haut. *E*, autres plaques de plomb attachées & clouées à la charpente. *D*, guirlandes de plomb. *M*, autres plaques de plomb abouties & arrondies par le haut. *O*, endroit par lequel paſſe le fer d'amortiſſement. *P*, feuillages attachés aux plaques *M*. *R*, fer d'amortiſſement. *S*, charpente ou muraille de la petite tour ſur laquelle l'amortiſſement eſt porté. *T*, girouette.

La Figure 4 repréſente de quelle façon doivent être coupées les deux plaques *E*, *Fig.* 3. *F*, *G*, en eſt le milieu; *H*, *I*, la largeur; *K*, *L*, les côtés.

La Figure 5 repréſente de quelle façon les deux plaques ſupérieures *M*, doivent être embouties pour être jointes enſemble, & faire l'effet qu'on voit en *O*, *Fig.* 3.

La Figure 6 repréſente un Moule à couler des feuillages de plomb. *Q*, *Q*, eſt l'endroit ſur lequel on verſe le plomb.

La Figure 7 repréſente le même Moule, pour faire voir de quelle maniere on y verſe le plomb. *a*, rable avec lequel on enleve le plomb inutile.

La Figure 8 repréſente une Plaque de plomb ſur laquelle on a deſſiné deux plateaux pour les emboutir & en faire un globe. *A*, eſt la plaque de plomb; *B*, la ligne centrale; *C*, *D*, la circonférence des deux plateaux; *E*, *F*, leurs centres.

La Figure 9 repréſente une Table qui porte une plaque de plomb, ſur laquelle un Ouvrier compaſſe chacun de ces plateaux.

La Figure 10 repréſente un Goujon, qui eſt un morceau de fer tranchant par le bout, & attaché à un manche qui ſert à tous les plateaux de chaque globe, pour y faire paſſer le fer d'amortiſſement.

La Figure 11 repréſente une Table, ſur laquelle un Ouvrier emboutit les plateaux du globe.

La Figure 12 repréſente une autre Table, ſur laquelle un autre Ouvrier les joint enſemble pour voir s'ils ſont également emboutis.

La Figure 13 repréſente une autre Table, ſur laquelle un Ouvrier les ſoude. *G*, eſt la table. *H*, *I*, deux chevalets qui portent le globe. *K*, eſt un fer qui le traverſe, & qui eſt une eſpece d'eſſieu ſur lequel on le fait tourner pour le ſouder dans toute ſa circonférence.

La Figure 14 repréſente ce Globe entiérement ſoudé.

La Figure 15 eſt une coupe de ce même Globe, qui repréſente de quelle maniere le fer d'amortiſſement le traverſe lorſqu'il eſt en place.

La Figure 16 repréſente un Moule à coq. *A*, eſt le moule. *B*, *B*, le corps & la queue du coq, qui ſont gravés ſur ce moule.

La Figure 17 repréſente une moitié de Coq ſortie du moule; car on n'en peut jamais fondre qu'une moitié l'une après l'autre, qu'on ſoude enſuite enſemble.

C, est l'entaille qu'on a faite à cette moitié de coq, pour y souder la douille que doit enfiler le fer d'amortissement. *D*, est cette douille. *E*, le fer d'amortissement qui porte le coq.

La Figure 18 représente un Moule à pigeon en deux pieces, dans chacune desquelles est gravée une moitié de pigeon. *A*, est le moule. *B*, les quatre fiches qui servent à fermer le moule. *C*, les quatre anneaux dans lesquels elles entrent. *E*, l'endroit par lequel on verse le plomb dans le moule après qu'il est fermé.

La Figure 19 représente ce Moule fermé avec ses fiches.

La Figure 20 représente le Pigeon dans la forme qu'il a lorsqu'il sort du moule.

PLANCHE XVI.

L a Figure 1 représente une préparation d'Etain, pour blanchir les tables, ardoises & amortissements qui entrent dans les Couvertures. *A*, marmite dans laquelle l'étain est contenu, & où on le fait fondre. *B*, table sur laquelle un Ouvrier laisse tomber quelques gouttes d'étain après l'avoir fait fondre, pour en former de petites écailles, & n'avoir plus qu'à les jetter sur les tables qu'on veut étamer.

La Figure 2 représente le blanchissage des Tables. *A*, est la table qu'on blanchit, qui est déroulée & étendue pour qu'on puisse y faire fondre les écailles de plomb dont nous venons de parler, & les y étendre avec de l'étoupe, afin qu'elles forment sur la superficie de la table une croûte qui cache entiérement le plomb. *B*, *C*, sont les deux treteaux qui la portent. *D*, réchaud de charbon qu'on allume & qu'on pose sous la table de plomb, afin de lui communiquer assez de chaleur pour qu'elle fasse fondre l'étain qu'on met dessus.

La Figure 3 représente la maniere de déblanchir les Tables étamées. *A*, est la table dont on enleve l'étain. *B*, *C*, les treteaux qui la portent. *D*, le fourneau qui la met en état, par le moyen de la chaleur qu'il lui communique, de faire fondre la croûte d'étain dont elle est revêtue. *E*, gouttiere par laquelle découle l'étain à mesure qu'il fond. *F*, cuiller dans laquelle on le reçoit. *G*, est le côté où on roule la table à mesure qu'on la détame. *H*, est le côté où on la déroule à mesure.

La Figure 4 représente la maniere d'enlever la soudure du plomb. *A*, est un tuyau qu'on défonce. *B*, est la bande de plomb qui porte la soudure, qu'on coupe des deux côtés en forme de lisiere.

PLANCHE XVII.

L a Figure 1 représente un Réservoir de concession. *A*, est le réservoir, où l'eau tombe & est contenue. *c*, le tuyau montant qui donne l'eau, auquel est soudé un petit robinet. *Z*, sont les cuvettes de concession qui sont tout autour

de

de ce réservoir, d'où l'eau leur est transmise quand les Particuliers les achettent & qu'on les perce.

La Figure 2 est une coupe du même Réservoir. *a*, marque l'endroit par où passe le tuyau montant.

La Figure 3 représente un autre Réservoir de concession, dessiné d'après celui de Notre-Dame. *c*, est le tuyau montant qui donne l'eau, fait comme le premier, avec un robinet pour ouvrir & fermer l'eau quand on veut. *Z*, font les cuvettes de concession qui font tout autour du réservoir, & qui different un peu des premieres. On voit de quelle façon l'eau tombe dans les cuvettes.

La Figure 4 est une coupe de ce même Réservoir.

La Figure 5 est la Jauge avec laquelle on mesure l'eau que les Particuliers achettent, pour ne pas leur en donner une plus grande quantité qu'il ne leur en revient; c'est à quoi servent les différents chiffres qu'on y voit. Le premier marque 2 pouces, c'est-à-dire, qu'un trou qui seroit de cette grosseur, donneroit 2 pouces d'eau, &c. ainsi de suite; les demi-pouces font marqués à la troisieme colonne.

PLANCHE XVIII.

La Figure 1 marque la forme du dedans des Réservoirs des Fontaines de Paris. *A*, est l'endroit où l'eau est contenue. *D*, est un tuyau de concession. *T*, est un bouton de cuivre que l'on presse contre le mur pour avoir de l'eau. *V*, est une potence de fer. *x*, est un axe de cette potence qui tient au mur, & auquel elle est attachée. *y*, est un piston qui tient à une branche de la potence, & qui entre ou fort du tuyau qui donne l'eau, felon qu'on veut en faire venir ou la fermer.

La Figure 2 représente un Réservoir de Particulier, qui tire son eau du premier. *B*, est l'endroit où se rend l'eau. *C*, est le tuyau qui l'y transmet, & qui traverse la rue. *E*, *F*, *G*, *H*, font différents nœuds de soudure qui joignent & attachent un tuyau à l'autre, pour la continuité de la conduite d'eau. *L*, est un clou à anneau qui tient le tuyau. *M*, est l'endroit par lequel il verse l'eau. *N*, est un tuyau de trop plein. *P*, est le lieu où il conduit l'eau. *Q*, est un bassin qui la reçoit, & qui forme un abreuvoir pour les chevaux. *R*, est le tuyau de vuidange. *S*, est l'endroit où il communique au Réservoir.

La Figure 3 représente le même Réservoir, pour faire voir de quelle maniere on les travaille. *A*, est la caisse du Réservoir. *B*, les quatre folives qui la forment. *C*, les montants qui donnent la profondeur au Réservoir. *D*, font des croisillons pour rendre la charpente plus solide. *E*, font des bandes de fer clouées aux quatre coins des folives, en-haut & en-bas, pour les rendre plus fermes. *F*, est une ouverture pour recevoir le vuidange, qui sert à faire sortir toute l'eau du Réservoir quand on veut l'écurer. *G*, font huit piliers de charpente qui portent toute la caisse du Réservoir. *H*, font des pieds de maçonnerie, sur lefquels ils font portés. On voit en *B*, deux Ouvriers qui foudent les tables d'un coin du Réfervoir ; l'un verfe la foudure ; l'autre la retient avec un morceau de coutil , pour ralentir fa chûte , & faire en forte qu'elle ait le temps de prendre au plomb. Plus loin , un autre Ouvrier cloue l'extrémité des tables de plomb fur les rebords de la charpente.

La Figure 4 repréfente un morceau de bois creux & fait en forme de petit canal qu'on applique contre les tables , & à travers lequel on verfe la foudure , afin d'être plus certain de la faire tomber aux endroits où on veut qu'elle prenne.

La Figure 5 repréfente la forme du Fer à fouder des Réfervoirs & des Cercueils. *A*, en eft la tête , qui eft fort large , afin de laiffer beaucoup de foudure.

La Figure 6 repréfente une Soupape. *A*, eft l'endroit qui donne paffage à l'eau. La circonférence de cette foupape eft foudée à la table de plomb du Réfervoir , fur laquelle on place cette foupape.

La Figure 7 repréfente le Bouchon de cette foupape. *B*, eft ce qui entre dans la foupape. *C*, l'anneau par lequel on retire ce bouchon de la foupape quand on veut donner paffage à l'eau.

La Figure 8 repréfente la même Soupape en place. *D*, eft le crochet qu'on fait entrer dans l'anneau du bouchon. *E*, eft la table de plomb à laquelle la foupape eft foudée. *F*, eft le tuyau qui lui répond. *G*, eft une bride. *I*, une couronne de cuir qu'on lui applique. *K*, eft l'autre bride qu'on met aux tuyaux un peu gros , pour les fortifier & leur donner de la confiftance. *H*, eft un autre tuyau qu'on joint au premier par le moyen des brides ci-deffus.

La Figure 9 repréfente une Lime dont on fe fert pour raper les foupapes qui font en cuivre , afin de les étamer & de les fouder enfuite au plomb. *A*, en eft le manche ; *B* , font les dents de la lime.

La Figure 10 repréfente une Bride à deux vis. *A*, eft l'endroit qui reçoit le tuyau. *L*, *M*, font deux anneaux viffés en dedans.

La Figure 11 repréfente une Bride quarrée. *B* , eft l'endroit par où paffe le tuyau. *C*, *D*, *E*, *F*, font quatre trous viffés en dedans.

La Figure 12 repréfente la même Bride. *G*, *H*, *I*, *K*, font quatre écrous qui joignent une bride à l'autre , & les tiennent fermement preffées , afin que l'eau n'y tranfpire pas.

La Figure 13 repréfente une Couronne de cuir qu'on met entre.

La Figure 14 eft un Tuyau *H*, bridé. *L*, repréfente l'effet que font les briges étant en place.

PLANCHE XIX.

La Figure 1 repréfente une Diftribution d'eau. *A*, eft le Réfervoir d'où viennent toutes les eaux. *B*, eft un tuyau principal de conduite. *C*, eft un autre tuyau principal de conduite. *D*, font des petits tuyaux de conduite embranchés dans les premiers par des nœuds de foudure. *E*, eft un jet d'eau. *F*, en eſt un autre. *G*, en eſt encore un autre, mais plus ſimple que les premiers. *H*, en eſt le baſſin. *I*, eſt la coupe de la boule de laquelle le jet ſort. *K*, eſt l'ajoutoir qui eſt ſoudé au tuyau de conduite, & qui forme le jet.

La Figure 2 repréſente un Robinet à une eau. *A*, eſt un bouchon de cuivre. *B*, eſt l'autre partie de cuivre dans laquelle entre le bouchon. *C*, *D*, ſont deux bouts de tuyaux fondus d'une ſeule piece, que l'on ſoude entre deux conduits de plomb, & par leſquels paſſe l'eau.

La Figure 3 repréſente un Robinet à deux eaux. *A*, eſt le bouchon où l'on voit différents trous qui ſont faits pour répondre aux trois tuyaux de la partie inférieure. *B*, eſt cette partie dans laquelle entre le bouchon. *E*, *F*, *G*, ſont trois bouts de tuyaux que l'on ſoude à trois conduits de plomb.

La Figure 4 eſt un Robinet à trois eaux. *A*, en eſt le bouchon ; *B*, eſt ſon récipiendaire. *H*, *I*, *K*, *L*, ſont quatre bouts de tuyaux qu'on ſoude à quatre conduits de plomb après les avoir limés & étamés, ainſi que les premiers.

La Figure 5 repréſente une Clef, avec laquelle on ouvre le premier Robinet, *Fig.* 2.

La Figure 6 eſt une coupe du Robinet de la Figure 2.

La Figure 7 eſt la coupe d'un Tuyau de conduite, & d'un Robinet qui lui eſt ſoudé. *D*, eſt le tuyau auquel il eſt ſoudé. *K*, ajoutoir qui eſt au bout du tuyau. *K*, le même ajoutoir ſéparé du tuyau.

La Figure 8 repréſente une coupe de Fontaine. *A*, en eſt le jet. *D*, eſt le tuyau qui y conduit l'eau. *K*, l'ajoutoir ſemblable à celui des jets-d'eau. *L*, baſ-ſin ſur lequel tombe la premiere eau, & où elle ſe briſe pour former une nappe d'eau. *M*, eſt un ſecond baſſin qui la reçoit. *N*, eſt un troiſieme baſſin. *O*, *P*, ſont deux gouttieres, à travers deſquelles elle y tombe. *Q*, eſt un tuyau de trop-plein, qui empêche que l'eau du baſſin *N*, ne ſorte par ſes bords, & lui donne paſſage ſous la terre.

La Figure 9 repréſente la même Fontaine telle qu'elle eſt.

PLANCHE XX.

Les Figures 1 & 2 repréſentent deux Pinces, dont les Plombiers ſe ſervent pour ouvrir les Regards des rues. *A*, eſt une pince crochue. *B*, eſt une pince directe.

La Figure 3 repréſente un Regard ouvert. *A*, en eſt le dedans. *B*, eſt un Robinet.

La Figure 4 repréſente un Tampon dont on ſe ſert pour boucher l'orifice des tuyaux. *A*, eſt la partie qu'on y fait entrer.

La Figure 5 repréſente une Pioche. *A*, eſt ce qui entre dans la terre.

La Figure 6 repréſente un Ouvrier qui fait un foſſé. *A*, eſt la terre qu'il retire. *B*, le tuyau qu'il travaille à découvrir.

La Figure 7 eſt un foſſé entiérement fait, où des Ouvriers travaillent. *A*, eſt un feau plein d'eau qu'on tire du fond du foſſé , afin de pouvoir y travailler. *B*, eſt le dedans du foſſé. *C*, eſt un tuyau qu'on dégorge. *D*, eſt la Sonde qu'un Ouvrier y fait entrer à cet effet.

La Figure 8 repréſente cette Sonde en grand. *A*, ſont les anneaux qui ſont au bout de chaque branche de la Sonde, qui font qu'on la plie & déplie fort aiſément. *B*, eſt le tire-bourre qu'on fait entrer d'abord dans le tuyau qu'on veut dégorger, & qui s'attache aux queues de renard qui s'y ſont gliſſées, par le moyen duquel il eſt enſuite fort aiſé de les retirer.

La Figure 9 repréſente un Siphon qu'on emploie lorſque la ſonde ne fait point tout ſon effet. *A*, *B*, ſont les deux orifices du tuyau, par leſquels l'eau monte & deſcend. *C*, *E*, ſont les deux branches du Siphon. *D*, eſt l'endroit où monte l'eau.

La Figure 10 repréſente un Sac, que les Plombiers ont coutume de porter avec eux lorſqu'ils vont dégorger quelque conduite. *A*, eſt une piece de coutil qui eſt attachée aux cordons du ſac.

La Figure 11 repréſente un Fourneau où l'on allume du charbon pour y faire fondre de la ſoudure. *A*, *B*, *C*, ſont trois entailles faites pour ſupporter le fer à ſouder qu'on y fait chauffer. *D*, eſt l'anneau par lequel on le prend.

La Figure 12 repréſente la Marmite qu'on poſe ſur ce fourneau, & dans laquelle on met la ſoudure en fuſion. *A*, *B*, *C*, ſont les trois jambes ſur leſquelles appuie la marmite. *D*, en eſt l'anſe.

La Figure 13 repréſente un Polaſtre appliqué ſur un tuyau pour le réchauffer. *A*, *B*, en ſont les côtés. *C*, *D*, deux clous qui forment un double axe, par le moyen deſquels on peut l'étendre ou le fermer. *E*, eſt l'endroit où l'on met le charbon.

La Figure 14 repréſente un Ouvrier qui fait fondre de la ſoudure. *A*, eſt la marmite dans laquelle elle fond. *B*, le braſier ; *C*, le ſoufflet qui l'allume.

La Figure 15 repréſente un Ouvrier qui travaille dans un foſſé. *A*, eſt le dedans du foſſé. *B*, l'échelle par laquelle l'Ouvrier y eſt deſcendu. *C*, le tuyau qu'il ſoude. *D*, la plaque de plomb qu'il lui applique. *E*, le coutil avec lequel il ramaſſe ſa ſoudure. *F*, le fer à ſouder avec lequel il l'unit. Au haut du Regard eſt un autre Ouvrier qui lui apporte un nouveau fer à ſouder ; parce que comme ils ſe refroidiſſent vîte, il en faut pluſieurs pour les appliquer tour-à-tour à meſure qu'il eſt néceſſaire.

PLANCHE XXI.

LA Figure 1 repréſente un Lavage domeſtique de cendrées , pour les diſpoſer au rafinage. *A*, *B*, *C*, *D*, ſont quatre tonneaux, dont trois ſont pleins d'eau, & dans leſquels ſe font trois différents lavages ; le quatrieme eſt percé des deux côtés, & reçoit les cendrées pour les égoutter. *E*, ſebile avec laquelle

on

on prend les cendrées. *F*, truelle avec laquelle on les y remue pour les faire détacher des corps étrangers.

La Figure 2 repréſente un Ouvrier qui tire de l'eau pour remplir ces tonneaux.

La Figure 3 repréſente la Sebile ſéparément.

La Figure 4 repréſente un ſecond Lavage différent du premier. *G*, ſont des cendrées qu'on plonge dans la riviere. *H*, eſt le panier dans lequel elles ſont contenues. *L*, eſt le courant de la riviere. *I*, grand drap étendu au bord de la riviere, ſur lequel les cendrées lavées ſont écartées pour ſe ſécher. *K*, charrette ſur laquelle on charge les cendrées.

PLANCHE XXII.

L A Figure 1 repréſente le Creuſet où les Plombiers-rafineurs jettent leurs cendrées après les avoir préparées à être fondues. *A*, eſt une ouverture de 4 pouces de long, ſur 6 pouces de large, qui forme le foyer du creuſet, dans lequel on jette le charbon & les cendrées, ſoit de plomb, ſoit d'étain, pour leur rendre leur phlogiſtique. *B*, canal par où ſort le plomb ou l'étain qu'on rafine. *C*, chaudiere de fonte d'environ un pied de haut, ſur 2 pieds de large, pour recevoir le plomb qui coule par le canal de ce creuſet.

La Figure 2 repréſente une coupe de ce même Creuſet. *A*, eſt le canal qu'il forme en dedans. *B*, eſt une plaque de fer qui eſt au-devant du canal, & qui a une ouverture de 4 pouces, par laquelle ſort le plomb ou l'étain qu'on rafine. *D*, eſt une autre plaque de fer qui, étant coudée, revêt le devant du canal. *E*, eſt une autre plaque de fer qui eſt en dedans du canal, pour réſiſter aux coups de pince qu'on donne en dedans du creuſet pour le décharger, c'eſt-à-dire, en retirer le mâche-fer après que tout le plomb eſt ſorti des cendrées.

La Figure 3 eſt un plan du même Creuſet, où les mêmes choſes ſont déſignées par les mêmes lettres.

La Figure 4 repréſente un Soufflet dont la tuyere répond au coude que fait le creuſet dans la conduite de décharge. *F G*, brinbale par le moyen de laquelle on fait jouer le ſoufflet. *H*, point d'appui où elle eſt attachée, & qui donne à l'Ouvrier la facilité de faire aller le ſoufflet plus aiſément.

Les Figures 5, 6 & 7, repréſentent des Pinces de pluſieurs grandeurs & de différentes eſpeces, dont les Plombiers-rafineurs ſe ſervent pour faire ſortir le mâche-fer de leur creuſet & le décharger : d'un côté elles ont un bouton ; c'eſt on les prend : de l'autre elles ſont taillantes.

La Figure 8 repréſente la Maſſe avec laquelle les Ouvriers frappent ces pinces pour les faire entrer dans leur creuſet.

La Figure 9 repréſente l'Ecumoire dont les Plombiers-rafineurs ſe ſervent pour écumer le plomb ou l'étain qu'ils ont tiré de leurs cendrées, dans laquelle ils reçoivent auſſi le mâche-fer qu'ils tirent de leur creuſet, afin qu'il ne tombe pas dans la chaudiere.

La Figure 10 repréſente une Pince différente des autres, plus courte & plus groſſe, avec laquelle on briſe le mâche-fer qui eſt dans le creuſet, par le haut du foyer; pour cet effet on monte ſur une chaiſe, afin d'en être plus à portée.

La Figure 11 repréſente un Mortier, dans lequel on pile le mâche-fer qui retient encore du plomb, pour le rafiner & en charger de nouveau le creuſet.

La Figure 12 repréſente des Lingotieres qui ſont de potin, & qui ont environ 2 pieds de long, ſur 4 ou 5 pouces de large, & 2 pouces de profondeur, dans leſquelles les Plombiers-rafineurs coulent leur plomb ou étain provenu des cendrées, pour les rendre aux Plombiers.

PLANCHE XXIII.

La Figure 1 repréſente une Boîte quarrée de plomb, garnie de ſon couvercle, qui forme un Cercueil ſemblable à celui qu'on a trouvé en Auvergne, & qu'on a expoſé depuis au Cabinet de Curioſités du Jardin du Roi.

La Figure 2 repréſente une Table de plomb, ſur laquelle on voit le deſſous d'un Cercueil deſſiné & prêt à être coupé. AB, eſt une ligne qu'on a tirée dans le milieu de la table de plomb, pour ſervir de regle à toutes les autres lignes. C, cercle pour former la tête du Cercueil. On voit à côté de ce cercle deux petites ſections que l'on a faites pour avoir la ligne droite DE, qui traverſe le centre du cercle. FG, eſt une ligne horiſontale à la premiere, qui coupe la circonférence G du cercle C, & ſur laquelle on a pris deux centres, pour tracer les deux petits cercles p, q, qui doivent former le col du Cercueil. HI, eſt une troiſieme ligne horiſontale aux deux premieres. K, L, M, ſont deux lignes courbes qui viennent aboutir à la ligne HI, en égale diſtance de la ligne AB, au bout deſquelles on a pris un double centre pour faire les deux cercles n, o, qui doivent former les épaules du Cercueil. Ces doubles lignes qui traverſent les centres des petits cercles p, q, ſont pour marquer l'endroit de la coupe. R, eſt un autre cercle qui doit former le pied du Cercueil. ST, eſt la ligne ſur laquelle ſon centre eſt pris, & qui marque où doivent ſe terminer les lignes u, x, y, z, qui doivent former le corps du Cercueil.

La Figure 3 repréſente ce deſſous de Cercueil découpé, & tel qu'il faut qu'il ſoit pour qu'on puiſſe lui ſouder ſon pourtour.

La Figure 4 repréſente un deſſus de Cercueil, modelé & coupé ſur le deſſous du Cercueil.

La Figure 5 repréſente un Maillet, dont les Plombiers ſe ſervent pour battre à froid & forger le plomb qu'ils emploient aux Réſervoirs ou aux Cercueils.

La Figure 6 repréſente un Ouvrier qui forge du plomb ſur une pierre de liais.

La Figure 7 repréſente une Table & deux Ouvriers qui ſoudent le pourtour d'un Cercueil ; l'un le déroule d'un bout , l'autre lui applique le fer à ſouder.

La Figure 8 repréſente le pourtour d'un Cercueil ſéparé de ſon fond , pour faire voir quelle forme il doit avoir.

La Figure 9 repréſente deux Ouvriers qui tiennent un Cercueil à moitié fait.

La Figure 10 repréſente la coupe d'un Cercueil achevé , pour montrer la forme qu'ils ont en dedans.

La Figure 11 repréſente un Cercueil en entier, tel qu'il eſt lorſqu'on le porte dans le caveau : on voit ſur le deſſus du Cercueil une plaque de cuivre ou Épitaphe , ſur laquelle les qualités & la condition du mort ſont gravées , & dont les quatre coins ſont étamés & ſcélés par quatre cachets de ſoudure.

PLANCHE XXIV.

L A Figure 1 repréſente la maniere de deſſiner les Cœurs ſoudés , deſtinés à renfermer des cœurs humains. *A*, table de plomb ſur laquelle on voit une moitié de Cœur tracée. *B*, ligne qui marque le milieu du Cœur. *C*, autre ligne ſur laquelle ſont pris deux centres. *D*, *E*, deux cercles. *F*, *G*, lignes qui les traverſent. *H*, autre cercle. *I*, *K*, lignes qui forment la pointe du Cœur.

La Figure 2 repréſente la même moitié de Cœur ſéparée de la table de plomb où on l'a d'abord tracée.

La Figure 3 repréſonte une Table , & un Ouvrier qui frappe ſur cette table, une moitié de Cœur dans le milieu, pour la rendre un peu convexe d'un côté , & concave de l'autre.

La Figure 4 repréſente un Ouvrier qui preſſe les bôrds de deux moitiés de Cœur contre une table, pour les égaliſer & les diſpoſer à être ſoudées.

La Figure 5 repréſente une Plaque de cuivre pour ſervir d'Épitaphe , de la même maniere que celle qui a été employée au Cercueil.

La Figure 6 repréſente le Moule dans lequel on coule les Écritoires. *B* , *C* , deux pieces dont il eſt compoſé , qui roulent ſur leur charniere *D*. *E* , *F* , double charniere du moule pour le fermer ou l'ouvrir. *G* , *H* , clous qui arrêtent ces charnieres. *g*, dedans du moule qui eſt vuidé en forme d'Écritoire. *K*, noyau qui forme la boîte de l'Écritoire.

La Figure 7 repréſente les deux pieces *B*, *C*, ſéparées du reſte du moule.

La Figure 8 repréſente l'Écritoire fondue & ſortie de ſon moule.

La Figure 9 repréſente un Moule à Gardes-papiers. *A* , eſt le moule en entier & fermé.

La Figure 10 repréſente le même Moule ouvert. *B* , *C*, ſont les deux parties dont il eſt compoſé ; *D*, en ſont les charnieres ; *E* , *F* , ſont des clous qui tiennent les charnieres ; *G* , *H*, chappes , dont l'une eſt en-haut du moule, & l'autre au bas. *j* , dedans du moule creuſé en forme de petite trompette renverſée.

K, ouverture par laquelle on jette le plomb. *L*, Garde-papier forti du moule.

La Figure 11 repréfente un Plomb à niveau, rond comme une petite boule.

La Figure 12 repréfente un autre Plomb à niveau, mais quarré. *A*, eft la corde à laquelle ils font attachés. *D*, ligne qui eft tracée fur la bande de bois qui traverfe l'équerre pour marquer l'à-plomb.

La Figure 13 repréfente un Moule à Niveau, vuidé en rond en dedans.

La Figure 14 repréfente un autre Moule à Niveau, vuidé en quarré en dedans. *B*, boulon ou noyau qui eft dans le milieu de chaque moule , & qui le traverfe pour former le trou qui eft dans le milieu de chaque Plomb à niveau , & dans lequel on paffe la petite corde qui les tient. *C*, jet par lequel on verfe le plomb dans l'intérieur de chaque moule.

La Figure 15 repréfente un Cœur à anneau.

Les Figures 16 & 17 repréfentent deux Cœurs qui ont des trous qui les traverfent en place d'anneau, auxquels on les attache.

Les Figures 18 & 19 repréfentent le Moule des Cœurs à anneau. *A*, eft le moule. *B*, chappes qui attachent le moule. *C*, clous qui entrent dans les chappes. *D*, dedans du moule qui eft vuidé en forme de Cœur. *E*, jet par lequel on jette le plomb dans le moule.

Les Figures 20 & 21 repréfentent le Moule des Cœurs percés , qui eft différent du premier. *A*, eft le moule. *B*, *C*, petits boulons ou noyaux qui le traverfent. *D*, chappes du moule. *E*, dedans du moule. *F*, jet par où le plomb coule dans le moule.

Fin de l'Explication des Planches.

EXPLICATION DES TERMES
PROPRES A L'ART
DU PLOMBIER.

A

Ajoutoir. C'est une piece de cuivre ronde & à jour, que l'on soude à l'extrémité des conduites des Jets-d'eau, & qui en forme la gerbe, *page* 130.

Ajustages, ou petits tuyaux de fonte servant aux Fontaines, que l'on ajuste au bout d'un tuyau de Fontaine, pour en faire sortir l'eau en différentes manieres. Il y en a qui font à têtes d'arrosoirs; d'autres qui forment des fleurs-de-lys; d'autres des vases de diverses façons, comme il s'en trouve à Versailles, *page* 129.

Amboutir quelque piece de plomb ou autre métal, c'est la rendre convexe d'un côté & concave de l'autre, *page* 93.

Amortissement. Par ce mot les Plombiers entendent tous les ornements qu'ils font sur les bâtiments, & qui peuvent concerner leur Art, *page* 92.

Angle; (cuvette à) c'est une cuvette dont le dossier est à angle. On les fait de cette maniere pour les placer dans l'encoignure des murs, *page* 57.

A-plomb; mettre un tuyau à-plomb, c'est le poser perpendiculairement à l'horison. On dit qu'un tuyau est bien à-plomb, lorsqu'il est bien droit. Voyez *Niveau.*

Ardoise de plomb; c'est un morceau de plomb mince, taillé de différentes façons en ardoise pour la couverture des Dômes ou Clochers : les unes font en forme de cœur; les autres quarrées simplement; les autres ovales, selon le goût de celui qui les emploie, *page* 72.

Arétiers de plomb. On nomme *Arétiers*, les quatre angles d'un Pavillon : on donne le même nom au plomb qui les couvre, *page* 75.

Arrosoir. C'est un entonnoir, pour le plus souvent, avec lequel les Plombiers arrosent le sable de leur moule; quelquefois c'est un arrosoir ordinaire, tel que celui des Jardiniers, *page* 9 & 10.

Attelles. Ce font deux morceaux de bois creux, qui, étant mis l'un contre l'autre, font une poignée qui sert aux Plombiers à prendre leurs fers à souder. Les Vitriers

nomment, au contraire, *Moufflettes*, celles dont ils se servent pour le même usage, *page* 51.

Attelier. C'est le lieu où les Plombiers s'établissent & travaillent aux différents ouvrages qui concernent leur Art. Tous les Artistes donnent le même nom à leur Laboratoire, *page* 48.

Attisoir. C'est une barre de fer crochue par un bout, dont les Plombiers, & généralement tous les Fondeurs, se servent pour attiser leur feu. Voyez *Fourgon.*

Auge. C'est un vase de potin qui est au haut du moule où l'on coule les tables avant de les laminer. Il reçoit, par le moyen d'un canal de tôle portatif qui le lui transmet, le plomb qui est dans la chaudiere, & le verse sur le moule par le moyen de deux bascules que deux Ouvriers abaissent, & qui l'enlevent lorsqu'il est temps de couler le plomb qu'elle contient, *page* 30.

Auget. Les Plombiers appellent ainsi un vase long qu'ils remplissent de plâtre, & qu'ils portent avec eux lorsqu'ils vont poser les tuyaux des maisons, ou autres ouvrages qui le demandent : c'est à peu-près le même que celui dont se servent les Maçons, *page* 64.

B

Baguette. Les Plombiers entendent par ce terme les remplis qu'ils font à chaque bord des tables dont ils se servent dans la couverture des Églises, pour suppléer à la soudure, que l'on n'y emploie que le moins que l'on peut, attendu que la gelée la brise, & pour que l'eau du ciel ne s'insinue pas jusqu'à la charpente, qu'elle pourriroit. Afin de joindre l'agréable à l'utilité, ils arrondissent ces remplis avec leurs battes en forme de baguettes, qui prennent depuis l'entablement du mur jusqu'au haut du faîtage. C'est ainsi qu'est travaillée la couverture de l'Eglise de Notre-Dame de Paris, *page* 70.

Bandes de plomb. C'est, en général, un morceau de plomb long, qui n'a point encore été employé à aucun ouvrage, *page* 49.

Bascule. C'est une chaîne de fer à poignée qui, attirant le levier auquel elle est attachée, l'oblige à baisser d'un bout, & à hausser de l'autre, & par ce moyen à enlever le poids qui lui est attaché : c'est de ces bascules dont se servent les Ouvriers de la Manufacture du Plomb laminé, pour enlever leur auge & la verser sur leur moule, *page 30.*

Basque ou *Lanusure*, est une piece de plomb qu'on met au droit des arêtiers, & sous les épies ou amortissements. On la nomme ainsi, parce qu'elle est coupée en forme de basque, *page 92.*

Bavette. On appelle ainsi une bande de plomb qui couvre les bords & les devants des chaîneaux que l'on met aussi sur les grandes couvertures d'ardoise, au-dessous des bourseaux, *page 82.*

Bavures. Voyez *Laises.*

Bomber ; c'est arrondir quelque chose. Bomber une plaque de plomb, c'est la rouler en tuyau. Voyez *Amboutir.*

Boudin. Les Plombiers nomment ainsi la boue qui sort des tuyaux qu'ils dégorgent par le secours du siphon ou de la sonde, *page 138.*

Boulon ; c'est un morceau de fer rond, qui sert de noyau pour faire les tuyaux de plomb sans soudure : il est de toute la longueur du moule. C'est de ce morceau de fer dont les tuyaux qu'on fond, reçoivent leur diametre. Il y en a de plus ou moins gros, selon la grosseur du moule, *pages 44 & 45.*

Bourrelets. Ce sont les bords d'une plaque de plomb roulés. On les appelle ainsi, parce qu'ils ressemblent à de véritables bourrelets. On a coutume d'en faire au-devant des cuvettes des chaîneaux, qu'ils fortifient beaucoup, &c. *page 55.*

Bourrer. Les Plombiers disent que leur plomb bourre, lorsqu'il s'arrête sur le sable, & qu'il y forme ce qu'ils appellent des *marrons.* Voyez *Marron.*

Bourseau ou *Boursault* ; c'est un gros membre rond, fait de plomb, & qui regne dans les grands bâtiments, au haut des toîts couverts d'ardoise. Au-dessous du Bourseau, il y a une bande de plomb, que l'on nomme *Bavette.* Le petit membre rond qui est encore sous la bavette, s'appelle *Membron.* La piece de plomb qui est sous les épies ou amortissements, se nomme la *Nusure* ou *Basque*, parce qu'elle est coupée en forme de basque. Voyez *Bavette.*

Bourseau à battre ; c'est un morceau de bois léger, dont les Plombiers se servent pour faire le bourrelet de leurs cuvettes, *page 55.*

Branches de tuyaux ; ce sont plusieurs tuyaux joints ensemble par des nœuds de soudure. Voyez *Nœuds de soudure.*

Brasier. Les Plombiers en font deux, un dessous & l'autre dessus leur chaudiere, quand ils commencent à mettre leur plomb en fusion, afin d'en accélérer la fonte, *page 6.*

Bretelles. On appelle ainsi les sangles des hottes que les Ouvriers prennent lorsqu'ils ont quelque chose à porter.

Brides. Ce sont deux plaques de fer quarrées & vuidées en rond dans le milieu : elles sont faites pour tenir lieu de soudure. Elles pressent les extrémités des tuyaux par des vis & des écrous qui sont aux quatre coins de chaque bride. Pour que l'eau ne transpire pas, & pour mieux presser les tuyaux l'un contre l'autre, on met entre les rebords des tuyaux une couronne de cuir. On se sert des brides pour des tuyaux d'un gros diametre, & qui ne peuvent être ajointés par des nœuds de soudure, *pages 112 & 113.*

Brisés ; (pannes de) ce sont plusieurs tables de plomb qui couvrent la partie supérieure des combles, & qui vont jusqu'au faîte, ou à l'endroit où le toît est brisé : de-là vient qu'on les nomme *Pannes de brisés*, *page 63.*

Buveau ou *Beveau*, est un instrument semblable à une équerre ; la différence qu'il y a, c'est que l'équerre demeure fixe, & que les branches en sont immobiles ; au lieu que celles du Buveau se ferment & s'ouvrent comme l'on veut, pour prendre & pour tracer toutes sortes d'angles. Outre cela les branches d'une équerre sont à droite ligne ; celles du Buveau ont quelquefois une forme ronde, & sont bombées ; quelquefois il n'y en a qu'une qui le soit, & l'autre est droite : d'autres fois elles sont courbées & creuses en dedans, ou bien il n'y en a qu'une qui est de la sorte, ou même la moitié d'une. Ainsi on en fait de plusieurs façons, selon le besoin qu'on en a. Les Plombiers s'en servent pour s'éviter la peine de tracer différentes lignes qu'il leur seroit indispensable de faire sans cet instrument. On dit le *Buveau de deux plans*, pour marquer l'inclinaison qu'il y a, *p. 54.*

C

Canal ou *Tuyau de descente* ; c'est un tuyau qui sert à conduire les eaux d'un toît jusqu'en bas, que Vitruve appelle *fistula*, *page 64.*

Canal d'aquéduc ou *Gargouille*, est un cordon de pierre de taille bombé, qui soutient les tuyaux de conduite, *page 134.*

Cascade ou *Cascate.* On nomme ainsi les endroits où les Plombiers conduisent une chûte d'eau par le moyen de plusieurs tuyaux, soit qu'elle soit naturelle, soit qu'elle soit faite par artifice, comme celles que l'on fait dans les Grottes & dans les Jardins, pour faire tomber l'eau de haut en bas par diverses chûtes ou degrés, *page 131 & 132.*

Cendrées. Les Plombiers nomment ainsi les écumes qu'ils enlevent de la superficie de leur plomb, quand ils le mettent en fusion. Voyez *Crasses.*

Cercueil. Les Cercueils des Plombiers font composés de trois pieces, d'un pourtour, d'un dessus & d'un dessous. La figure du col est découpée sur le dessus & sur le dessous : on les soude avec force soudure, afin qu'ils se conservent plus long-temps, *pages* 153 & 154.

Chaîneau ; (*Compluvium*) c'est le canal ou gouttiere de plomb, dans lequel toutes les eaux de la couverture d'un logis tombent pour se décharger dans les cuvettes & tuyaux de plomb. Dans les grands Edifices, on ne les fait point en plomb ; on ne fait simplement qu'une rigole taillée dans la pierre, dont les eaux coulent dans les gargouilles. Il y a des Chaîneaux de plomb, qu'on nomme *à bords*, lorsqu'ils ne sont que rebordés par l'extrémité ; & d'autres qu'on appelle *à bavette*, quand ils sont recouverts d'une bande de plomb, *page* 60.

Chappes ; ce sont les deux poignées ou tenons qui servent à fermer ou ouvrir le moule dans lequel les Plombiers font fondre leurs tuyaux, *pages* 43, 44 & 45.

Charbons. Les Plombiers en jettent dans leur plomb pour le révivifier, *page* 7.

Charge. On dit que le creuset du rafinage est bien chargé, lorsqu'on y a mis plusieurs couches de charbon & de cendrées, *page* 146.

Charger le creuset ; c'est le garnir de charbon & de cendrées ; *page* 146.

Charniere ; c'est ce qui joint une partie du moule à tuyau avec l'autre, en sorte qu'elles peuvent se replier l'une sur l'autre & tourner sur leur centre. Elles sont, ainsi que le moule & ses chappes, faites de potin, ou autrement dit, d'un composé d'arcol, c'est-à-dire, de l'excrément du cuivre jaune & de plomb alliés & fondus ensemble, *pages* 143, 144 & 145.

Chassis. Les Plombiers appellent ainsi une grille de fer qui enveloppe la poële qui est au bout de leur moule à tables, *pages* 9 & 10.

Chassis du Laminoir ; c'est l'endroit où les tables se laminent : il a environ 50 pieds de long ; il est couvert de rouleaux mobiles sur leur axe, pour que les tables glissent plus aisément, *page* 26.

Chaudiere ; c'est le vase dans lequel les Plombiers font fondre ou leur plomb ou leur soudure : elle est à tenons ou oreillons, qui sont noyés dans la maçonnerie du fourneau, *page* 4.

Chevalet ; les Plombiers s'en servent pour supporter les tuyaux qu'ils soudent, *p.* 50.

Chevrette. Les Plombiers appellent ainsi un chenet de fer un peu haut, qu'ils mettent dans le foyer de leur fourneau pour élever le bois & lui donner du jour, afin qu'il brûle mieux, *page* 4.

Ciseau, est un instrument pour gratter le plomb, & en enlever les premieres écaillures, afin que la soudure y prenne mieux. Les Plombiers s'en servent pour les tuyaux roulés, pour les cuvettes, & dans les Réservoirs. Voyez *Grattoir.*

Clavette, est une espece de clou que l'on met dans les chappes du moule à couler les tuyaux, pour le fermer plus solidement, afin qu'il ne s'ouvre pas lorsqu'on y coule le plomb ; comme elle y entre avec un peu de force, & qu'elle y est gênée, on la fait sortir à petits coups de marteau, lorsqu'on veut rouvrir le moule pour en retirer le tuyau qu'on y a coulé, *pages* 44 & 46.

Cœurs de plomb. Il y en a de deux sortes ; les uns sont fondus, & servent pour les lampes des Eglises, ou pour suspendre des cages d'oiseaux. Les autres sont soudés & contournés sous la main : c'est pour renfermer des cœurs humains, *pages* 156, 161 & 162.

Comble. Il y en a de pointus, de plats, de brisés, qu'on appelle *à la mansarde*, & de plusieurs autres façons. On les couvre ordinairement en plomb, *pages* 67 & 68.

Compas. Il y en a de plusieurs sortes ; celui des Plombiers est fort grand, & il est de fer. Ils s'en servent pour prendre la mesure de la coupe des différents ouvrages qui concernent leur Art, *page* 49.

Compasser. Les Plombiers appellent compasser un dossier ou devant de cuvette, lorsqu'ils mesurent avec le compas la grandeur qu'ils doivent avoir, *p.* 54.

Conserve. Réservoir où l'on garde l'eau pour la distribuer dans des aquéducs ou canaux. Voyez *Réservoir.*

Coquille de plomb ; c'est un grand vase de plomb qui est fait en forme de coquille. Il y en a une au puits de Bicêtre, pour en recevoir les eaux, *page* 121.

Corde nouée ; c'est un cable où l'on fait, de 6 pouces en 6 pouces, un gros nœud. On l'attache par un bout, l'Ouvrier monte par l'autre, par le moyen de deux étriers & d'une sellette, qui ont chacun un crochet qu'il fait entrer dans les nœuds de la corde : cela demande beaucoup d'adresse, *page* 63.

Corniere ; c'est le canal de plomb qui est le long de l'angle de deux grands corps de logis. Voy. *Gouttiere.*

Couteau. Les Plombiers s'en servent lorsqu'ils ont dessiné ce qu'ils ont à prendre de chaque table, afin de le couper. Le Tireligne commence par faire une petite séparation. Le Couteau, frappé par le marteau, finit le reste, *page* 49.

Couture, maniere d'accommoder le plomb sur les couvertures ; c'est un repli qu'on fait entre deux tables de plomb. Voy. *Bourrelet.*

Couverture. Il y en a de plusieurs sortes :

les unes font des Combles, les autres des Pavillons, les autres des Dômes, &c. On entend par *Couverture de plomb*, plusieurs tables de plomb réunies & attachées ensemble, qui couvrent le haut des maisons ou des Eglises. Dans les premiers siecles, selon Vitruve, les Couvertures des maisons étoient toutes plattes ; mais comme on vit qu'elles ne garantissoient pas de l'eau & des neiges, on les exhaussa dans le milieu, c'est-à-dire, qu'on fit des Combles plus ou moins élevés, selon les divers climats, & selon les matieres dont on les couvroit, *page* 67.

Craie ; c'est la matiere avec laquelle les Plombiers, ainsi que tous les autres Artistes, tracent leurs lignes pour dessiner leurs ouvrages avant que de les couper, *p.* 54.

Crampons. Voyez *Oreillons.*

Crapaudine ; c'est une plaque de plomb à jour, qu'on met dans le dedans des cuvettes, afin que les ordures ne passent pas dans les tuyaux de descente, & ne les engorgent pas, *page* 57.

Crasses ou *Ecumes.* Les Plombiers appellent ainsi des parties de plomb qui ont perdu leur phlogistique en fondant ; ils les tirent de leur chaudiere par le moyen d'une écumoire faite en forme de poële à marron, pour les révivifier ensuite au creuset, *page* 4.

Cremaillere ; c'est une barre de fer dentée, qui tient au cric & au boulon du moule à tuyaux, par le moyen de laquelle on sort ce boulon du moule quand le tuyau est fondu, *page* 45.

Creuset ; c'est un fourneau à forge, dont on se sert pour rafiner & révivifier les miettes & cendrées de plomb, après les avoir lavées, *pages* 144 & 148.

Cric ; c'est un rouage composé d'une roue & d'une lanterne, & enfermé dans une boîte de fer, par le moyen duquel on tire le boulon ou noyau des moules à tuyaux, *page* 45.

Croûte d'etain. Les Plombiers nomment ainsi une couche d'étain appliquée sur une table ou ardoise de plomb, ou sur quelque amortissement, *pages* 90 & 98.

Cuiller ; c'est le vase avec lequel les Plombiers puisent leur plomb mis en fusion dans la chaudiere, pour le porter dans la poële qui est au bout de leur moule : elle ressemble à une casserole, *pages* 9 & 10.

Cuvette. (*Compluvium.* Vitruve.) On nomme ainsi un vase ou une capacité de plomb qu'on met dessous ou à côté des fenêtres à chaque étage des maisons, pour éviter aux Locataires la peine de descendre leurs eaux : elle reçoit l'eau non-seulement des Particuliers, mais même du tuyau supérieur & des toits d'où elle tombe. Il y a des Cuvettes de quatre especes ; les unes font rondes, les autres quarrées, les autres à hotte & dossier plat, les autres font angulaires, *pages* 53, 57 & 58.

Cuvettes de concession ; ce font celles qui tiennent aux Réservoirs, *page* 108.

Cylindres ; ce font deux rouleaux de fer fondu, d'un pied de diametre, dont les Plombiers-rafineurs font usage pour laminer leurs tables, & qui les mordent jusqu'à ce qu'elles soient au point où on les veut, *page* 37.

D

Déblanchir les tables, ardoises & amortissements, c'est leur ôter la croûte d'étain dont ils ont été revêtus. Cela se fait par le moyen d'un réchaud plein de braise que l'on met sous les tables, qui échauffe le plomb & fait fondre l'étain, qui est plus ductile, *pages* 100 & 101.

Déborder les tables de plomb, c'est-à-dire, les couper des deux côtés avec un couteau ou Débordoir, pour les rendre unies. Voyez *Laises.*

Débordoir ; c'est l'instrument avec lequel on déborde les tables. Voyez *Couteau.*

Décharge : mettre un tuyau en décharge, c'est donner aux eaux qu'il contient, une issue en dehors, en interrompant leur cours ordinaire. Cela ne peut se faire que par le moyen d'un robinet, qu'on pose dans un Regard ou autre endroit, & qu'on est à portée d'ouvrir ou de fermer quand on veut. Lorsque les Plombiers veulent dégorger ou réparer quelques tuyaux, ils commencent toujours par-là, *page* 138.

Descente. (*Fistula.* Vitruve.) On nomme ainsi les tuyaux de plomb dans lesquels tombent les eaux des chaîneaux qui embrassent les couvertures, *page* 64.

Dôme, de *Domus*, ou bien du grec δῶμα, qui signifie un toît ou une couverture : *Doma in orientalibus provinciis ipsum dicitur quod apud Latinos tectum.* Saint Jérôme *ad Simonem.* Mais nous les distinguons en notre Langue. On entend par *Dôme*, les couvertures rondes qu'on fait ordinairement en plomb, telles que le Dôme de Saint-Pierre à Rome, celui de la Sorbonne de Paris, du Val-de-Grace, des Jésuites, des Invalides, &c. & ce que les Italiens nomment *Cupola* ; car parmi eux le mot de *Domo*, désigne particuliérement l'Eglise Cathédrale. On est fort en usage de les couvrir en plomb : on en fait de petites ardoises en forme d'écailles de poisson, dont on recouvre les champs du Dôme ; les côtes ou arêtes se garnissent en bandes de plomb, *page* 77.

Dossier. Les Plombiers appellent ainsi le derriere de leur cuvette, *page* 53.

E

Ebarber les tables, c'est en ôter le sable avec des brosses ; c'est ce que font les Plombiers-Lamineurs, avant que de les mettre sur leur Laminoir, *page* 39.

Ecume.

Ecume. Voyez *Crasses.*

Ecailler le plomb, c'eſt le mettre en état de recevoir la ſoudure. Comme le plomb porte toujours avec lui ſur la ſuperficie, une craſſe qui empêche que la ſoudure ne puiſſe bien s'y attacher, on le gratte juſqu'au vif, c'eſt-à-dire, qu'avec un grattoir on en enleve la ſuperficie, *page* 50.

Ecaillures; ce ſont les pellicules de plomb qu'on enleve avec le Grattoir ou avec le Ciſeau. Il faut les ramaſſer pour les jetter & faire fondre, ſi elles ſont propres, dans la chaudiere, ou pour les envoyer au rafinage ſi elles ſont ſales, en les mêlant avec les écumes qui proviennent des fontes. On fait plus ordinairement le ſecond que le premier, parce qu'on commence par ſalir le plomb avant de le ſouder; par ce moyen les pellicules qu'on en enleve ſont preſque toujours couvertes de terre graſſe, & par conſéquent hors d'état d'être fondues ſur le champ avant d'avoir paſſé par le rafinage, *page* 52.

Ecumoire; c'eſt une poële percée avec laquelle les Plombiers écument leur plomb, *pages* 4 & 5.

Egout de plomb; c'eſt une plaque de plomb arrondie, qui donne iſſue aux eaux qui découlent du toît, & les verſe dans la rue ou dans une cour. Voyez *Godets.*

Emboîter des tuyaux; c'eſt les faire entrer l'un dans l'autre. On ne fait pas ſeulement cette opération pour les tuyaux de deſcente, mais encore pour ceux de conduite; la différence qu'il y a, c'eſt qu'on ne ſe contente pas d'emboîter les derniers, il faut encore les ajointer & attacher avec des nœuds de ſoudure. On doit avoir l'attention, dans les emboîtements, de faire entrer le tuyau qui donne l'eau, dans celui qui la reçoit, pour ne point mettre d'obſtacle au courant de l'eau, *pages* 64 & 125.

Embranchement des tuyaux. Ce mot ſignifie l'action de joindre pluſieurs tuyaux enſemble par des nœuds de ſoudure. On en fait ſouvent, mais principalement quand on veut qu'une même eau ſerve tour-à-tour à pluſieurs choſes différentes; par exemple, tantôt à une Fontaine, tantôt à un Jet-d'eau, &c. Il faut alors qu'il y ait des robinets qui lui ouvrent ſon cours où l'on veut qu'elle aille, & qui le lui ferment, au contraire, où l'on ne veut pas qu'elle aille, *page* 129.

Emporte-piece; c'eſt un inſtrument fait en croiſſant & taillant. Les Plombiers s'en ſervent pour mettre à jour les crapaudines des cuvettes, *page* 57.

Enfaîtements de plomb. On nomme ainſi des tables qu'on met au haut des couvertures des Egliſes, ou ſur des ſolives qui ſont au haut des murs, & qui tiennent lieu de pierre de taille, afin de les garantir des eaux du ciel, & les empêcher de pourrir. Voyez *Faîteaux* ou *Faîtieres.*

PLOMBIER.

Epingles. Les Plombiers appellent ainſi les gouttes de ſoudure qui outre-percent dans le dedans des tuyaux qu'ils ſoudent: moins il y en a, mieux ils ſont ſoudés, *page* 52.

Epitaphes. Les Plombiers en attachent ſur leurs Cercueils & ſur les Cœurs qu'ils contournent ſous la batte, quand on le leur commande, *pages* 154 & 157.

Eponge; c'eſt une grande planche portative, dont on ſe ſert pour diminuer la largeur des tables qu'on coule. Elle eſt de toute la longueur & de toute la profondeur de la caiſſe du moule. Voici de quelle façon on l'arrange dans le moule. On fait d'abord une foſſe dans le ſable, ſur la longueur de ſa couche, à telle diſtance des bords du moule que l'on veut; on l'appuie enſuite par de petits liteaux portatifs, que l'on met entre cette Eponge & les rebords du moule, pour la tenir fermé: on remet le ſable enſuite à ſa place; par ce moyen la couche du moule qui ſe trouvoit avoir 3 pieds & demi de largeur, n'en a ſouvent que trois, ou même deux & demi, ſelon que les tables, dont on a beſoin, le demandent, *page* 13.

Equerre; celle des Plombiers eſt faite comme toutes les autres. Ils s'en ſervent pour deſſiner leurs ouvrages avant de les couper, *page* 49.

Etabli des Plombiers; c'eſt une eſpece de table à poſer leurs outils, ordonner & travailler leurs ouvrages. Voyez *Moule.*

Etain. Les Plombiers s'en ſervent pour faire leur ſoudure, qui eſt compoſée de deux tiers de plomb & d'un tiers d'étain. Ils s'en ſervent auſſi pour blanchir les couvertures des Egliſes, des Clochers, des Dômes, mais rarement; alors ils ne le mélangent pas, *pages* 51 & 89.

Etamer les couvertures des Dômes, des Clochers, des Egliſes, c'eſt les blanchir avec de l'étain. On étend chaque table ſur des treteaux; on en réchauffe le plomb par le moyen d'un réchaud ardent qu'on met deſſous; enſuite on jette des plaques d'étain ſur le deſſus de chaque table où elles fondent, & qu'on écarte avec de l'étoupe ſur toute ſa ſuperficie. Il eſt une autre façon de le faire, où le réchaud n'eſt pas néceſſaire; c'eſt lorſque les tables viennent d'être coulées, & qu'elles ſont encore dans le moule & aſſez chaudes pour faire fondre l'étain, bien plus ductile que le plomb. On ſe ſert de cette derniere maniere pour blanchir tous les Amortiſſements fondus, *pages* 90, 91 & 99.

Etamer les Ajoutoirs, les Robinets, &c. c'eſt les blanchir avec de l'étain, comme on blanchit les caſſeroles. Pour cet effet il faut en raper le cuivre juſqu'au vif avec une lime. On fait cette opération à l'endroit où on veut les ſouder à quelques tuyaux de plomb; ſans cela il ſeroit impoſſible que la ſoudure pût prendre au cuivre, *page* 127.

C c c

Explosion. Les Plombiers ont à craindre une explosion dangereuse, quand ils n'ont pas l'attention de visiter le plomb qu'ils mettent dans celui qui est déja fondu, parce qu'il faut qu'il soit bien sec, *page 8.*

F

Faîtage de plomb; c'est la couverture en plomb que les Plombiers mettent sur les toîts des maisons ou des Eglises, & qui couvre le haut des toîts, *page 62.*

Faîtieres de plomb; ce sont plusieurs tables courbées & faites en demi-canal, qu'on met au haut des couvertures pour en couvrir le faîte, *page 76.*

Fer à souder. Les Plombiers l'appliquent sur leur soudure après l'avoir frottée avec de la poix résine, afin qu'il ne s'y étame pas. Il sert à allier & unir leur soudure. Il y en a de deux sortes; l'un a la tête en forme d'œuf de poule: il est pour les tuyaux roulés; l'autre est en cul de poire: ce dernier est uniquement employé aux Cercueils & aux Réservoirs, parce qu'il laisse plus de soudure dans les angles, & que cela est nécessaire pour ces sortes d'ouvrages, *pages 51 & 116.*

Fers d'amortissements; ce sont des morceaux de fer qui se mettent sur les poinçons qui tiennent lieu d'épies de bois aux bouts des faîtes & couvertures en Pavillon. Ils servent pour les vases de plomb que l'on fait passer dans ces barreaux de fer, pour orner les Combles, *page 92.*

Fers de cuvette; ce sont des pieces de fer qui portent & accolent la cuvette de plomb d'une gouttiere ou chaîneau. Voyez *Gâche.*

Feuillages de plomb. On appelle ainsi certains Amortissements jettés en moule, & qui ressemblent en effet à des feuillages, *p.96.*

Forge des Plombiers; c'est une pierre de liais sur laquelle les Plombiers battent leur plomb à froid avec des maillets. Elle est maçonnée dans le pavé, à un coin de l'attelier qui paroît le plus propre pour cet effet, *page 153.*

Forger le plomb; c'est le frapper avec des masses pour le condenser & l'affortiorer. On forge ainsi toutes les tables qu'on emploie aux Réservoirs, aux Cercueils & autres ouvrages de cette espece, parce qu'il faut que le plomb qu'on y emploie ait plus de corps que partout ailleurs. Comme le plomb forgé n'est que pour suppléer au plomb laminé, quand on se sert du plomb de la Manufacture, il n'est pas besoin de le forger, *p. 153.*

Fosse. Voyez *Fourneau.*

Fossés. Les Plombiers appellent ainsi deux creux qu'ils ouvrent au fond de la couche de sable qui est dans leur moule: ils ressemblent en effet à deux fossés. On y fait descendre, avec le rable, le surplus du plomb qu'il faut pour couler chaque table. Aussi-tôt qu'il y est tombé, on a grand soin de séparer avec une serpette ce volume de plomb, qui ne laisse pas d'être pesant, de la table qu'on a coulée, crainte que le plomb, qui se retire toujours un peu, trouvant quelque résistance de ce côté là, ne fasse partager la table qu'on vient de couler, & n'oblige les Ouvriers à la recommencer, ce qui demanderoit une nouvelle peine, *pages 13 & 15.*

Fouilles; ce sont des fossés que les Plombiers sont forcés de faire lorsqu'il n'y a point de Regard, pour réparer des conduites qui fuient, *page 135.*

Fourgon; c'est une barre de fer crochue, avec laquelle les Plombiers attisent leur feu, *page 4.*

Fourneau. Voyez *Chaudiere.*

Foyer; c'est une partie du fourneau des Plombiers, dans lequel on met le bois nécessaire à la fonte, & sur lequel la chaudiere où l'on met le plomb en fusion est assise à-plomb. Voyez *Chaudiere.*

Fronton. (*Fastigia.*) Ce mot signifie un toît élevé par le milieu, ce qui, chez les Romains, étoit particulier aux Temples; car les maisons ordinaires étoient couvertes en plate-forme; & César fut le premier à qui on permit d'élever le toît de sa maison en pente, à la maniere des Temples. Couvrir un Fronton ou le haut des Eglises en plomb, c'est le revêtir d'ardoises ou de tables de plomb, que l'on attache aux voliges & au droit des chevrons. Voyez *Combles.*

G

Gâcher du plâtre, c'est le détremper dans l'Auge ou Auget avec la Truelle. Les Plombiers en emportent toujours avec eux lorsqu'ils vont placer leurs tuyaux de descente, *Nicod* dit que ce mot vient de l'Allemand *Vasser*, qui signifie Eau, *page 64.*

Gâches; ce sont des crochets de fer qui sont faits en croissant; la circonférence en est platte, & les extrémités pointues. On les plâtre dans le mur pour soutenir les tuyaux de descente des maisons, afin qu'ils donnent passage aux eaux qui descendent des chaîneaux & gouttieres des toîts. Les Plombiers s'en servent encore pour enlever plus aisément le plomb qui tombe dans les fossés de leur moule: jettés dans ce plomb pendant qu'il est encore en fusion, ils s'y attachent & forment un anneau très-commode pour l'enlever des fossés. On les porte avec le plomb dans la chaudiere; ils se détachent du plomb, & nagent bientôt sur sa surface, d'où on les retire, *pages 16 & 64.*

Gargouilles; c'est un cordon de pierre sur lequel sont assis les tuyaux de conduite, *page 134.*

Girouettes; ce sont de petites enseignes de fer-blanc, que les Plombiers mettent au haut des maisons, aux faîtes des Clochers, des Pavillons, des Colombiers, &c. que le vent a la facilité de faire tourner, afin de faire connoître de quel côté il vient. Les Plombiers en couronnent ordinairement leurs amortissements, *page 97.*

Godets. Les Plombiers appellent ainsi les gouttieres saillantes qui jettent l'eau sur les rues ou dans les cours. Ils font peu en usage; il n'y a même que ceux qui en ont eu anciennement dans leurs maisons, qui puissent les entretenir. Les Trésoriers de France les ont défendus à tous ceux qui feroient bâtir de nouvelles maisons, par l'incommodité qu'ils occasionnent aux passants dans les temps de pluie. Mais en voulant éviter un mal, on a exposé le Public à un autre bien plus grand. Les Particuliers qui font bâtir, n'ayant pas toujours le moyen de fournir aux frais que leur coûteroient des tuyaux de descente, font un avancement de toît dont la chûte est plus à craindre que quelques gouttes d'eau, *page 61.*

Gouge, (*Guvia*) mot Gaulois; c'est un outil de fer taillant, fait en croissant, & à manche de bois. Les Plombiers s'en servent pour percer les globes qu'on met au haut des Dômes, afin d'y faire passer le fer d'amortissement qui doit les soutenir: il sert encore aux Sculpteurs, *page 93.*

Gouttiere; c'est un canal de plomb qui se trouve entre deux combles, & qui en reçoit les eaux, *page 61.*

Graisse. Les Plombiers en font quelquefois usage en place de charbon, pour révivifier leur plomb, *page 7.*

Graisser les moules à toile, c'est y passer du suif fondu, afin que le plomb qu'on y jette y coule plus aisément, & qu'il ne brûle pas la toile, *page 19.*

Graissoir; c'est un morceau de linge dans lequel on renferme de la graisse. Les Plombiers en frottent leur Plane avant de la passer sur leur couche de sable, afin qu'elle la rende plus lisse, *page 12.*

Grattoir; c'est un instrument de fer trempé & taillant, fait en forme de triangle, & à manche. Les Plombiers s'en servent pour aviver le plomb aux endroits où ils veulent établir leur soudure. Ils en ont de plusieurs sortes, qui servent tous au même usage, *page 50.*

Grue. Elle est composée d'un rouage & d'une ou deux manivelles, & d'un gruau. On pense que c'est la même chose que ce que les Anciens appelloient *Corvus.* Les Plombiers-Lamineurs s'en servent pour retirer leurs tables du moule, les monter & les descendre du Laminoir, *page 26 & 32.*

H

Haler un tuyau de plomb, c'est le chabler & l'attacher à une corde pour l'enlever au haut des murs & l'y placer. On en dit autant des cuvettes, lorsqu'on les monte par une corde, & de tout le reste. Ce mot est connu des Charpentiers, des Maçons & des Tailleurs de pierre, dans le même sens, *page 64.*

Halement; c'est le nœud qui se fait avec le cable, à la piece de plomb qu'on veut élever, *page 64.*

Harpe ou *Harpon* : on dit encore *Harpin* ou *Croc;* c'est une piece de fer qui tient les pans de bois d'un bâtiment. Quand elle est exposée à la pluie, il faut, pour empêcher que l'eau du ciel ne coule à travers sur la charpente qu'elle tient, & ne la pourrisse, la couvrir toujours en plomb. V. *Couverture.*

J

Jarretieres; ce sont deux courroies que s'attachent aux jambes les Plombiers, lorsqu'ils se servent de la corde nouée & de la sellette, pour aller couvrir le haut d'un Clocher, *page 63.*

Jauge; c'est un morceau de cuivre jaune rond, sur lequel sont marquées les lignes & les pouces d'eau. Cet outil sert dans les concessions d'eau, afin de mesurer la quantité qui revient aux Particuliers qui l'achetent. Les Plombiers en ont quelquefois, & ils s'en servent; mais on ne s'en tient pas à ce qu'ils font; l'Architecte de la Ville, qui est aussi chargé de cette partie, est toujours présent, afin de s'assurer, pour la Ville, qu'on ne prend pas une plus grande quantité d'eau qu'il n'en a été concédé: on lui dépose pour cet effet la Jauge de la Ville, *page 118.*

Jauger une eau de concession; c'est examiner si la quantité d'eau qu'on a prise, n'excede pas celle qu'on a achetée, *page 118.*

Jé ou *Rotin.* Les Plombiers s'en servent pour dégorger les tuyaux des maisons, *page 66.*

Jet des moules à Tuyaux; c'est l'endroit par où on y jette le plomb. On nomme ainsi celui de tous les moules. Ce Jet forme un entonnoir qui s'éleve au-dessus du moule. On a coutume de verser du plomb dans le moule jusqu'à ce que le Jet même soit rempli, afin que la pesanteur du plomb qui s'y trouve, puisse forcer celui qui est dans le moule à en remplir toute la capacité, & à ne point y laisser de vuide, *page 44.*

Jetter le plomb dans le moule, c'est l'y verser. Les Plombiers se servent pour cet effet, d'une cuiller semblable à une casserole, avec laquelle ils puisent leur plomb lorsqu'il est en fusion, *page 46.*

L

Labour; c'est un outil dont les Plombiers se servent pour remuer le sable de leur moule à tables après l'avoir arrofé. Il eſt fait à peu près comme une pelle à bêcher, *pages 9 &* 10.

Labourer le ſable du moule à tables, c'eſt le ſoulever par mottes, & le mettre deſſus deſſous, *page* 11.

Laiſes ou *Bavures.* Les Plombiers appel-lent ainſi les bords de chaque table qu'ils coulent : ils ont le ſoin de les couper pour qu'elles ſoient plus unies avant de les em-ployer à aucun ouvrage, *pages* 49 *&* 54.

Lames d'étain ; ce ſont pluſieurs éclats d'étain que les Ouvriers laiſſent tomber ſur une table, pour diſpoſer leur étain à fondre plus aiſément ſur les tables qu'ils veulent blanchir. La même choſe s'entend d'un mor-ceau d'étain laminé, *page* 90.

Lames de plomb ; cela s'entend des mor-ceaux de plomb extrêmement minces. Voy. *Ardoiſes.*

Laminer l'étain ou le plomb, c'eſt le ré-duire, d'une certaine épaiſſeur qu'il avoit auparavant, à une moindre, par le ſecours d'une forte compreſſion. Cela ne s'entend pas ſeulement de l'étain ou du plomb, mais encore de tous les autres métaux, comme le cuivre, l'argent, l'or, &c. *page* 39.

Laminoir ; c'eſt la machine ſous laquelle on comprime les tables qu'on veut laminer. Il eſt compoſé d'un long châſſis de 50 pieds, qui eſt couvert de rouleaux ; en outre de deux cylindres égaux & paralleles, & d'un régulateur. Ce ſont quatre chevaux, qui tra-vaillent onze heures par jour ; qui le font aller par le moyen d'un rouage, qui, par le ſecours d'un verrouil, fait tourner les cylin-'dres de différents ſens, ſans que les chevaux changent d'allure, *page* 33.

Lanterne ou *Pignon* ; c'eſt une roue du cric qui eſt au haut du madrier des Plom-biers. Voyez *Cric.*

Lanuſure. Voyez *Bourſeau.*

Laver les cendrées de plomb, c'eſt les prendre dans une ſébille & les plonger dans l'eau, en les remuant avec une truelle, *page* 141.

Lavoir ; c'eſt un tonneau rempli d'eau. Voyez *Tonneau.*

Lécher. Les Plombiers diſent que les flam-mes léchent bien la chaudiere, lorſqu'elles l'enveloppent, *page* 5.

Levier. Les Plombiers s'en ſervent pour enlever leurs tables de deſſus leur moule, après les y avoir coulées, *pages* 9 *&* 11.

Liaiſon. On dit *faire une liaiſon* d'étain avec du plomb, lorſqu'on fait un alliage de l'un & de l'autre pour en former de la ſou-dure, *page* 51.

Limer les ajoutoirs des Jets-d'eau, les ro-binets des Fontaines, c'eſt enlever avec la lime la ſuperficie de l'endroit où l'on veut que la ſoudure s'attache. Il ne ſuffit pas de les limer ou raper ; il faut encore qu'on les

étame avant de pouvoir les ſouder. Voyez *Etamer.*

Limes. Celles dont les Plombiers ſe ſer-vent, ſont de groſſes limes de Serruriers, emmanchées à l'ordinaire. Voyez *Rappe.*

Lingotieres ; ce ſont des vaſes ordinaire-ment de fonte de fer, plus longs que larges. Les Plombiers les pendent au bout des mou-les à toile, pour ſuppléer aux foſſes qu'ils ouvrent dans leur moule à ſable, & recevoir le ſurplus du plomb néceſſaire à chaque ta-blé. Les Plombiers - rafineurs s'en ſervent auſſi pour y couler le plomb qu'ils tirent de leurs cendrées, après les avoir paſſées au creuſet & écumées. Les Mineurs s'en ſer-vent également pour y couler leurs ſaumons de plomb, après l'avoir purifié, *page* 149.

Lingots. On donne ce nom au plomb qu'on ſort des Lingotieres, *page* 149.

Lucarne. Garnir une Lucarne en plomb, c'eſt en couvrir les bois qui pourroient être expoſés à la pluie. Les Lucarnes ſont des ouvertures qu'on met au-deſſus de l'entable-ment des maiſons, pour donner jour aux chambres en galetas ou aux greniers. Il y en a de diverſes ſortes : les unes ſe nomment des *Lucarnes demoiſelles*, & ſont quarrées & ſimples, ſans aucun ornement : les autres *Flamandes* ; elles ſont décorées d'un fron-teau : les autres ſont rondes, & ſont ornées d'une corniche, *page* 82.

Lunette de plomb ; c'eſt une petite fenêtre que l'on fait dans les toîts, & que l'on cou-vre en plomb, *page* 83.

M

Mâche-fer. Les Plombiers-rafineurs ap-pellent *Mâche-fer*, les matieres qu'ils reti-rent de leur creuſet, & qui ſont un compoſé de charbon, de tuiles fondues, & des ma-tieres craſſes des cendrées de plomb. Ils le pilent dans un mortier lorſqu'ils y voient beaucoup de plomb, afin de l'en retirer. Ils en rechargent leur creuſet. Ils s'en ſervent encore pour aſſembler les tuiles de leur creu-ſet, lorſqu'ils le refont, en l'alliant avec de la chaux, penſant que c'eſt le meilleur ci-ment qu'ils puiſſent employer, *page* 147.

Madrier. Les Plombiers appellent ainſi une longue table de chêne, ſur laquelle ils poſent leurs moules à tuyaux. Ce Madrier porte à une de ſes extrémités un cric ; au-deſſous eſt une ouverture faite en forme de mortaiſe, où l'on ſuſpend le moule, *page* 43.

Maillet ; c'eſt une eſpece de marteau de bois dont les Plombiers ſe ſervent pour for-ger leur plomb, *page* 153.

Manier le rable avec adreſſe, c'eſt le conduire légérement d'un bout du moule à l'autre, & ne pas laiſſer former des marrons ſur les tables ; c'eſt en quoi on voit ſurtout

les

les Maîtres Plombiers exceller, quand ils font un peu habiles : ils fe plaifent à fixer les yeux des fpectateurs, & défier leurs Ouvriers, *page* 15.

Manivelle ; c'eft une partie de la grue, par le moyen de laquelle on lui communique le mouvement ; c'eft ainfi qu'on fait aller la grue du Laminoir, quand on veut retirer du moule les tables qui y ont été coulées, ou les élever fur le chaffis pour les laminer, *page* 32.

Manfarde ou *toît coupé.* Garnir une Manfarde en plomb, c'eft la couvrir de pla- ques de plomb, pour empêcher que la char- pente ne foit endommagée par les eaux du ciel. Voyez *Combles.*

Marrons. Les Plombiers appellent ainfi le plomb de leurs tables coagulé & ramaffé en pelottons. Ils proviennent de deux caufes, ou de ce que le plomb qu'on coule eft trop froid, ou de ce qu'il eft trop chaud ; parce que dans ces deux cas il s'amoncelle fur le fable & arrête le rable : dans le premier cas, parce qu'il ne peut pas couler ; dans le fecond cas, parce qu'il creufe le fable & produit le même effet que lorfqu'il eft trop froid. On doit donc s'appliquer à connoître le degré de chaleur qu'il doit avoir, *page* 17.

Marteau. Les Plombiers s'en fervent de plufieurs : ils en portent d'abord un devant eux, qu'ils ne quittent jamais, & qui ne leur fert principalement qu'à les faire connoître & diftinguer des autres Ouvriers. Il eft de fer, à manche de bois. Ils en ont en bois à tête ronde, pour emboutir les calottes des globes qu'ils pofent au haut des Clochers ou des Dômes. Voyez *Battes.*

Maffe ; c'eft un gros marteau de bois dont fe fervent les Plombiers pour forger leur plomb. Voyez *Maillet.*

Membron ; c'eft un membre rond de plomb, qui eft fous la bavette. Voy. *Bavette.*

Mortaife ou *Mortoife.* Les Plombiers ap- pellent ainfi l'ouverture qu'il y a en tête de leur madrier, & fur laquelle ils fufpendent leurs moules à tuyaux. Voyez *Madrier.*

Mortier ; c'eft un vafe de fonte de fer dont fe fervent les Plombiers-rafineurs, pour y broyer leur mâche-fer, lorfqu'ils croient qu'ils en peuvent encore tirer du plomb, *page* 148.

Moule à Cœur ; c'eft un vafe de fonte de fer qui s'ouvre en deux, & qu'on ferme avec de petites chevilles de fer. Il eft vuidé en de- dans en forme de cœur, & a par le pied un jet par lequel on verfe le plomb. Il y en a de plufieurs grandeurs, afin de fondre des Cœurs de différentes efpeces. Il y en a auffi de plufieurs fortes ; dans les uns on enfonce, à côté de leur jet, un double boulon ou noyau de fer, avant que d'y jetter le plomb : ils tiennent aux Cœurs qu'on y coule ; on les en fait fortir par le moyen du marteau.

De cette maniere ces efpeces de Cœurs fe trouvent avoir deux trous qui les traverfent d'un bout à l'autre, où l'on peut paffer une corde & l'y attacher pour faire un contre- poids. Les autres moules font fimples, fans baguette, & on en retire des Cœurs qui n'ont qu'un fimple anneau par lequel on les atta- che. L'un & l'autre de ces Cœurs fervent à fufpendre des lampes d'Eglife, ou des cages d'oifeaux, *page* 161.

Moule à Ecritoires ; c'eft un vafe de fonte de fer qui s'ouvre en deux, & qu'on ferme avec de petites chevilles de fer. Il eft vuidé en dedans en forme d'Ecritoire. Il eft ou- vert par le haut ; c'eft par cet endroit qu'on jette le plomb, *page* 157.

Moule à Garde-papier ; c'eft un vafe de fonte de fer qui s'ouvre en deux, & qu'on ferme avec des petites chevilles de fer. Il eft creufé en forme de cul-d'affiette, & vuidé par le haut pour faire une poignée aux Gar- des-papiers, afin d'avoir la commodité de les tranfporter d'un lieu à un autre, *page* 159.

Moule à Niveau ; c'eft un vafe de fonte de fer, vuidé en dedans en forme de petite boule ou de petit cylindre : de-là vient qu'on diftingue différentes fortes de plombs à Ni- veaux ; les uns font ronds, les autres longs, *page* 159.

Moule à Tables ; c'eft une longue caiffe portée fur des pieds de charpente, qui eft plus longue que large, fermée d'un couver- cle de charpente en trois pieces, pour avoir plus d'aifance de l'enlever & de l'y replacer : le tout eft de bois de chêne. La caiffe de ce moule a 8 pouces de profondeur, & con- tient, dans toute fa largeur & longueur, une couche de fable de 6 pouces d'épaiffeur : c'eft fur ce fable que les Plombiers coulent leurs tables de plomb, après l'avoir arrofé, labouré, rablé & plané. On ouvre dans le fa- ble deux petits foffés pour recevoir le furplus du plomb néceffaire à chaque table. On nom- me le plomb qui y entre *rejet* ; on le fait re- fondre après l'avoir retiré de ces foffés, *pages* 9 & 11.

Moule à Tuyaux ; c'eft un cylindre creux, ouvert par les deux bouts : il porte, près un de ces bouts, un entonnoir qu'on appelle *jet*, par lequel on verfe le plomb dans le moule, *page* 43.

Mouler un tuyau, c'eft le jetter en moule. Les Plombiers font de deux fortes de tuyaux, les uns font roulés, les autres jettés dans des moules, *page* 46.

Moulinet ; c'eft une croix de fer à quatre branches, par le moyen de laquelle les Plom- biers mettent leur cric en mouvement, quand ils fondent leurs tuyaux, foit pour faire entrer le boulon dans le moule, foit pour l'en retirer. Voyez *Cric.*

N

Niveau qu'employent les Plombiers ; c'eſt un inſtrument qui leur ſert à meſurer le degré de pente qu'ils veulent donner aux chaîneaux & aux gouttieres qu'ils poſent ſur les toîts ; il leur ſert auſſi pour marquer l'à-plomb de leurs tuyaux de deſcente, & généralement à dreſſer & à applanir tout ce qui doit être horizontal. Il y a pluſieurs eſpeces de Niveaux, qui ſe font ou par le moyen de l'eau qui donne immédiatement la ligne horizontale, ou à l'aide du plomb, dont la ligne tombe perpendiculairement ſur la ligne horizontale que l'on appelle la *ligne de niveau*. Le Niveau dont les Plombiers ſe ſervent, eſt à peu-près comme celui des Maçons. Le plomb en eſt rond ou quarré, au lieu que celui des Charpentiers eſt fort plat & percé à jour, pour donner paſſage à la vue, afin de mieux adreſſer où ils veulent piquer le bois.

Niveau. (mettre à) Cela s'entend de deux manieres ; ſavoir, lorſqu'on dit *mettre une ou pluſieurs choſes de niveau ſuivant la ligne horizontale*, ou *les mettre à niveau ſuivant leur pente*, c'eſt-à-dire, *ſur une même ligne inclinée.* Les Plombiers appellent *mettre une gouttiere ou chaîneau de niveau*, lorſqu'ils les inclinent ſuivant la ligne des rebords des deux combles ou du toît, *page* 60.

Nœuds de ſoudure. Les Plombiers nomment ainſi une certaine quantité de ſoudure ramaſſée entre deux tuyaux aboutis l'un contre l'autre, pour les attacher enſemble & empêcher que l'eau n'en ſorte. Ils ont coutume de joindre ainſi tous les tuyaux de conduite, quand leur groſſeur empêche qu'ils ne puiſſent être ſoudés. Pour ſuppléer à ces nœuds de ſoudure, on les bride l'un avec l'autre. Voyez *Brides.*

Noquet ; c'eſt une bande de plomb que l'on met ordinairement dans les angles enfoncés des couvertures d'ardoiſes, le long des jouées des lucarnes & pignons.

Noue. On nomme ainſi le canal de plomb qui eſt entre deux toîts, & dont il reçoit les eaux, *page* 52.

Noyau. Voyez *Boulon.*

O

Œil de Bœuf. Garnir en plomb un Œil de bœuf, c'eſt en couvrir la charpente. On entend par *Œil de bœuf*, une petite lucarne ronde que l'on fait dans la couverture des maiſons, pour éclairer les galetas & les greniers. Les Vitriers appellent ainſi le nœud qui eſt au milieu des plats de verre dont on fait les vitres, *page* 81.

Orillons. Les Plombiers nomment ainſi les tenons qui environnent le pourtour de leur chaudiere, & qui ſont placés 6 pouces au-deſſous de ſes bords, pour la ſoutenir. On bâtit ces orillons dans la maçonnerie du fourneau. Ils ont environ 6 pouces de long, & un pouce de diametre, *page* 5.

Ourlet de plomb ; ce ſont les rebords de deux morceaux de plomb repliés l'un dans l'autre. Voyez *Bourrelet.*

Outil. Les Plombiers ont beaucoup d'outils, parce que leur Art eſt fort étendu. Outre leur fourneau, leurs poëles, leurs moules, leurs cuilſers, & autres choſes néceſſaires à la fonte des tables & des tuyaux, il leur faut encore un niveau, un compas, un marteau, des maillets plats ou battes plates, des bourſeaux, des ſerpes, des ſerpettes, des couteaux, des planes, des gouges, des rapes, un débordoir rond, un grattoir, des fers ronds à ſouder, des fers en cul-de-poire, & des attelles, avec leſquelles ils tirent ces fers du feu, & les tiennent pour s'en ſervir. Ceux qui veulent exercer cette profeſſion, doivent ſe loger au large, *page* 9.

P

Palier ou *repos.* Les Plombiers-Lamineurs appellent ainſi le haut des eſcaliers qu'ils montent pour aller à leur chaudiere. On nomme ainſi le repos de tous les eſcaliers, *page* 29.

Pavillon, de *Papilio*, dont les Italiens ont auſſi fait celui de *Padiglione.* Garnir un Pavillon en plomb, c'eſt le couvrir d'ardoiſes de plomb, *page* 74.

Pierre de liais. Les Plombiers appellent ainſi la pierre ſur laquelle ils forgent leur plomb, *page* 153.

Pignon ; revêtir un Pignon en plomb, c'eſt le couvrir de tables de plomb qui embraſſent les deux couvertures.

Piliers des Réſervoirs. Ce ſont des piliers de charpente, qui élevent & ſoutiennent à une certaine hauteur la caiſſe de charpente où les Plombiers aſſient leurs tables de plomb, *page* 114.

Pilon. Les Plombiers-rafineurs ſe ſervent d'un pilon pour broyer leur mâche-fer, *page* 148.

Pince ou *barre de fer.* Les Plombiers-rafineurs s'en ſervent pour briſer le mâche-fer dans leur creuſet, auſſi-tôt que le plomb qui provient des cendrées, a ceſſé de couler. Ils en ont de pluſieurs grandeurs, *page* 147.

Plane ; c'eſt une plaque de cuivre : elle eſt liſſe d'un côté comme une glace, & de l'autre elle a une poignée avec laquelle on la prend. Les Plombiers s'en ſervent pour liſſer & polir leur couche de ſable avant que d'y couler leur plomb. On commence par la faire chauffer. Il eſt deux manieres de le faire, ou en la mettant auprès du feu, ou en la fufpendant fur le plomb qui eſt en fuſion dans la chaudiere; enſuite on la prend avec une poignée de vieux chapeau ou autre choſe, qu'on porte dans la main, pour ne pas ſe brûler : on la frotte avec le graiſſoir; on la paſſe enſuite fur le ſable dans toute ſa longueur & largeur, comme une Repaſſeuſe paſſe ſon fer fur le linge, *pages 9, 10 & 21.*

Planer le ſable du moule à tables, c'eſt finir de le mettre en état d'y couler le plomb. Il y a trois opérations; ſavoir, celle de l'arroſer, de le labourer & de le rabler, que cette derniere opération termine, *page 12.*

Plâtre. Les Plombiers s'en ſervent pour attacher dans le mur les gâches qui tiennent les tuyaux de deſcente qu'ils poſent aux maiſons, *page 64.*

Plomb. Celui dont les Plombiers ſe ſervent, vient de Namur, en Flandres; d'Ulme, en Angleterre; de Pompéan & Poulaouin, en Bretagne, & de quantité d'autres endroits, *page 3.*

Plume. Les Plombiers nomment ainſi une piece de cuivre qui eſt à un bout du moule à tuyau, dans l'intérieur, parce qu'elle eſt, en effet, taillée en bec de plume. Elle eſt faite pour la continuation du tuyau qu'on fond, *page 44 & 46.*

Poële. Les Plombiers appellent ainſi un vaſe de cuivre qui eſt au haut de leur moule à tables, dans lequel ils mettent leur plomb pour enſuite le verſer fur le moule. Elle eſt évaſée par-devant comme un éventail ouvert; ſon fond eſt rond ainſi que ſes côtés : par devant elle a un pied 4 pouces de large; ſon talon n'a qu'un pied, *pages 9 & 10.*

Poignée. Les Plombiers en font avec des morceaux de vieux chapeau, & s'en ſervent pour prendre la plane, & à quantité d'autres endroits, pour ne pas ſe brûler les mains, *page 12.*

Poix-réſine. Les Plombiers en frottent leur ſoudure, pour empêcher que leur fer à ſouder, qu'ils y appliquent, ne s'y étame, *page 51.*

Polaſtre; ce ſont deux bandes de fer attachées enſemble avec deux clous, qui s'ouvrent & ſe ferment comme l'on veut. On applique cet inſtrument fur les fractures du tuyau que l'on veut réparer, pour le ſécher, afin que la ſoudure s'y applique mieux; pour cet effet on le remplit de charbons allumés, *page 139.*

Portée; c'eſt une piece de cuivre qui eſt de la groſſeur de ce qu'on nomme *Plume,* & qui entre également dans l'intérieur du moule à tuyaux, pour en boucher l'extrémité, & empêcher que le plomb n'en ſorte. Elle ne reſte qu'une ſeule fois dans le moule; c'eſt lorſqu'on commence le tuyau : une fois qu'il y en a un de fondu, on la tire du moule avec le bout de tuyau : c'eſt le tuyau lui-même qui bouche l'extrémité du moule, *pages 44 & 46.*

Porte-ſoudure. Les Plombiers appellent ainſi un quart de coutil plié en quatre, avec lequel ils relevent leur ſoudure, *page 139.*

Pourtour. Les Plombiers ſe ſervent beaucoup de ce terme pour exprimer les côtés ou la rondeur d'une cuvette, & de toutes ſortes de choſes, *pages 54 & 152.*

Pureau. Les Plombiers appellent *Pureau,* la diſtance qu'il y a des bords d'une ardoiſe de plomb à celles qui ſont au-deſſus & au-deſſous. Ainſi le *Pureau* d'une ardoiſe de plomb fur la couverture, eſt la partie qui eſt à découvert, & qui n'eſt pas cachée par les autres. Quand on dit qu'il ne faut donner que 3 ou 4 pouces de *pureau,* c'eſt-à-dire que le reſte doit être couvert. Les Couvreurs ordinaires ſe ſervent du même terme pour exprimer la même choſe. Moins les ardoiſes des uns & des autres ont de *pureau,* plus elles ſont preſſées, & plus, par conſéquent, la couverture en eſt bonne; la pluie & la neige ont plus de peine à y entrer, *page 73.*

Q

Queue de renard. Les Plombiers appellent ainſi une longue traînaſſe de racines qui entrent dans les tuyaux de conduite, & les engorgent. Pour les en arracher, ils ont une Sonde à tire-bourre, qu'ils font entrer dans le tuyau; le tire-bourre s'accroche à la queue de renard : ils la tirent par ce moyen, & dégagent le cours de l'eau, *page 137.*

R

Rable; c'eſt une piece de bois dont les Plombiers ſe ſervent pour faire couler & étendre leur plomb fur leur moule, *pages 9 & 10.*

Rafraîchir un tuyau, c'eſt le reſouder ou en réparer les défauts. Voyez *Réparer.*

Rafraîchir le blanchiſſage des couvertures étamées, c'eſt les remettre fur le réchaud, & y jetter de nouvelles lames ou pâtés d'étain. On a coutume de rafraîchir les amortiſſemens qui ſont en forme de globes, après les avoir ſoudés, & avant de les mettre en place, pour réparer les endroits que la terre graſſe, qu'on eſt obligé d'employer dans les ſoudures, doit néceſſairement ternir, *page 98.*

Rape ou *lime.* Les Plombiers s'en ſervent pour aviver les pieces de cuivre qu'ils ſont quelquefois dans le cas de ſouder à leurs tuyaux, comme les ajoutoirs, les robinets. Cette opération eſt néceſſaire, parce qu'on ne peut pas les ſouder ſans les étamer, ni les étamer ſans les aviver, *page 127.*

Recouvrement. Faire en plomb le recouvrement d'une partie de toit, c'eſt y mettre de nouvelles tables ; & en enlever les anciennes.

Refroidir. Les Plombiers doivent ne laisser refroidir les tables qu'ils coulent sur leur moule, qu'un peu & autant que cela est nécessaire pour qu'elles prennent, *page* 16.

Regratter. On dit *regratter un ouvrage mal soudé.* Pour cet effet il faut qu'on puisse en ôter la soudure, par conséquent qu'on s'apperçoive de la faute qu'on a faite avant qu'elle se soit refroidie. Cela arrive quelquefois en soudant des dossiers de cuvette.

Régulateur. On appelle ainsi l'armure du Laminoir, qui dirige la pression des tables qu'on lamine, afin qu'elles ne soient pas plus pressées d'un côté que de l'autre. Il est composé d'un fort sommier, d'un cylindre, de quatre colonnes de fer, de plusieurs collets, d'une vis sans fin, de deux fourchettes de fer qui portent les collets & le cylindre, & d'un poids qu'on abaisse & qui fait lever toutes les pieces du Régulateur à la fois, *page* 37.

Rejets. On appelle ainsi le plomb qui entre dans les fosses que les Plombiers ouvrent au fond de leur moule, *page* 16.

Réservoir. On entend par ce mot, un grand bassin où l'on amasse un dépôt d'eau, pour la distribuer ensuite à des Fontaines, Jets-d'eau, Nappes d'eau, Cascades, &c. Presque tous les Réservoirs sont en plomb. Ces sortes d'ouvrages font une grande partie de l'Art du Plombier. Il y en a sur charpente, d'autres sur pierre de taille, *page* 114 & 120.

Retourner. Les Plombiers doivent avoir soin de retourner, dans tous leurs ouvrages, le côté qui a été coulé sur le sable, à l'endroit où il n'est pas en vue ; par exemple, quand on fait des cuvettes, il faut mettre ce côté-là du côté de la muraille, ainsi des autres, *page* 55.

Robinet. On entend par ce mot, une clef faite pour donner ou fermer le passage à toutes sortes de liquides. Les Plombiers en font usage dans la conduite des eaux. Il y en a de plusieurs sortes ; les uns sont à une eau, les autres à deux, les autres à trois, *pages* 126 & 127.

Rondelles de cuivre. On en connoît deux chez les Plombiers ; l'une s'appelle *Plume,* & l'autre *Portée.* Voyez ces deux mots.

Rotin. Voyez *Jé.*

Rougir. Les Plombiers ont coutume de faire rougir au feu les fers à souder dont ils se servent dans les Réservoirs, ou ceux qu'ils emploient pour le soudage des tuyaux roulés, afin qu'ils puissent écarter la soudure & la faire prendre davantage au plomb, *pages* 51, 117 & 154.

Rouleau de plomb. On appelle ainsi les tables des Plombiers, parce qu'ils ont coutume de les rouler sur elles-mêmes pour les

enlever du moule. Ils les déroulent à mesure qu'ils ont besoin d'en prendre quelques morceaux pour les différents ouvrages qu'on leur commande, *pages* 16 & 17.

S

Sable. Le moule à tables des Plombiers est rempli d'un sable fin & d'une belle couleur ; c'est un sable de champ, que les Italiens appellent *Rena di cava.* Ils le tirent des sablonnieres de Belleville, vers le Pré Saint-Gervais, *page* 9.

Sac des Plombiers. Il est fait de coutil assez large ; c'est dans quoi ils portent leurs outils quand ils vont travailler en ville, *page* 139.

Sachet de graisse ; c'est un morceau de linge dans lequel les Plombiers renferment de la graisse. Ils s'en servent à frotter leur Plane avant de la passer sur le sable, *page* 12.

Saillante. On dit *Gouttiere saillante.* Voyez *Godet.*

Saumon de plomb. On appelle ainsi le plomb lorsqu'il vient des mines, parce qu'il est en petites tables d'environ un pied & demi de long, sur 8 pouces de large, qui pesent environ 140 livres, & qui sont marquées au poinçon des différentes mines d'où elles viennent, *pages* 3 & 6.

Sébille ; c'est une capacité de bois, ronde & faite en forme de saladier, qui a un manche perpendiculaire par lequel on la prend. Elle sert au lavage des cendrées, *page* 142.

Sellette ; c'est un petit siege portatif, qui est formé d'une planche & de quatre bandes de cuir qui la soutiennent ; on accroche le tout à une corde nouée, par le moyen d'un crochet, & les Ouvriers montent ainsi au plus haut des Clochers. Voyez *Corde nouée.*

Serpette. Celle des Plombiers est semblable à celle des Vignerons. Ils s'en servent pour séparer leurs tables des rejets aussi-tôt qu'ils les ont coulées, *pages* 9 & 11.

Souder un tuyau ou une cuvette, ou tel autre ouvrage que ce soit. Cette opération en demande trois. Pour souder un tuyau, &c. il faut premiérement le salir aux endroits où l'on ne veut pas que la soudure prenne ; 2°. l'aviver aux endroits où l'on veut qu'elle prenne ; 3°. y verser de la soudure & l'y appliquer, *page* 50 & 51.

Soudure. Celle dont les Plombiers se servent, est un alliage d'étain & de plomb, où il entre deux tiers de plomb sur un tiers d'étain : ils font fondre le tout ensemble dans leur chaudiere. On soude aussi le cuivre avec de l'étain, & quelquefois avec de l'étain & de l'argent, selon la délicatesse de l'ouvrage, *page* 51.

Soufflet. Les Plombiers-rafineurs s'en servent pour allumer & entretenir le feu de leur creuset.

creuſet. Il eſt ſemblable à celui des Maréchaux ; ſa tuyere communique au dedans du
ſoufflet. On le fait jouer par le moyen d'une
brimbale qui eſt attachée au plancher, *page*
145.

Soupape. Les Plombiers s'en ſervent pour
arrêter l'eau des Réſervoirs qu'ils font en
plomb, & pour la lâcher quand on veut. Il
y en a de pluſieurs ſortes ; les unes ſont toutes plattes comme un ais, & ſe nomment
clapets ; les autres ſont rondes & convexes ;
ce ſont celles qui ſont aujourd'hui le plus en
uſage ; les autres enfin ſont rondes & en
pointe comme un cône ou un foret, *page*
117.

Syphon. Les Plombiers s'en ſervent pour
le dégorgement des tuyaux de conduite,
page 138.

T

Table de plomb. Les Plombiers appellent
ainſi une ſurface de plomb d'une certaine
longueur, largeur & profondeur. On en diſ-
tingue de deux ſortes ; les unes ſont coulées
ſur ſable, les autres ſur toile, *page* 18.

Tampon. Ce que les Plombiers appellent
Tampon, eſt un bouchon de bois plus ou
moins gros, qu'ils adaptent à l'orifice du
tuyau qu'ils veulent dégorger, & par le
moyen duquel ils le ferment hermétiquement. Il reſſemble à peu-près à une clef de
cuve, *page* 137.

Tenons. (*Subſcudes.*) Voyez *Orillons.*

Tire-ligne ; c'eſt un inſtrument à manche
de bois, tranchant par le bout. On s'en ſert
quand on veut couper quelque table : on le
paſſe ſur la craie. Il fait une premiere entaille ; on finit cette opération par le moyen
du couteau, *page* 49.

Toiles. On s'en ſervoit beaucoup autrefois ; on les tendoit ſur un moule, & on les
graiſſoit ; on y couloit enſuite comme ſur
une couche de ſable. On en faiſoit uſage
lorſqu'on vouloit des tables extrêmement
minces. Mais depuis que la Manufacture du
Laminage eſt établie, on n'en fait pas un ſi
grand uſage, *page* 18.

Toît couvert en plomb ; c'eſt un toît garni
tout entier en ardoiſes ou en tables de plomb.
Il y en a de deux ſortes ; l'un eſt appellé des
Latins *diſpluviatum*, lorſque le faîtage va
d'un pignon à l'autre, & jette les eaux des
deux côtés. L'autre, qu'ils nomment *teſtudi-
natum*, eſt ce que nous appellons *en croupe*
ou *en pavillon*, par le moyen duquel l'eau
tombe des quatre côtés. Parmi les premiers,
c'eſt-à-dire, les toîts à deux eaux, on diſ-
tingue les toîts coupés ou combles, qu'on
nomme *Manſardes*, *pages* 67 & 74.

Tole de fer ; c'eſt une eſpece de canal ou
gouttiere, par le moyen de laquelle les
Ouvriers de la Manufacture du Laminage

tranſmettent leur plomb de la chaudiere dans
l'auge, *page* 30.

Tonneau. Les Plombiers-rafineurs s'en ſervent pour laver leurs cendrées, quand ils ne
le font pas au bord de la riviere. Il leur en
faut quatre, trois pour laver, & un quatrieme pour faire ſuer les cendrées après qu'elles
ſont lavées, *page* 142.

Tracer une plaque de plomb, ſoit pour
faire un tuyau, ſoit pour faire un devant ou
un doſſier de cuvette, c'eſt la marquer avec
la craie, *page* 49.

Treteau. Les Plombiers s'en ſervent en
pluſieurs endroits pour ſoutenir leurs tables
quand ils les étament ; pour porter leur madrier ſur lequel eſt aſſis leur moule à tuyaux ;
enfin pour porter la poële où ils mettent le
plomb fondu pour le jetter ſur leur moule à
ſable, *page* 10.

Triquets, Traquets ou *Chevalets.* Les
Plombiers s'en ſervent pour monter aux toîts
qu'ils vont couvrir ; c'eſt une échelle double
élevée ſur des couſſins de paille, *page* 69.

Truelle. Celle des Plombiers eſt ſemblable
à celle des Maçons. Ils s'en ſervent à faire
des foſſés au bout de leur moule, pour recevoir le ſurplus du plomb néceſſaire à chaque
table, *pages* 9 & 10.

Tuyaux fondus. Ce ſont des tuyaux d'un
petit diametre, que l'on jette dans des moules, où on les fond de pied en pied. On les
retire à meſure. On leur donne ordinairement
14 pieds de long. On en recommence enſuite de nouveaux, *pages* 43, 44 & 45.

Tuyaux roulés. Ce ſont des tuyaux d'un
trop gros diametre pour être fondus. On
commence par les couper ; on les roule enſuite ſur une table avec la batte, après quoi
on les ſoude, *pages* 48 & 49.

Tuyaux de conduite. Ce ſont des tuyaux
qu'on place dans la terre pour conduire les
eaux d'un endroit à l'autre : c'eſt ainſi qu'on
nomme les tuyaux de nos Fontaines, *page*
125.

Tuyaux de deſcente. Voyez *Deſcente.*

Tuyaux bridés. Voyez *Brides.*

V

Ventouſes. Ce ſont des petites ouvertures qui communiquent dans le dedans du
moule à tuyau pour lui donner de l'air, &
faire couler le plomb qu'on y verſe dans toutes ſes parties, *page* 44.

Verrouil. C'eſt ce qu'il y a de mieux inventé dans la méchanique du Laminoir. Il
ſert à faire changer de direction aux cylindres, ſans qu'on ait beſoin de changer l'allure des chevaux. Il eſt formé d'un porte-
verrouil, qui eſt une boîte de fer dans laquelle entre l'arbre qui fait tourner le cylindre ſupérieur du Laminoir, & de deux pieces

méplattes que porte cette boîte, & qui font poſées parallélement aux deux faces oppo-ſées de la boîte. Ces deux pieces forment des rayons qui font entaillés à leur extrémité, & qui fervent de conducteurs aux verrouils fur leſquels ils peuvent gliffer pour accro-cher les lanternes qui font tourner le cylin-dre, ou l'empêcher, *page* 34.

Vrille. Les Plombiers s'en fervent pour percer les cuvettes de conceffion, quand les Particuliers les achetent de la Ville, afin que l'eau du Réfervoir y communique. L'Ar-chitecte de la Ville jauge enfuite ce trou, pour s'affurer qu'il n'y paffe pas une plus grande quantité d'eau que les Particuliers n'en ont achetée, *page* 118.

Y

Yeux de perdrix. Les Plombiers appellent ainfi les petites marques qui fe trouvent dans l'étain, dont les couleurs font changeantes: c'eft à quoi ils reconnoiffent quand il eft bon.

Fin de l'Explication des Termes.

TABLE

DES CHAPITRES ET ARTICLES

DE L'ART

DU PLOMBIER.

Fin de la Table des Chapitres.

DE L'IMPRIMERIE DE L. F. DELATOUR. 1773.

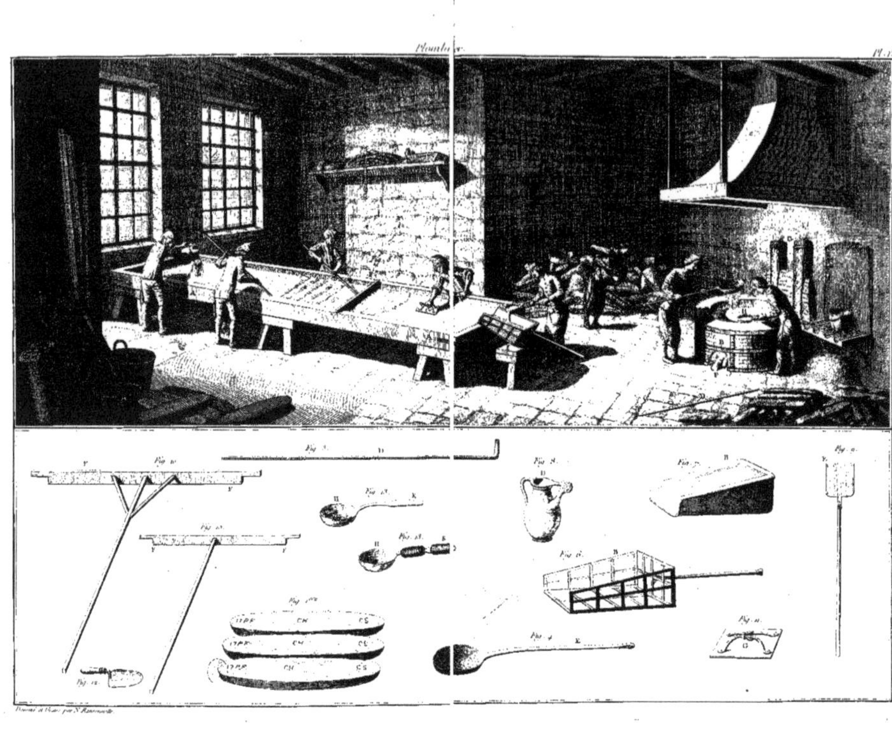

Dessiné et gravé par N. Ransonnette.

Dessiné et Gravé par N. Ransonnette.

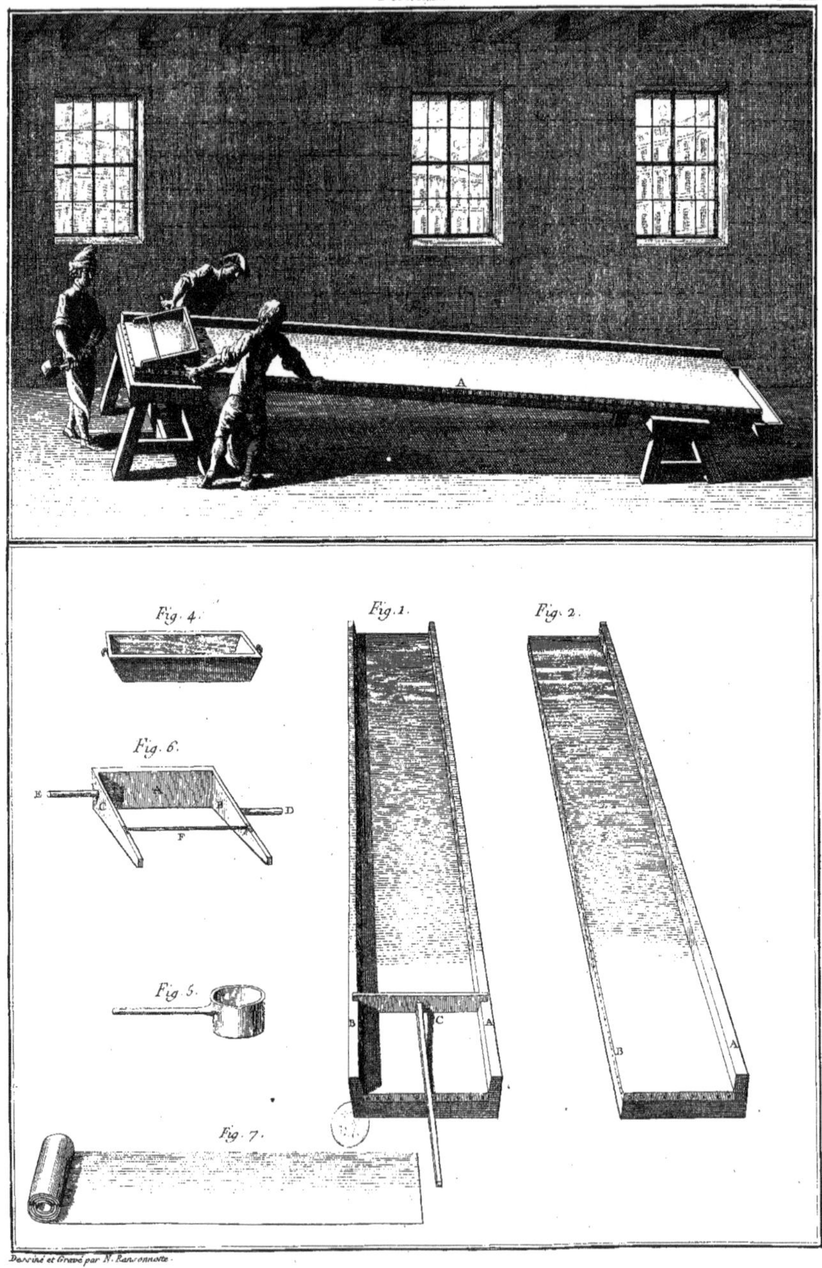

Fig. 4.
Fig. 6.
E
C
B
D
F
Fig. 5.
Fig. 7.
Fig. 1.
Fig. 2.
B C A
B A

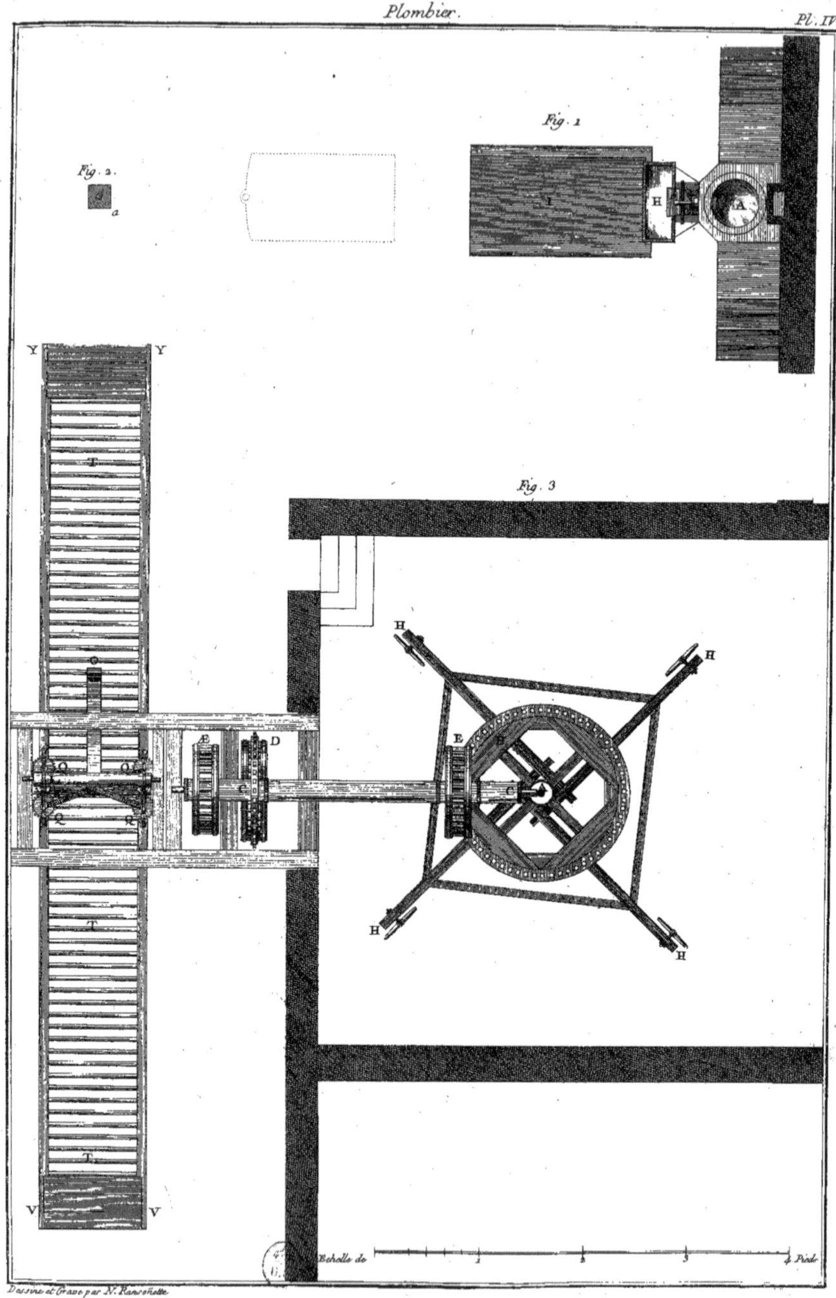
Fig. 1
Fig. 2
Fig. 3
I
H
A
a
Y Y
T
O
Q Q
Q R
E D
C
E B
C
H H
H H
T
T
V V
Echelle de   1   2   3   4 Pieds

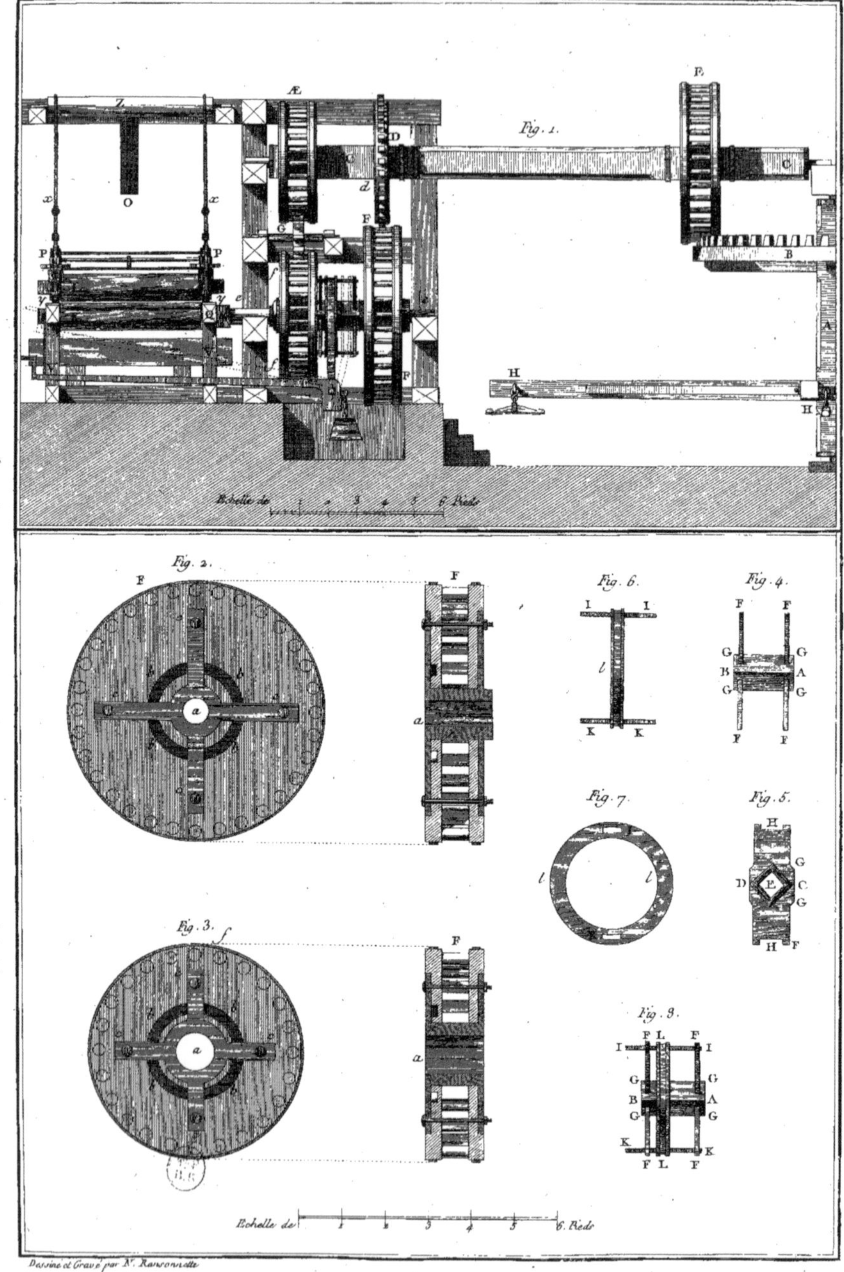

Dessiné et Gravé par N. Ransonnette.

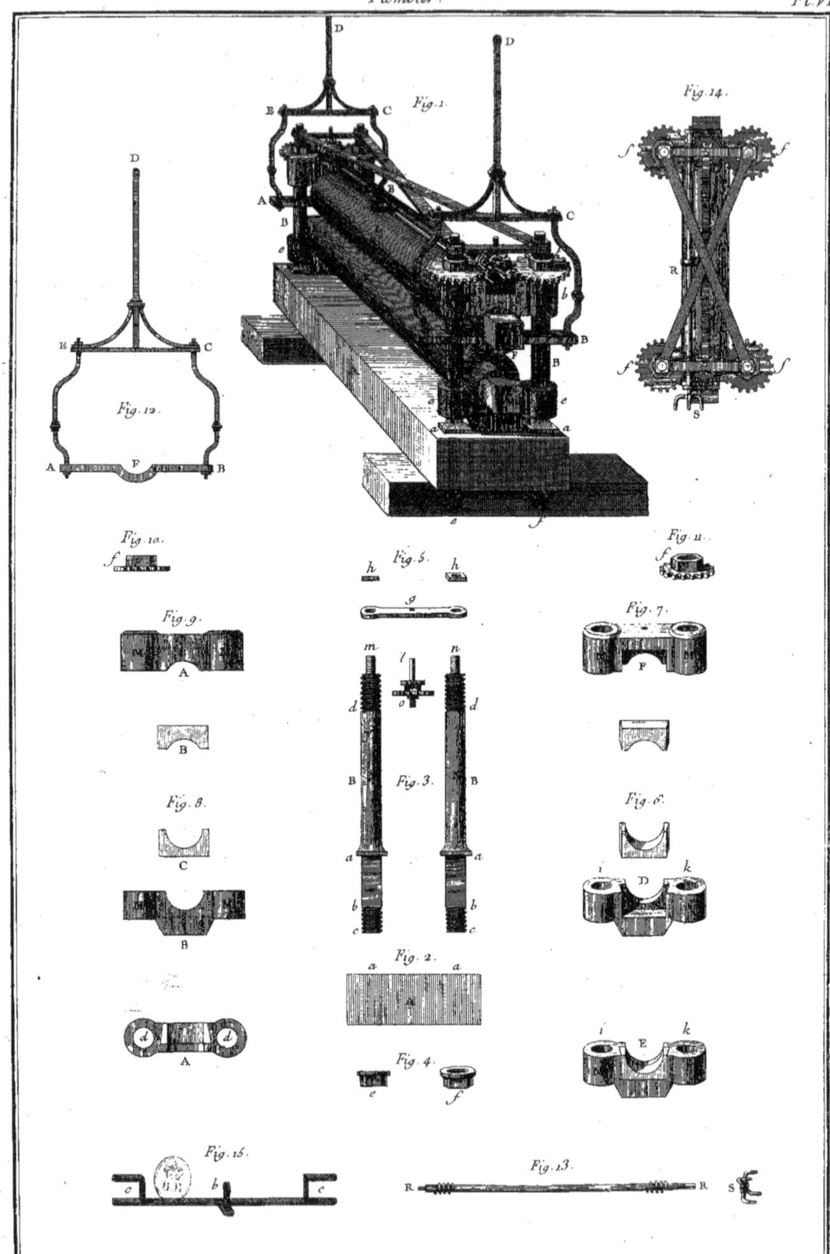
Fig. 1.
Fig. 14.
Fig. 12.
Fig. 10.
Fig. 5.
Fig. 11.
Fig. 9.
Fig. 7.
Fig. 8.
Fig. 3.
Fig. 6.
Fig. 2.
Fig. 4.
Fig. 15.
Fig. 13.

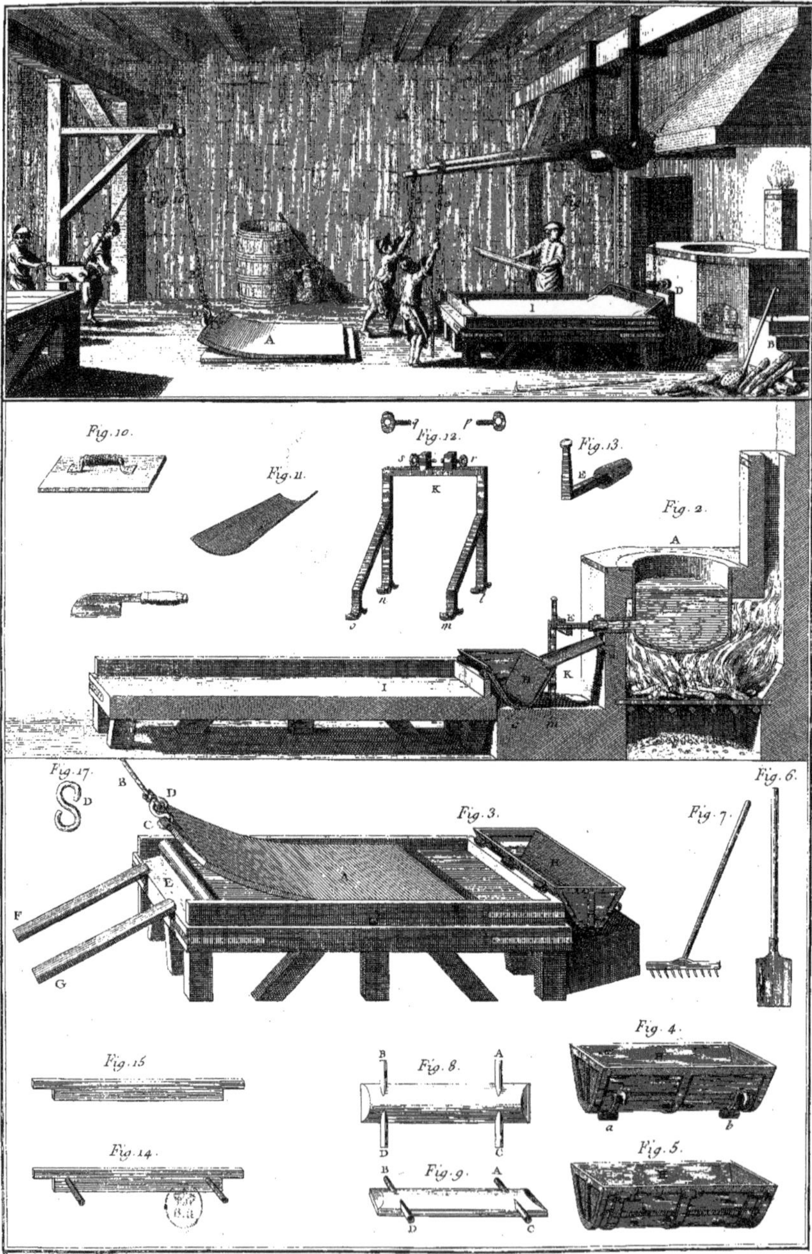

Dessiné et Gravé par N. Ransonnette.

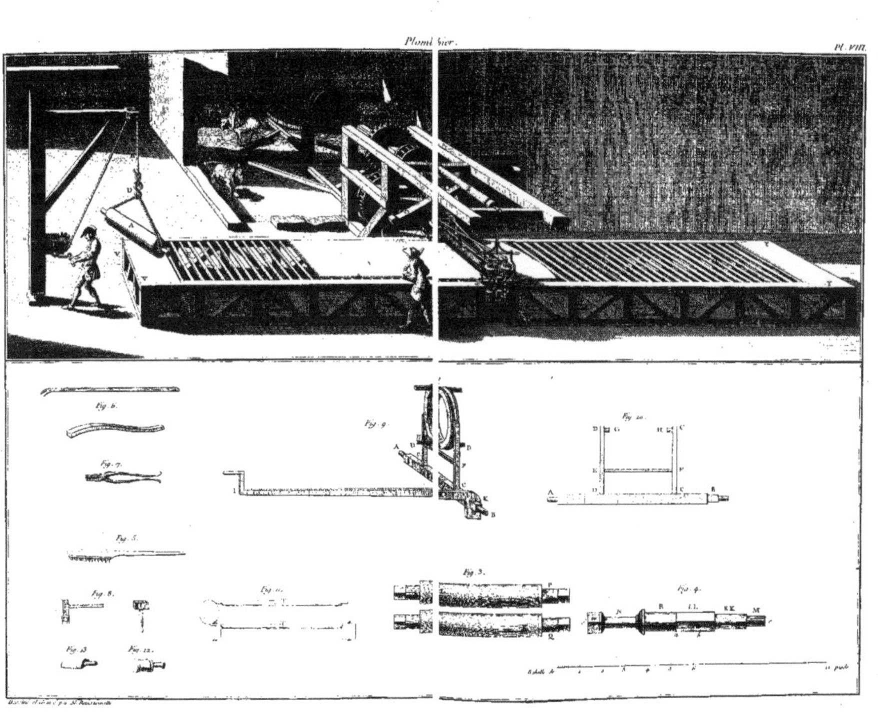
Fig. 6.
Fig. 7.
Fig. 5.
Fig. 8.
Fig. 13.
Fig. 12.
Fig. 9.
Fig. 11.
Fig. 3.
Fig. 10.
Fig. 4.

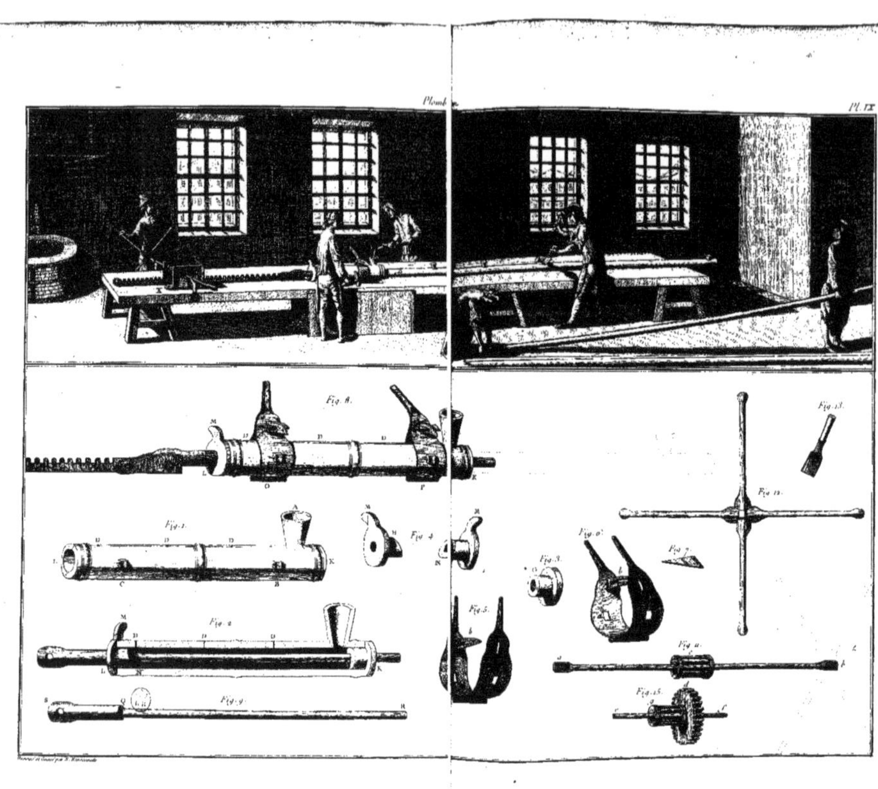

Fig. 8.
Fig. 1.
Fig. 2.
Fig. 4.
Fig. 3.
Fig. 5.
Fig. 6.
Fig. 7.
Fig. 10.
Fig. 12.
Fig. 13.
Fig. 14.
Fig. 15.

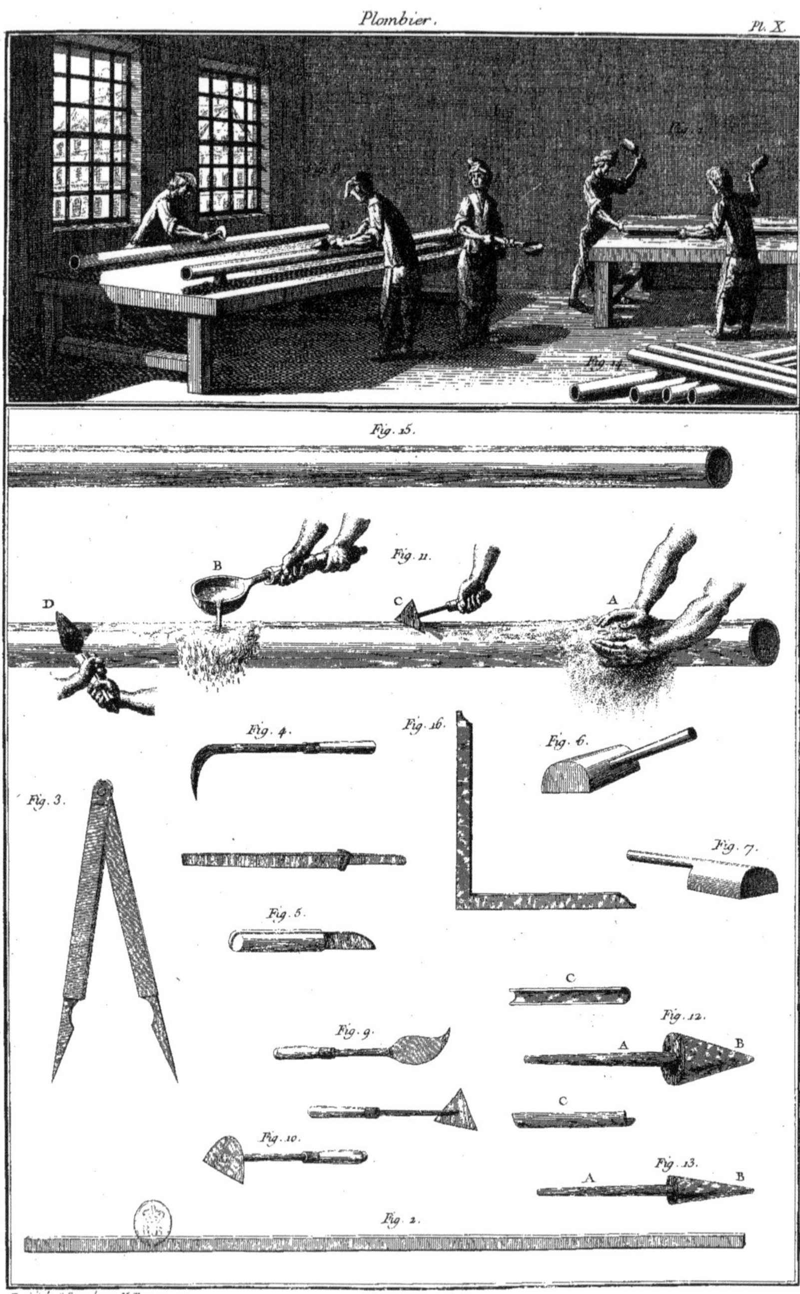

Dessiné et Gravé par N. Ranssonnette.

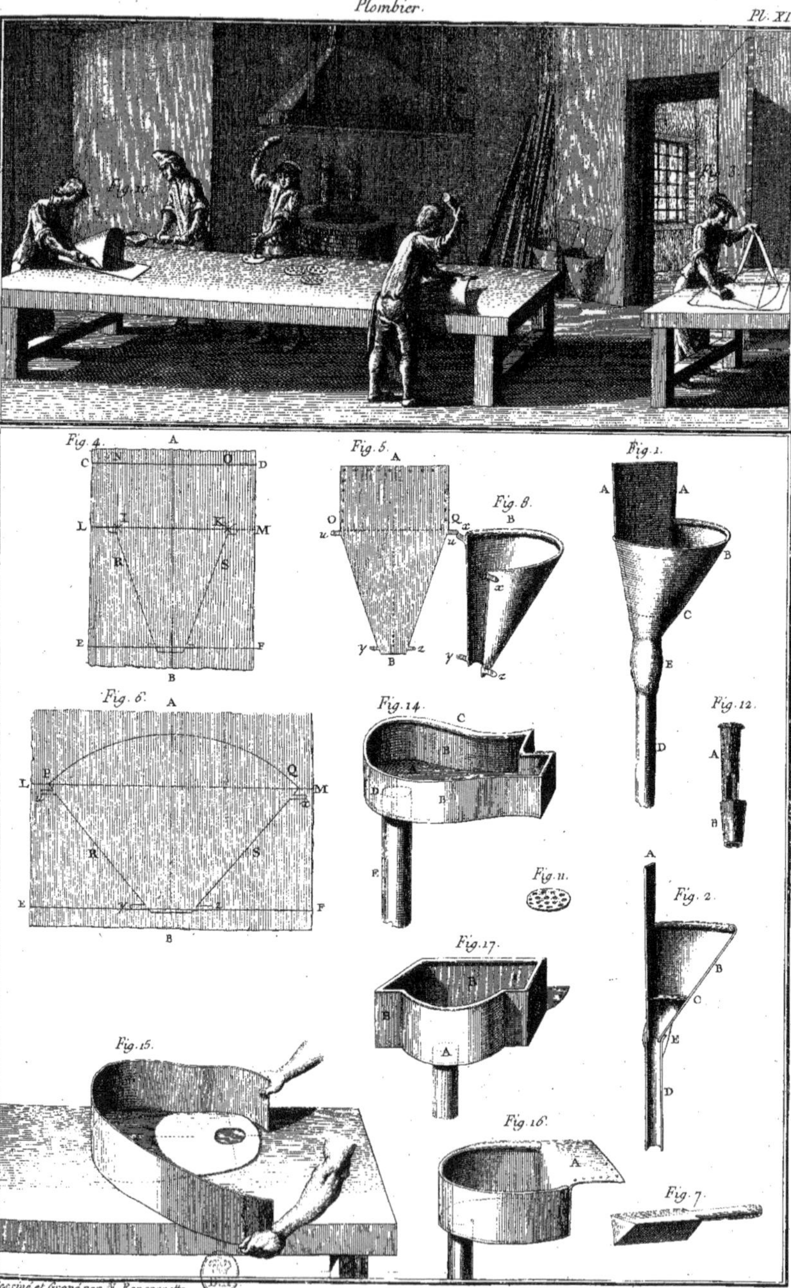

Dessiné et Gravé par N. Ransonnette.

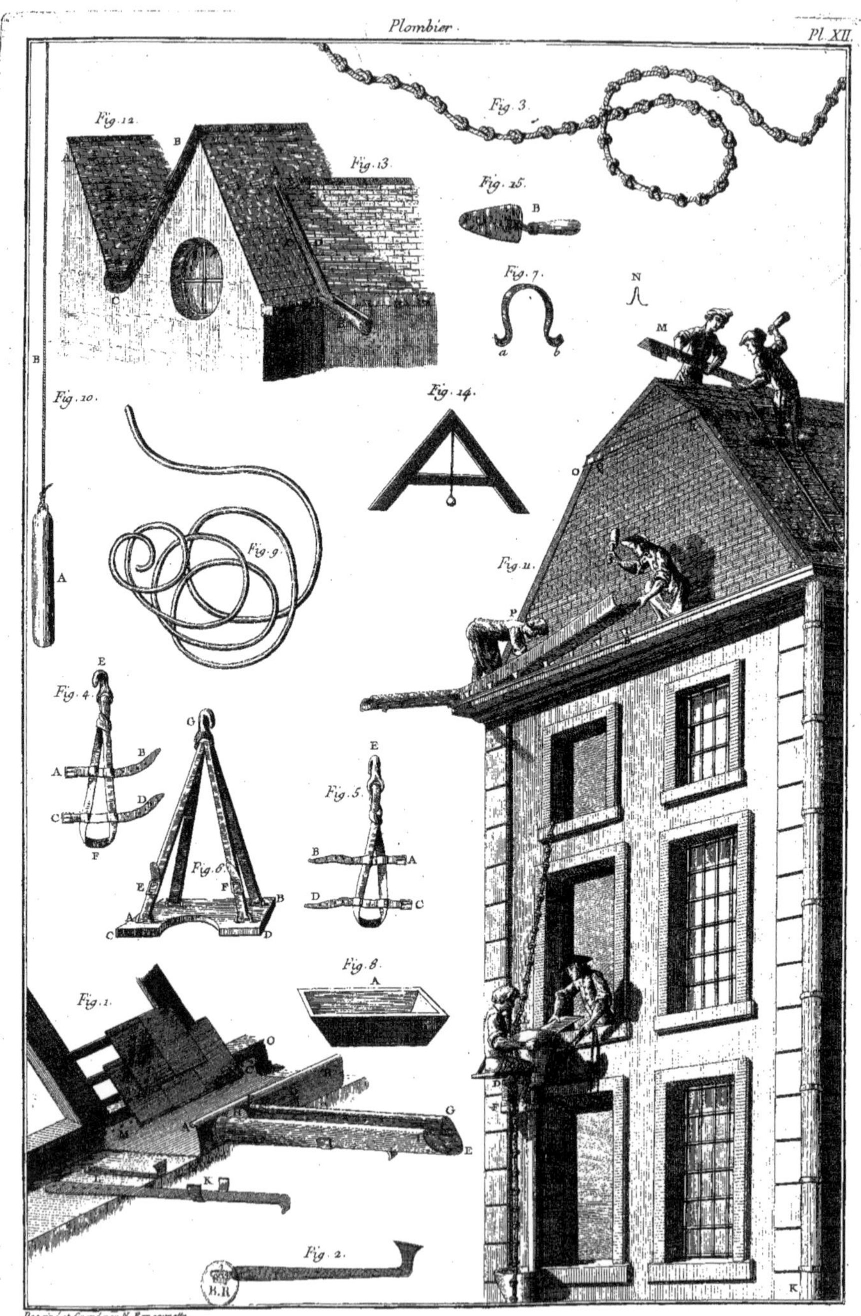

Dessiné et Gravé par N. Ransonnette.

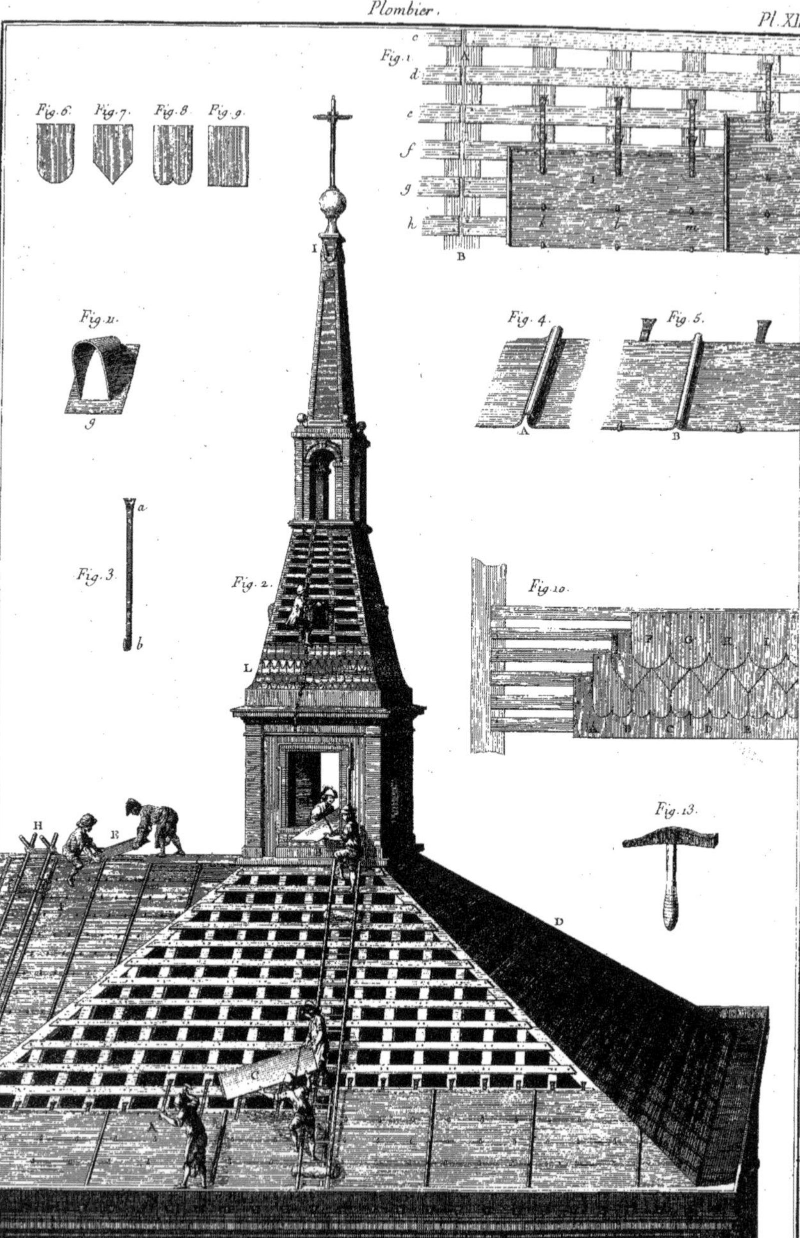
Fig. 1.
Fig. 6. Fig. 7. Fig. 8. Fig. 9.
Fig. 11.
Fig. 3.
Fig. 2.
Fig. 4. Fig. 5.
Fig. 10.
Fig. 13.

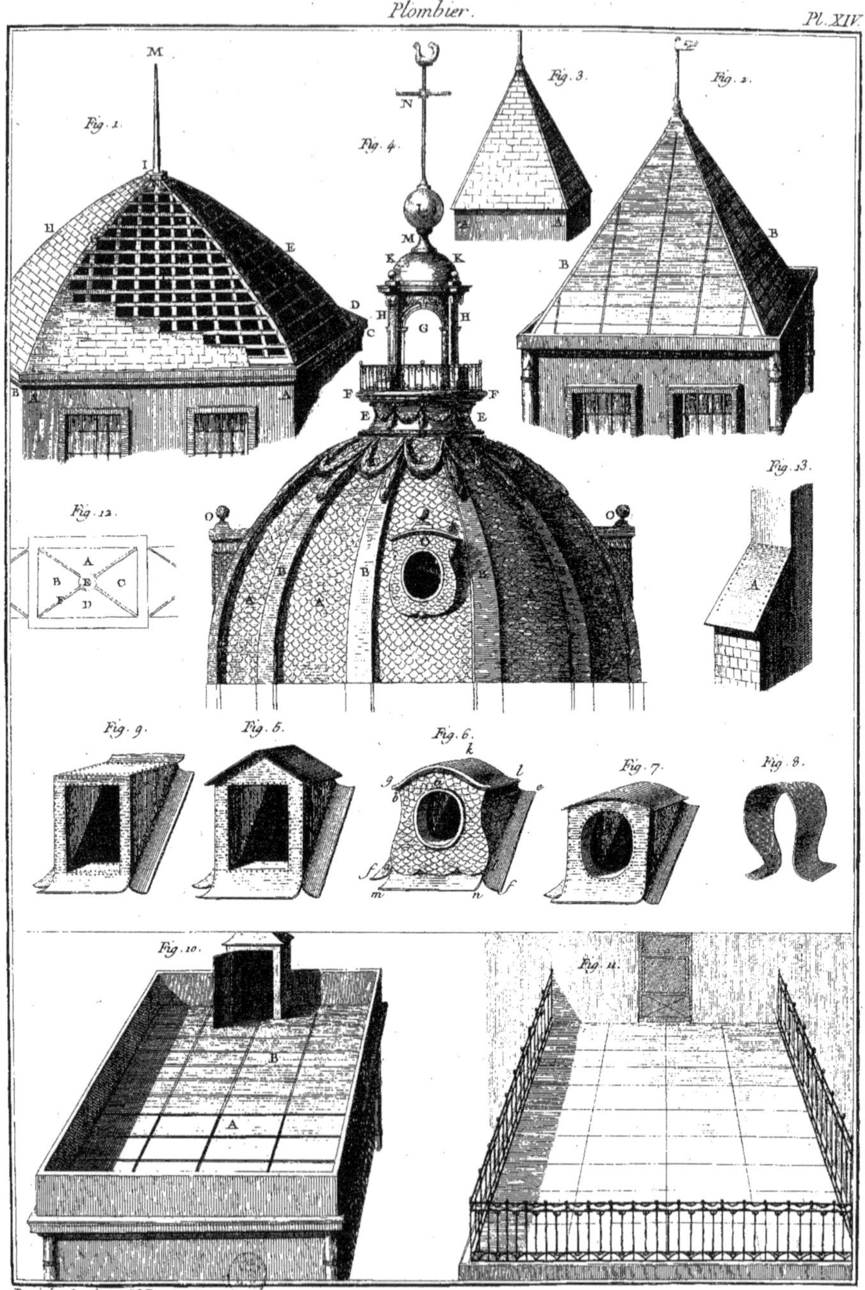

Dessiné et Gravé par N. Ransonnette.

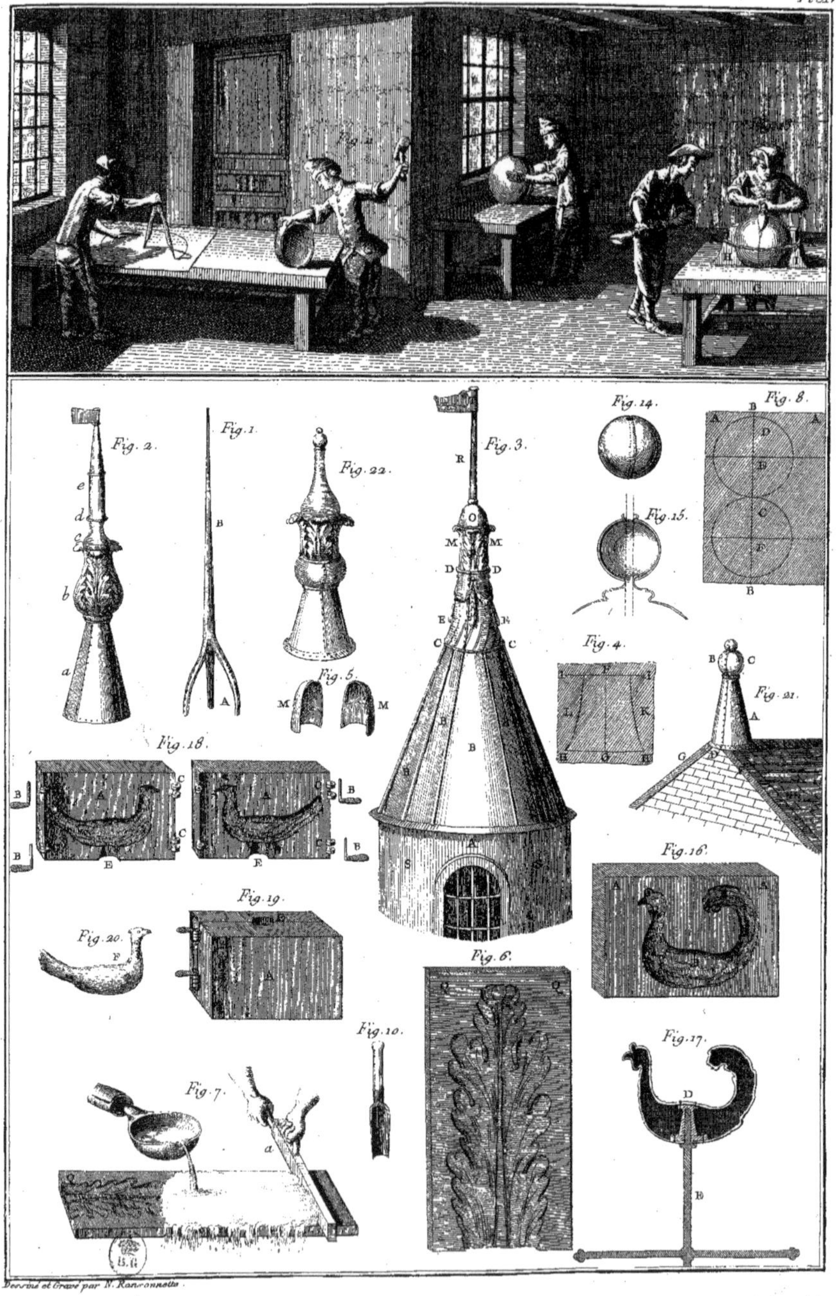

Dessiné et Gravé par N. Ransonnette.

Dessiné et Gravé par N. Ransonnette.

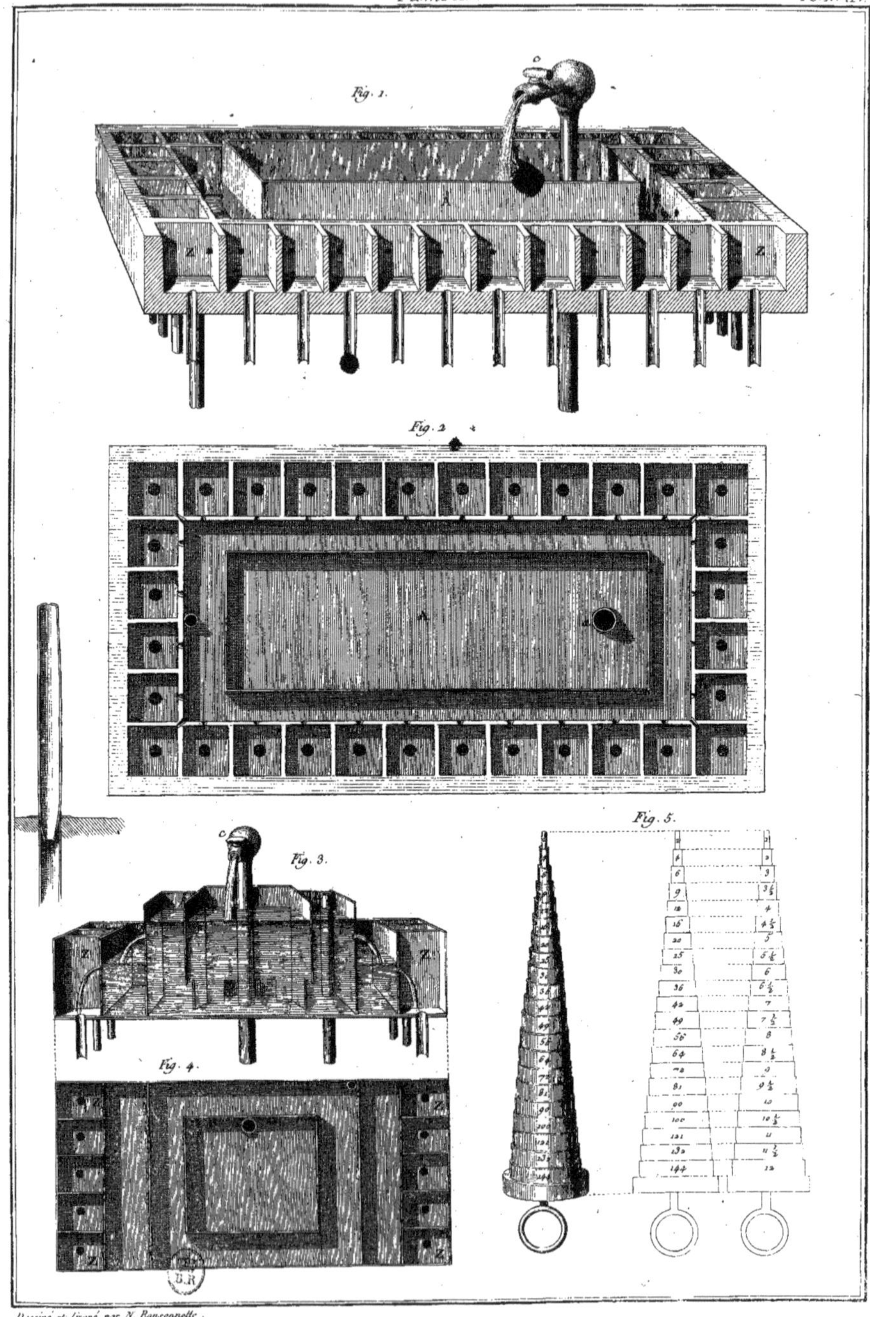

Dessiné et gravé par N. Ransonnette.

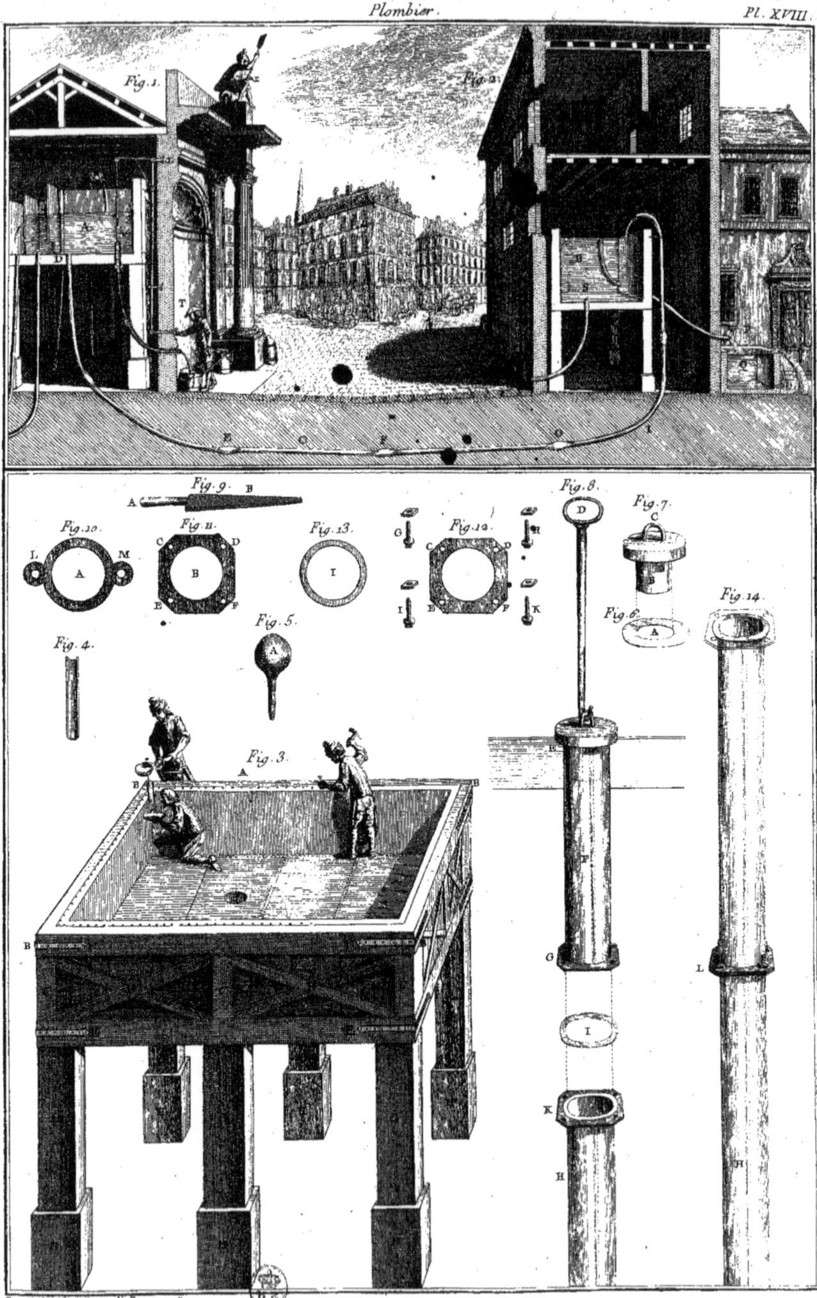

Dessiné et Gravé par N. Ransonnette.

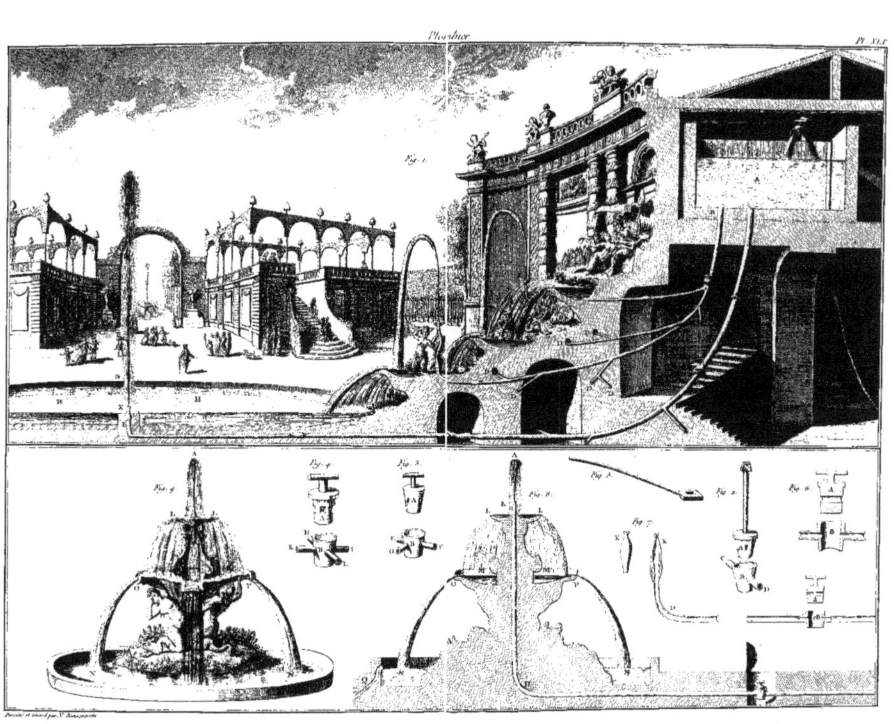

Dessiné et gravé par N. Ransonnette

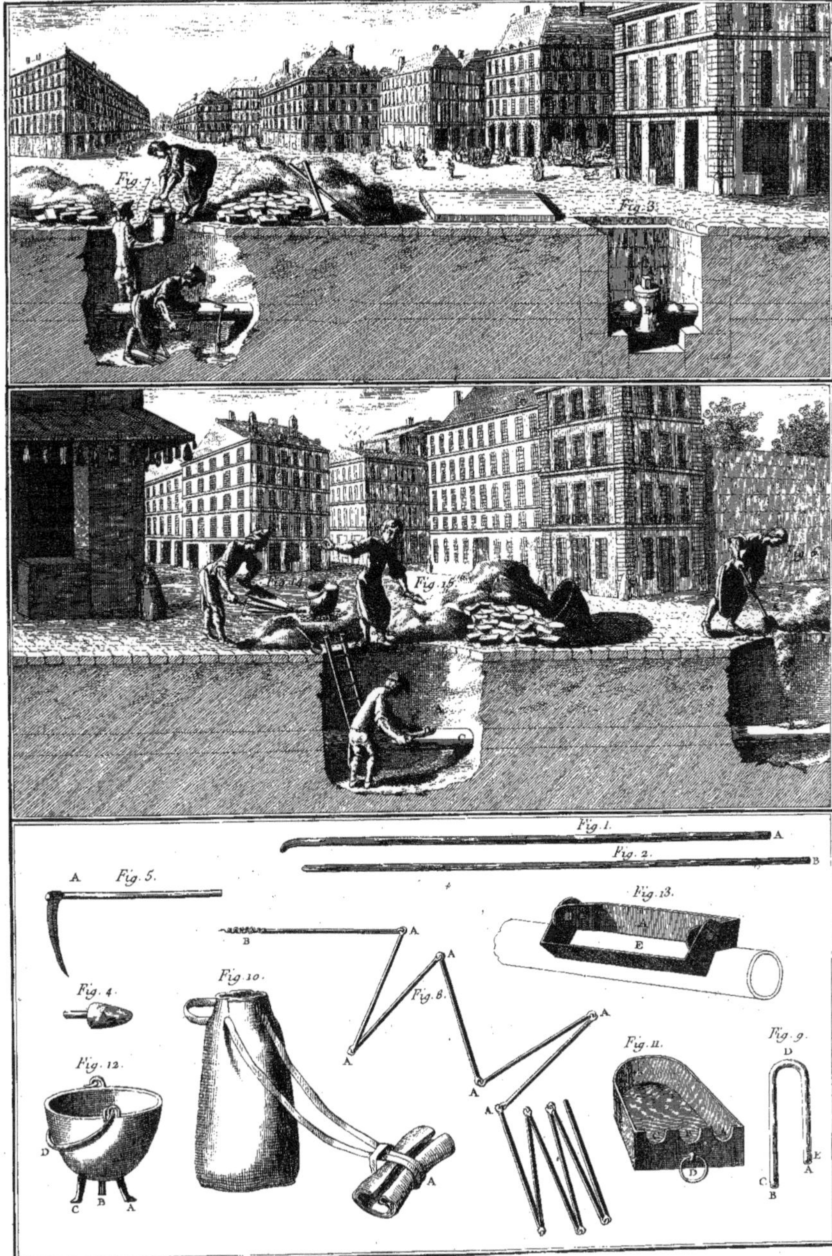

Fig. 7.
Fig. 3.
Fig. 15.
Fig. 1.
A
Fig. 2.
B
Fig. 5.
A
B
A
Fig. 13.
E
Fig. 4.
Fig. 10.
Fig. 8.
A
A
A
Fig. 12.
A
A
Fig. 11.
Fig. 9.
D
D
C
B
A
C
B
A
E

Dessiné et Gravé par N. Ransonnette.

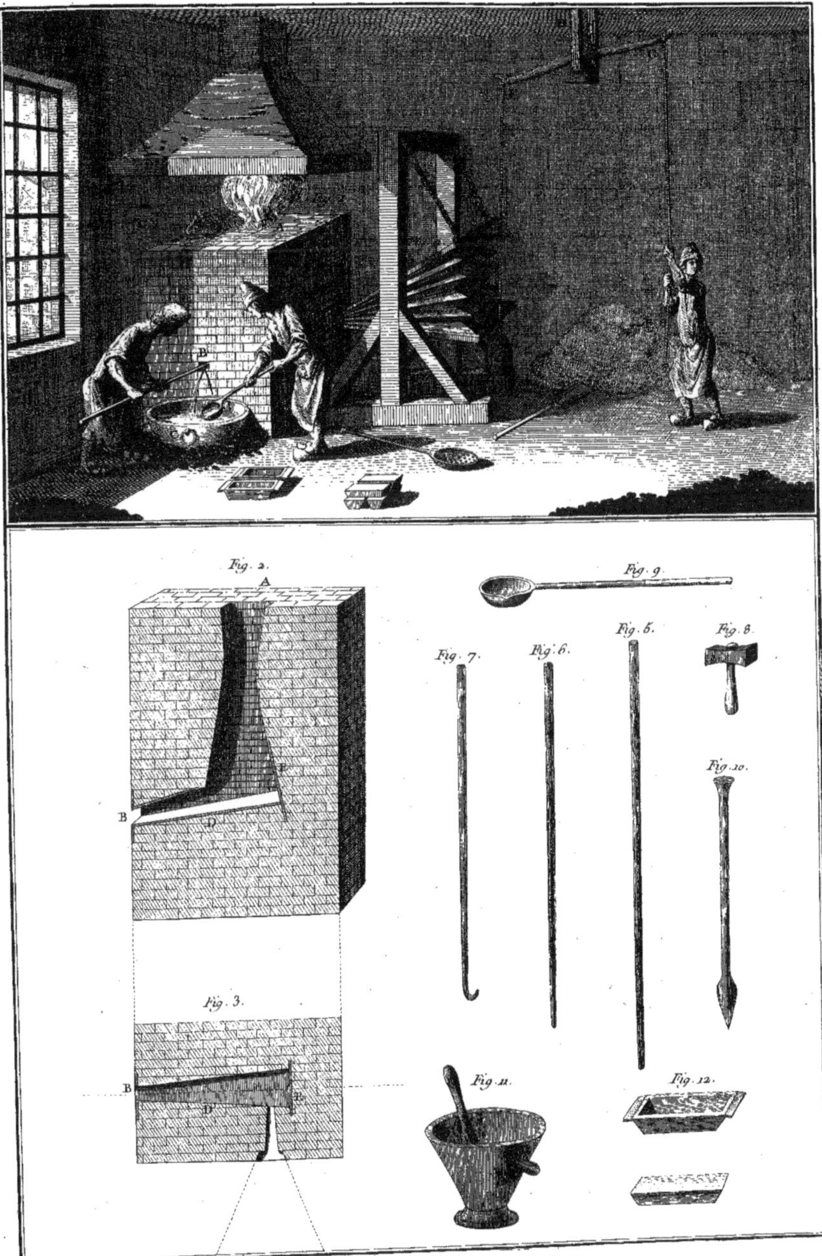

Dessiné et Gravé par N. Ransonnette.

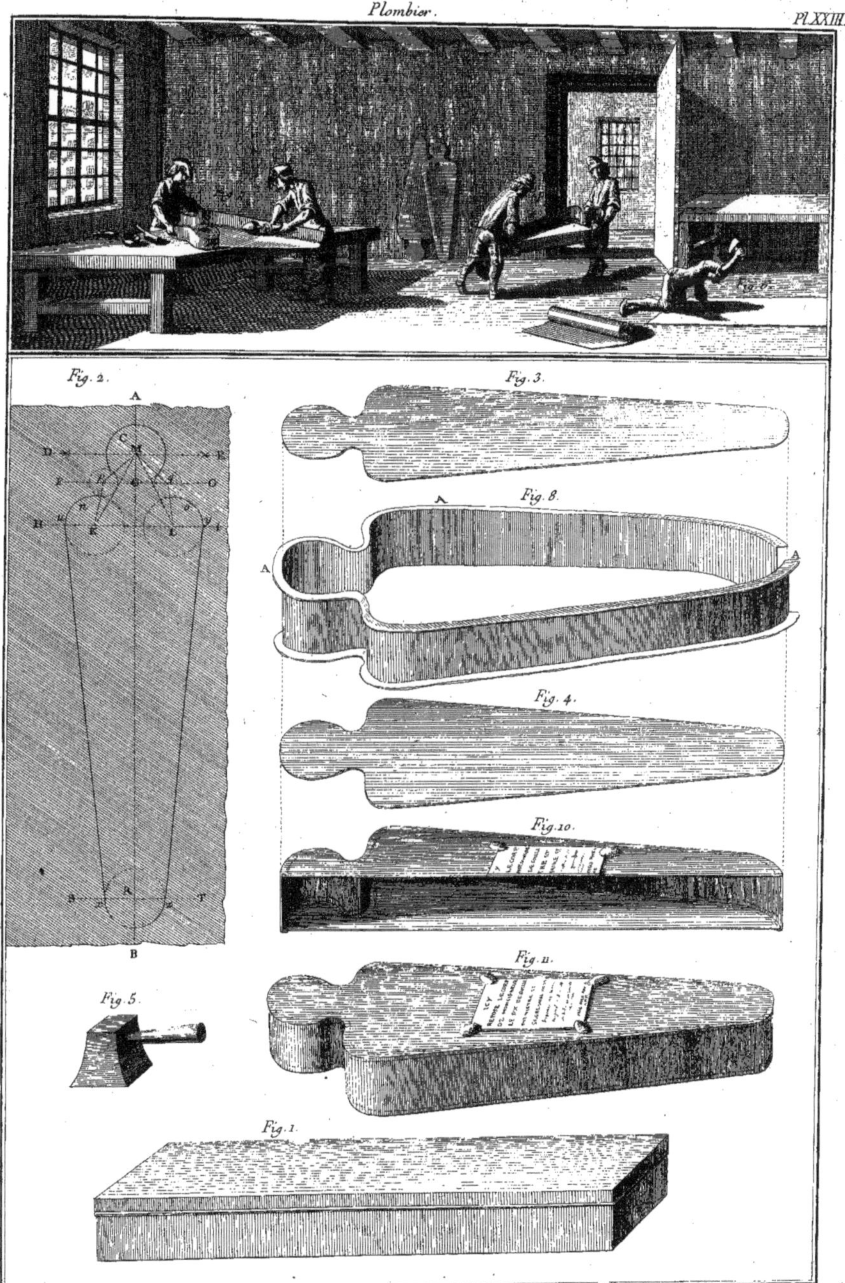

Dessiné et Gravé par N. Ransonnette.

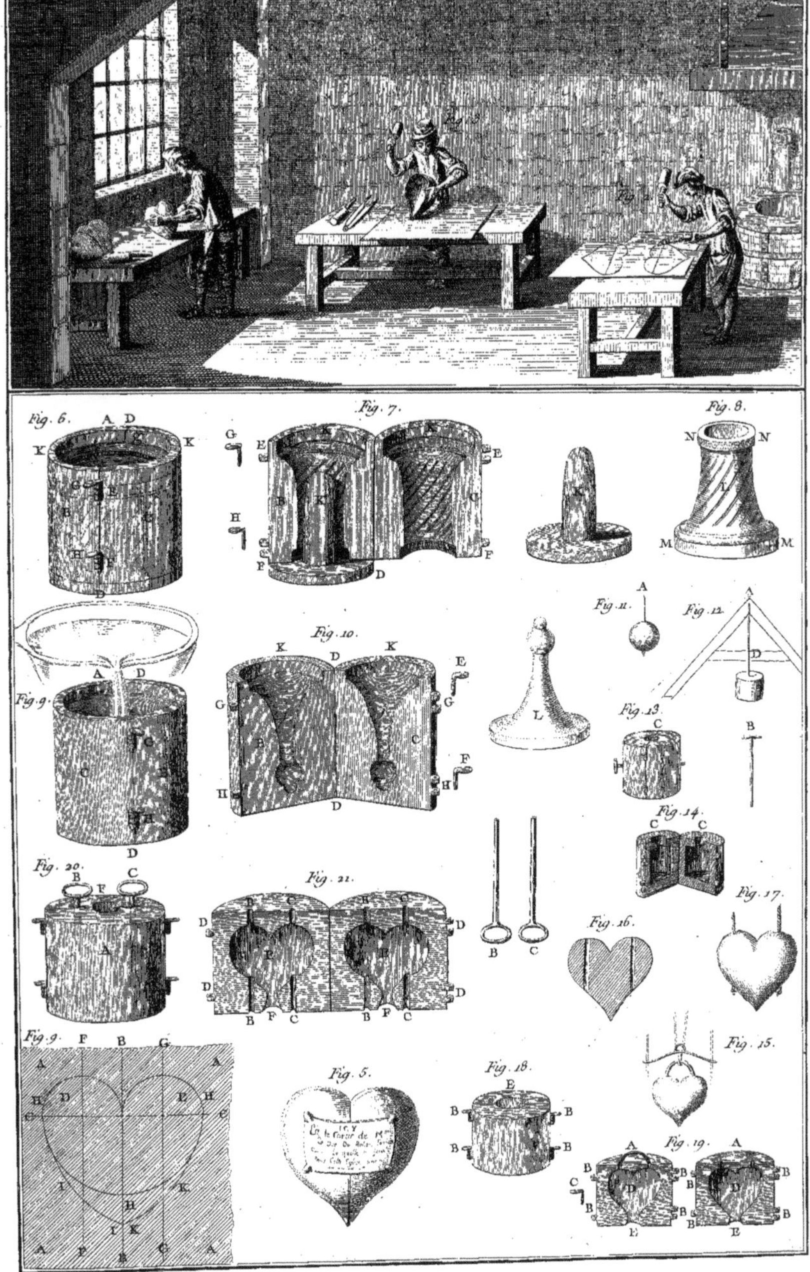
Fig. 6.
Fig. 7.
Fig. 8.
Fig. 9.
Fig. 10.
Fig. 11.
Fig. 12.
Fig. 13.
Fig. 14.
Fig. 20.
Fig. 21.
Fig. 16.
Fig. 17.
Fig. 9.
Fig. 5.
Fig. 18.
Fig. 15.
Fig. 19.